目　次

【論　説】
　国際経済・取引紛争と対抗立法

わが国の対抗立法（損害回復法）の背景となる米訴訟……松　下　満　雄… 1
　　——1916年アンチ・ダンピング法による訴訟及び
　　　日本における訴訟提起差止訴訟——
WTOの紛争処理における対抗立法の意義と射程…………伊　藤　一　頼… 13
我が国の「対抗立法」………………………………………渡　辺　哲　也… 46
取引紛争と対抗立法…………………………………………横　溝　　大… 56
　　——抵触法からの分析——
実践的分析……………………………………………………佐久間　総一郎… 71
　　——産業界から見た「米国1916年アンチ・ダンピング法に関する損害回復法」の
　　　意義と問題点及び経済法の域外適用に対する対抗立法への期待——

　第1分科会：公法系

WTOにおける後発途上国問題………………………………濱　田　太　郎… 89
　　——二重規範論の再検討——
経済制裁措置の合法性の再検討……………………………松　隈　　潤…112
　　——人道的免除措置を中心として——
TRIPS協定の解釈をめぐる論争………………………………山　根　裕　子…135
　　——ウィーン条約法条約との関連において——

第2分科会：私法系

EUにおける競争法違反行為に係る民事的救済制度の新たな展開 …… 宗　田　貴　行…155
　　——我が国の独占禁止法・景品表示法への団体訴訟制度の導入について——
取り消された仲裁判断の承認執行……………………………… 小　川　和　茂…172
　　——近時の国際商事仲裁をとりまく状況の変化の中での再検討——
国際債権譲渡金融における準拠法決定ルール……………… 藤　澤　尚　江…187

自由論題

一般的経済利益のサービスの「阻害」に関する判例法理の展開と
86条2項の機能……………………………………………… 青　柳　由　香…205
　　——公共サービス事業におけるEC競争法の適用範囲：競争か公益か——

【文献紹介】

Joanne Scott, *The WTO Agreement on Sanitary
　　and Phytosanitary Measures: A Commentary*……………… 内　記　香　子…229
John H. Jackson, *Sovereignty, the WTO,
　　and Changing Fundamentals of International Law*……… 福　永　有　夏…232
John H. Barton, Judith L. Goldstein, Timothy E. Josling & Richard H.
　　Steinberg *The Evolution of the Trade Regime: Politics,
　　Law and Economics of the GATT and the WTO*………… 荒　木　一　郎…235
Keisuke Iida, *Legalization and Japan:
　　The Politics of WTO Dispute Settlement*…………………… 米　谷　三　以…239
新堀聰・柏木昇（編著）『グローバル商取引と紛争解決』…… 髙　杉　　　直…243
絹巻康史・齋藤彰（編著）『国際契約ルールの誕生』……… 中　林　啓　一…246
ジョイント・ベンチャー研究会（編著）
　　『ジョイント・ベンチャー契約の実務と理論：会社法施行を踏まえて』
　　……………………………………………………………… 平　野　温　郎…250

学 会 会 報 …………………………………………………………255
編 集 後 記 …………………………………………………………263

論　説　　国際経済・取引紛争と対抗立法

　本大会で検討する対抗立法はWTO協定に関連するものである。WTO紛争解決機関は米国1916年アンチ・ダンピング法がガット6条及びAD協定に違反すると決定し，米国は同法を廃止したが，廃止の条件として廃止当時（2004年末）に繋属中の事件は影響を受けないとされていた。ECにおいては米国のこの法律に対抗するために，1916年アンチ・ダンピング法と同様に損害賠償を認める法律を制定し，またEC企業が1916年アンチ・ダンピング法によって3倍賠償を命ぜられる場合には，これをEC内において回復させる法律を制定した。日本政府もまたこれに類似する法律を制定した。これが「損害回復法」である。
　1916年アンチ・ダンピング法廃止当時繋属中の事件としてはゴス社対東京機械製作所事件があったが，この事件においてアイオワ地区連邦地裁及び第8区連邦控訴裁は，被告・控訴人である東京機械製作所（以下，T社）は1916年法の下において米原告に3倍賠償を支払う義務があると判決した。T社による控訴裁判所への再審請求及び米最高裁への上告申請も却下され，T社は3倍賠償と原告側の弁護士費用を支払った。したがって，T社は米原告に対して日本法定において「損害回復法」により提訴し，支払った金額を回復できる状況にある。しかし，米アイオワ地区連邦地裁はT社に対して，日本において損害回復法に基づく訴訟を提起することを禁止する仮差止命令を発し，T社はこれに対し控訴し本件は米国第8区連邦控訴裁判所に繋属したが，同裁判所は判決を下し，地裁の決定を覆した。
　座長報告においては，以上の米国における訴訟の経過を簡単に報告し，各報告者の報告につなげる。

わが国の対抗立法（損害回復法）の背景となる米訴訟
―― 1916年アンチ・ダンピング法による訴訟及び日本における訴訟提起差止訴訟 ――

　　　　　　　　　　　　　　　　　　　　　　　　　　　松　下　満　雄

　　　　Ⅰ　米国1916年アンチ・ダンピング法による訴訟概要
　　　　Ⅱ　米連邦地裁及び連邦控訴裁の判決
　　　　　1　1916年法における米産業破壊の意図

　　　　2　陪審に対する指示
　　　　3　比較可能な商品
　　　　4　日本政府の意見書
　　　　5　控訴裁における反対意見
　　Ⅲ　日本における訴訟提起を禁止する差止命令
　　　　1　本案訴訟における勝訴可能性
　　　　2　回復しがたい損害
　　　　3　利益衡量
　　　　4　公共の利益
　　　　5　結　論
　　Ⅳ　おわりに

Ⅰ　米国1916年アンチ・ダンピング法による訴訟概要

　米国1916年アンチ・ダンピング法（以下，1916年法とする）に対してはEC及び日本がWTO提訴を行い，WTOパネル及び上級委員会は同法がガット6条及びAD協定に違反するとして，WTOは米国に対して同法をWTO協定に整合させる（廃止する）ことを勧告した。この勧告は長期間実施されなかったが，2004年末に至って米議会・大統領は同法を廃止した。しかし，廃止の条件は，同法廃止の際に係属している同法関係の事件について同法は引き続き適用されるというものであった。同法廃止当時係属していた訴訟としては，米社ゴス（Goss International）（以下，G社という）が東京機械製作所（以下，T社という）を相手として提訴している事件があるが，これについては引き続き同法が適用されることとなった。

　一方，ECにおいてはこれに対抗するために対抗立法を制定し，わが国においても「損害回復法」と略称される法律を制定し，日本企業が米国で1916年法によって3倍賠償と相手方の弁護士費用の支払いを命ぜられる場合には，その日本企業は日本において当該米企業を相手として提訴し，その支払った額を日本において回復することができることとした。本稿は，この米国における1916年法による米企業による対日本企業提訴の訴訟の顛末を検討し，「損害回復

法」検討のバックグラウンドを提供しようとするものである。

　概略としては，この訴訟は第一審のアイオワ地区連邦地裁においてＴ社が敗訴し，直ちに控訴が行われたが，控訴審である第８区連邦控訴裁判所において同じくＴ社敗訴となった。Ｔ社は同控訴裁に対して，この事件の再審を請求したが却下された。

　その後，連邦最高裁に上告申請が行われたが，最高裁はこの上告審申請を却下した。これを受けて米裁判所による３倍賠償支払い命令があり，これに従ってＴ社はこの金額を支払ったので，Ｔ社としては日本の損害回復法に基づいて日本で提訴をするのに適切な状況が生じた。しかし，Ｇ社がアイオワ地区連邦地裁に対して，Ｔ社が日本で損害回復法に基づいて提訴することに対する差止を請求して訴訟を提起し，米裁判所はこれに基づいて仮差止命令を発し，Ｔ社が日本において損害回復法に基づいて提訴することを禁止した。Ｔ社はこの仮差止命令に対して第８区控訴裁に控訴したが，同控訴裁は2007年６月18日に判決（Goss International Corporation v. Man Roland Druckmaschinen Aktiengesellschaft, Tokyo Kikai Seisakusho, Ltd., Mitsubishi Heavy Industries, Ltd., ＿ F.3d ＿, 2007 Wl 1731573 (C.A. 8 (Iowa) 2007, June 18, 2007)）を下し，地裁の発出した仮差止命令を破棄した。そこで，事件はアイオワ地区連邦地裁に差し戻され，同裁判所において恒久的差止め命令（permanent injunction）発出の可否をめぐって審議されることとなった。これが執筆時点における法的状況である。

Ⅱ　米連邦地裁及び連邦控訴裁の判決

　Ｇ社の主張はＴ社の新聞輪転機関連製品の対米ダンピングによってＧ社が損害を受けたので，その損害の３倍賠償と自己が支払った弁護士費用の回復を請求するというものである。この件に関する米連邦地裁及び控訴裁の判決は当然ながら類似の論点を取り扱っており，また判決要旨も類似している。この両判決には多くの論点が含まれているが，マイナーな論点もあり，以下においては

主要論点についてのみ解説する。

1 1916年法における米産業破壊の意図

1916年法は対米ダンピングをする者が米国産業を破壊する「意図」(intent)をもって当該ダンピングを行う場合に，これによって損害を受けた米国内産業は3倍賠償を請求できるとしている。これについてG社は，T社が米国子会社に対していかなる手段をもってしても競争者を出し抜いて契約を取るべきことを指示した証拠があること，及び，T社が米顧客に製品を販売する場合，当初高い価格で販売し，後にリベートを支払うという方法で実質上ダンピングを行っていることを論拠として，T社側にG社排除の意図があったと主張した。T社は，この意図は反トラスト法の立証原則に従って，「競争者を排除して市場を支配する意図」と解すべきことを主張した。これに対して連邦地裁及び控訴裁ともにこの意図は米特定産業を破壊する意図で十分であり，G社はこの立証を行ったとして，T社の主張を排斥した。

2 陪審に対する指示

アイオワ連邦地裁は陪審に対して①T社が米市場に新聞輪転機関連製品を組織的，一般的にそれが本国で販売されている価格よりも安い価格で販売したこと，②かかる販売が米産業を破壊する意図をもってなされたこと，及び，③G社が損害を受けたことの3点を立証すれば，1916年法違反を認定してもよいと指示した。これに対してはT社が控訴したが，控訴審もまた基本的にはこの地裁の決定を支持した。地裁及び控訴裁の両段階においてT社は，T社が米市場において製品販売によって利益をあげることを意図し，その結果競争者からビジネスを奪取することとなっても，これだけで同法違反の特定意図は立証されていないと主張したが，地裁，控訴裁ともに，T社が米競争相手に金銭的損失をもたらすことを意図していれば，この要件が満たされるとして，米側を勝訴

3 比較可能な商品

　地裁及び控訴裁段階におけるＴ社の主張は，新聞輪転機関連製品は特定顧客の注文に応じて製作する特注品であり，Ｔ社が日本において販売されている製品と同社が米国で販売している製品とは異なるので両者の間には比較可能性がなく，ダンピングの要件を満たすことはないと主張した。これに対して地裁及び控訴裁は1916年法においてダンピングを行っている者の自国内における製品販売価格と米市場における販売価格を比較する場合，この両製品はまったく同一製品である必要はなく，技術，構造，デザイン，用途等において類似性があれば，両製品は比較可能としてよいとし，Ｇ社を勝訴せしめた。

4 日本政府の意見書

　この事件において，日本政府は地裁及び控訴裁に意見書を提出しているが，その主張の要点は，1916年法がWTO法に違反しており，EC及び日本はこれに対抗する立法を行っていること，1916年法によって損害賠償が認められることとなると，日米関係は悪化し，日本としても対抗措置を取らざるを得ないこととなること，及び，1916年法の「意図」に関しては，外国との抵触を最小限とするように解釈すべきこと，すなわち，これは反トラスト法にいう略奪的意図と解すべきであるということである。

　連邦地裁はこの意見書が提出されたことを記載するのみで，これについて言及しなかったが，連邦控訴裁はこれを注記において取り上げ，かかる意見は外交問題であって，米司法部である裁判所が判断するには不適切な論点であるとした。

5 控訴裁における反対意見

　連邦地裁の判決には反対意見は付されていないが，控訴裁判決には反対意見（2対1の決定）が付されている。これはスミス判事による反対意見であるが，これによると地裁が本件事案においてＴ社にＧ社排除の意図があると判断したことは間違いであるとのことである。その要旨は以下のようである。すなわち，自由競争は米経済の基本原理であり，これを軽々に制限することは認められない。Ｔ社は米産業を破壊する意図をもって行わない限り，米市場において製品を販売する権利を有する。1916年法における「意図」は単に競争相手に金銭的損失をもたらす意図のみならず，それ以上のこと（多分，反トラスト法におけるような市場独占の意図―筆者註）を要求していると解すべきである。Ｔ社の主張するように競争者に金銭的損失を与えるということと顧客を獲得して利益を上げることとは表裏一体である。この意味において，地裁の意図に関する判断は狭きに失する。

　前述のように，Ｔ社は第8区連邦控訴裁に対して10人の判事による再審を請求したが却下され，並行して行われた最高裁に対する上告申請も却下された。かくして，この一連の訴訟は米国においては完結した。

Ⅲ　日本における訴訟提起を禁止する差止命令

　以上のように1916年法に関する訴訟においてはＴ社側の全面敗訴となり，これに基づいて米連邦地裁はＴ社に対して3倍賠償とＧ社が支払った弁護士費用の支払いを命じた。したがって，この状態においては，日本の損害回復法によって日本の裁判所においてＴ社がＧ社を相手として米国で支払った額の回復を求めて提訴する要件が調ったこととなる。Ｔ社とＧ社の間に結ばれている約定によると，①米国におけるすべての法手続が完了するまではＴ社は日本において訴訟を提起しないこと，及び，②Ｔ社は日本において損害回復法に基づいて提訴をする場合，14日の事前通知をＧ社に対してなすべきこと，が定められた。

2006年6月5日に米最高裁はT社の上告申請を却下したのであるが、この直後にT社はG社に対して、日本において損害回復法に基づいてG社及びその子会社を相手として提訴する旨通知している。したがって、提訴は6月19日又はそれ以降となる。

G社はこれに対して、米アイオワ地区連邦地裁においてT社に対して日本において損害回復法に基づいて提訴することを禁止する仮差止命令（preliminary injunction）を出すように請求する訴訟を提起した。同裁判所はG社の主張を認めこの仮差止命令を発出したのであるが、以下においては、この判決の概要を述べる。

同裁判所は一般論として、米裁判所がかかる差止命令を発出する権限があると判断したが、同時に先例も少ないことから、国際礼譲にも十分に配慮して軽々しくかかる差止命令を発出することはできないとした。そのうえで、次の4点を判断基準とすべきとした。すなわち、①請求人の本案訴訟における勝訴可能性、②請求人が蒙るべき回復しがたい損害、③差止を認めることによる両当事者への影響についての利益衡量、及び、④差止命令発出が公共の利益に合致するか、である。

1 本案訴訟における勝訴可能性

G社は同社がすでに1916年法の訴訟で勝訴しているので、本案訴訟における勝訴可能性の要件は満たされたと主張したが、同裁判所は、これは問題が違うとしてこの主張を斥け、本件における問題点はこの損害回復法による日本における訴訟に対する恒久的差止請求訴訟が本案訴訟であり、この訴訟においてG社に合理的勝訴可能性があるかであるとした。

裁判所はこの点に関する先例は少ないが、①問題となっている外国での訴訟が米国における訴訟と同一の事項を対象としており、②当事者が同じであり、③外国での訴訟で問題となっている事項が米裁判所では決着済みであること、

が要件であるとした。そのうえで裁判所は，本件においては，当事者は日米訴訟において同一であり，G社の日本損害回復法下における支払義務は米裁判所の判決に従って損害賠償金を受領したことから生ずるのであるから，日米裁判所において取り扱われる事項は同じであり，米裁判所においてはこの事項についてはすでに決着がついているとした。

　国際礼譲に関しては，裁判所は2つの立場があるとし，第1の立場は，外国における訴訟禁止が外国との関係悪化につながるかを考慮すべきであるというものであり，第2の立場は，当該事件にまつわる諸要因を総合的に考慮して，外国における訴訟禁止の判決を軽々に出すことは認められないという原則を覆す要因があるかを検討すべきであるというのである。

　裁判所は以上のような考慮をしたうえでも，本件においては仮差止命令を発出することが適切であると判断した。そしてその理由として，以下に述べている。すなわち，裁判所は訴訟当事者を裁判上公平に扱うためにその管轄権を防御する必要がある。そこで，外国における訴訟行為が当裁判所の管轄権を侵害する場合には，外国人が外国において訴訟を提起することを差し止めることが適切であるとすべきであり，かかる状況は米裁判所の判決が出る前にも，また出た後でも生じ得るのである。しかし，既に本案について判決が出ている場合には，司法制度の効果を維持するためにその判決の効果を無にするような外国の訴訟を禁止することができる。すなわち，当事者が外国で訴訟を提起し，その意図が米裁判所の正当な権限行使を逸脱するためであるとすると，米裁判所はかかる訴訟行為を差し止めるために差止命令を発することができる。

　本件に即してみれば，T社の日本における損害回復法に基づく訴訟は米裁判所がG社に対して損害賠償請求を認めるという決定に対する直接的な攻撃であり，米連邦司法制度に対する直接的攻撃である。すなわち，T社が日本において損害回復法に基づいて提訴する唯一の目的は，6年にわたる米連邦裁判所における審議とその結果である判決の効力を無に帰せしめることであり，きわめ

て不当なものである。

　本件における仮差止命令を認めると日米関係に悪影響がありうること，その他国際関係に悪影響がありうることは事実であるが，これらの要因を考慮しても，総合判断として当裁判所は当裁判所の管轄権の完全性を保護するために本件仮差止命令を発出することが適切であると判断する。そしてこの判断は，米議会や行政府の判断とも一致するものである。すなわち，米議会が1916年法廃止の法律を制定し，米大統領がこれに署名したときに，この廃止法に遡及効を認めないことが意図されたのである。しかも，議会がこの廃止法を制定したときに，議会が本件にも留意していたのである。議会は日本政府がこの廃止法に遡及効がないことには反対の立場であったことにも留意したが，それでもこの廃止法に遡及効を認めなかったことは重要な事実である。この事実からいえることは，議会は本件における当裁判所の判決に留意しつつ，これを覆す立法措置を取らなかったということであり，当裁判所の判決を無効化することを意図しなかったということである。かかる議会の立法意図を変更することは裁判所の役割ではない。

2　回復しがたい損害

　次の問題点は本件の仮差止命令が認められない場合，Ｇ社に回復しがたい損害が生ずるおそれがあるかである。Ｇ社がＴ社の日本における損害回復法上の訴訟によって失う金額について，損害賠償等の手段でＧ社が取り戻す方法があれば，回復しがたい損害が発生するおそれがあるとはいえない。しかし，本件においては，当裁判所が仮差止命令を発しないとすると，Ｇ社に回復しがたい損害が生ずるおそれがあると判断される。この損害は日本においてＧ社の日本子会社が日本法上の執行を受け財産を徴収されるということにとどまらない。この子会社が日本において損害回復法によって金銭を徴収されるとすると，同社は日本において金融機関から融資を受けることが困難になり，顧客が同社か

ら離れるおそれがある。このような点からみて，日本の損害回復法の発動はG社の日本子会社の存在を危うくするものであり，ここからみても当裁判所が仮差止命令によってT社の日本における提訴を中止せしめなければ，G社には回復しがたい損害が生ずるおそれがあることが認められる。

3 利益衡量

本件においては，仮差止命令を認めることによってT社が受ける不利益に比較して，これを認めないことによっておきるG社が受ける不利益が圧倒的に大いと判断される。

4 公共の利益

最後の問題点は，本件において当裁判所が仮差止命令を発し，T社が日本において損害回復法によって提訴することを差し止めることが米国の公共の利益に合致するかである。当裁判所の判断においては，米国の公共の利益は立法において表現されているとみるべきであり，本件においては上述の米議会が1916年法廃止法の制定に当たり廃止法に遡及効を認めなかったことが重要である。当裁判所は1916年法を廃止する法律の制定過程において示された議会の立法意図を尊重すべきであり，米国の連邦司法制度の完全性を維持することに米国の公共の利益があることは明白である。さらに，米国の議会及び大統領とも本件における当裁判所の判決は執行されるべきであると決定しており，当裁判所としてはこれを尊重し，本件仮差止命令を発出することは米国の公共の利益に合致すると判断せざるを得ない。

5 結論

上記の理由で当裁判所は本件における仮差止命令の発出を容認する。ただし留意すべきは，当裁判所はT社に対して日本における損害回復法に基づく提訴

を禁止するのみであり，日本政府又は日本裁判所の措置をなんら禁止するわけではない。また留意すべきは，当裁判所としては，ある者が外国の裁判所に提訴して救済を求めることを軽々しく禁止することはないということである。本件はG社が請求する恒久的差止命令の可否の審議中に出される仮差止命令にすぎないのである。当裁判所としては状況が変化しうることは認識しているが，現在のところ，G社が請求する恒久的差止命令についての審査が終了するまでの間，現状維持をすることが公平に合致すると判断する。

Ⅳ　おわりに

　本稿執筆時点において，1916年法に基づく米企業（G社）による日本企業（T社）に対する損害賠償請求訴訟は日本企業側の全面敗訴に終わったが，日本企業による日本における損害回復法に基づく訴訟は米裁判所による米仮差止命令によってブロックされた。もっともこれは仮差止命令によるものであり，この仮差止命令を発出したアイオワ地区連邦地裁はこれがあくまでも暫定的措置であることを力説している。また，この差止命令に対しては，日本企業側から第8区連邦控訴裁に対して控訴が行われていたが，第8区連邦控訴裁判所は判決を下してこの差止命令を破棄した。

　この仮差止命令の判決に関しては，①米国における1916年法による訴訟の訴訟物と日本における損害回復法による訴訟物との間には差異があるのではないか，したがってこの両者が同一であるとの前提に立つ米アイオワ地区連邦地裁の判決にはあやまりがあるのではないか，及び，②本件において，外国裁判所の外国法に基づく管轄権行使を否定しても守られなければならないほど重要な米国の公共の利益があるのか，については疑問なしとはできない。しかし，これらの疑問点は控訴裁判所の判決ですべて払拭され，米裁判所がある者に対して外国における外国法による提訴を禁止できるのは，きわめて例外的な場合に限定されることが明らかとなった。

(1) WT/DS/162R, 26 May 2000 (AB Report); WT/DS/36/R, 31 March 2000 (Panel Report) このWTO決定に対する批判としては、松下満雄「WTO協定と米国1916年アンチダンピング法」国際商事法務、Vol.29, No.3 (2001).
(2) Miscellaneous Trade & Technical Corrections Act of 2004, Pub. L. No.108-429, Sec. 2006 (b), 118 Stat. 2334, 2597 (2004).
(3) EC及び日本の対抗立法制定については、松下満雄・飯野文「米国1916年アンチダンピング法に対する対抗立法─WTO法と民事法の交錯」貿易と関税53巻4号（2005年4月）((第一部)、同5号（第二部）及びそれに引用されている文献を参照。
(4) Goss International Corp. v. Tokyo Kikai Seisakusho, Ltd, 321 F. Supp. 2d 1039 (N.D. Iowa, May 26, 2004).
(5) Tokyo Kikai Seisakusho, Ltd. v. Goss International Corp., 2006 WL 155253 (8th Cir. (Iowa), Jan 23, 2006).
(6) Tokyo Kikai Seisakusho, Ltd. v. Goss International Corp., 126 S. Ct. 2363, June 05, 2006.
(7) Goss International Corp. v. Tokyo Kikai Seisakusho, Ltd., ...F. Supp. 2d..., 2006 WL 1731286 (N.D. Iowa, June 15, 2006).
(8) これらの判決の出典としては、注(4)及び(5)を参照。またこれらの判決の解説としては、松下満雄「米1916年反ダンピング法による米企業の対日勝訴判決」国際商事法務、Vol.32, No.3（2004）（アイオワ地区連邦地裁判決）、及び、同「米1916年アンチダンピング法に基づく対日本企業控訴審判決」国際商事法務、Vol.34, No.4（2006）。

［後記］ 既述のように、本件においてはアイオワ地区連邦地裁が発出したT社に対して日本における損害回復法による提訴を禁止する仮差止命令は第8区連邦控訴裁判所の判決によって破棄された。この控訴裁判所の判決によって、アイオワ地区連邦地裁の述べた仮差止命令を根拠付ける理由付けはことごとく否定され、連邦控訴裁は国際協調主義と禁欲主義に基づいて、外国人に対する外国における外国法に基づく提訴を米裁判所が禁止することはきわめて例外的な場合にしか認められないことが宣言された。この控訴審判決は大変に興味深いものであるが、これを詳細に説明すると、本稿の構成を根本的に変更しなければならなくなる。これは現段階では無理なので、単にかかる控訴審判決が出ていることを指摘するにとどめる。

（成蹊大学大学院法務研究科客員教授）

論　説　　国際経済・取引紛争と対抗立法

WTOの紛争処理における対抗立法の意義と射程

伊　藤　一　頼

  I　はじめに
  II　WTOにおける1916年法事件の紛争処理の概要
   1　パネル・上級委員会の判断
   2　裁定の履行確保段階における問題
  III　WTO紛争解決手続の構造と対抗立法の位置づけ
   1　違反認定段階の法的特質
   2　履行確保段階の法的特質
   3　対抗立法の法的位置づけ
  IV　おわりに

I　はじめに

　本稿は，「国際経済・取引紛争と対抗立法」という共通論題のもと，米国の1916年アンチダンピング法に対して日本とECが最近制定した対抗立法の意義を，主にWTO法・国際法の観点から分析・評価しようとするものである。対抗立法とは，従来，他国の過剰な管轄権行使（公的規制の一方的な域外適用）に対抗して，自国内でその効果を打ち消すための手法として用いられており，とりわけ，国際法規が未発達で管轄権競合の起こりやすい競争法などの分野における利用が顕著であった。それゆえ，例えば豪州の常設的な対抗立法であるForeign Proceedings (Excess of Jurisdiction) Act 1984は，他国の管轄権行使が国際法に違反する場合に加えて，国際礼譲または国際慣行に合致しない場合にも発動されうると規定しており（Section 6(4)(5); 9(1); 11(1)），外国政府の行

為の「違法性」は必ずしも前提とされていない。他方で，日本と EC による今回の対抗立法は，すでに WTO 協定違反が確定した米国アンチダンピング法を限定的に対象とするものであり，違法行為への対抗手段としての性格が鮮明である点で従来とは問題状況がやや異なる。したがって，違法行為に対する国際法上の制度的な救済手続との関係において，対抗立法という国内法上の一方的な措置をいかに位置付けるべきかが検討されねばならず，本件では特に WTO 紛争解決手続との関係が問題となる。

そこで以下では，まず米国のアンチダンピング法を WTO 協定違反と認定したパネル・上級委員会報告の内容を確認したうえで，当該裁定の履行確保が WTO の枠内では困難であった理由を明らかにし，そうした事情のもとで対抗立法という一方的手段への依拠が許されるか否かを，WTO 紛争解決制度の特質や限界を踏まえつつ考察することとしたい。

II　WTO における1916年法事件の紛争処理の概要

米国の1916年歳入法801条（以下「16年法」とする）とは，米国産業に被害を与え若しくはこれを破壊する意図を持って，外国製品を市場価額あるいは卸売価格よりも「実質的に低い価格で（substantially less）」輸入した者に対し，刑事罰（罰金又は禁錮）および民事損害賠償（三倍損害賠償と訴訟費用）を定める法律である。しかし，民事訴訟において私人が輸入業者の産業破壊意図を立証することは困難であったため，代わって行政府がダンピングの調査救済を行うこととした1921年アンチダンピング法や1930年関税法が制定され，16年法はほとんど利用されることはなかった。ところが近年，米国企業が16年法を根拠に欧州や日本の企業を提訴する事例が目立ち始め，2003年には三倍損害賠償を認容する判決が出るに至った。そこで日本と EC は，WTO のアンチダンピング協定との整合性が必ずしも明確ではない16年法につき，その改正ないし廃止を求めて米国と WTO 紛争処理手続に入った。EC と日本の提訴についてそれぞれ

パネルが設置され，双方とも16年法の協定違反を認定した。米国は上訴し，日本とECのケースが併合されたうえで，上級委員会報告が出された。以下では，まずパネル・上級委の裁定内容を概説し，次にその裁定の履行段階における問題状況，すなわち今回の対抗立法の必要が生じた経緯について触れる。

1 パネル・上級委員会の判断

16年法はガットやWTOが成立する前に制定された法律であり，それゆえ，ガットやWTOの規律と食い違っている点が多々ある。例えば，GATT 6 条がダンピングに対する規制措置としてアンチダンピング税のみを認めているのに対し，16年法では刑事罰や損害賠償が規定されている。また，WTOのアンチダンピング協定で定められた様々な手続的要件も，16年法は満たしていない。このように，16年法がWTO協定に整合的でないことは明白であったため，米国は，次に見る二つの先決的・抽象的な論点を重点的に主張した。

(1) 1916年法はアンチダンピング法か反トラスト法か　米国によれば，16年法は国際的価格差別（ダンピング）全般を規制しているわけではなく，「米国産業の破壊の意図」や「市場価額よりも実質的に低い価格での輸入」の要件が示すように，競争阻害につながるような略奪的意図を持った特殊な価格差別のみを規制するものである。また，16年法の下でとられる措置は，アンチダンピング関税ではなく国内措置（刑事罰や損害賠償）である。それゆえ米国は，16年法は反トラスト法の性格が強く，アンチダンピング措置に関する規律であるGATT 6 条やアンチダンピング協定は適用されないと主張する（パネル報告書 WT/DS162/R, para. 6.110. 以下 [ ] 内は報告書の段落番号）。

パネルはこの主張を次の理由で退けた。第一に，GATT 6 条は国際的取引におけるいかなる価格差別をもダンピングと規定しており，16年法が反トラスト法的な追加的要件を含んでいるとしても，国際的価格差別を規制する以上は，GATT 6 条の適用対象から除外されない [6.115-23]。また，16年法の下でとら

れる措置が，刑事罰や損害賠償という反トラスト法的な性格を有する国内措置であっても，措置の対象が国際的価格差別である以上，やはり GATT 6 条の射程に入る [6.136-7]。第二に，立法経緯や歴史的文脈に照らしても，当時はまだ反トラストとアンチダンピングは概念的に未分化であり，16年法が今日の意味での純粋な反トラストの目的を有していたとは確認できない [6.141-50]。第三に，16年法に関する米国判例を検討すると，確かに16年法を反トラスト法として扱ってきた面もあるが，少なくとも国際的価格差別の要件の部分は，現代の国際通商法でいうダンピングの文脈で解釈されてきた [6.152-81]。

　これに対して米国は，アンチダンピング税という形式をとらない規制措置はガット・WTO の規律の対象外であることを特に強調して，上訴した。しかし上級委は，アンチダンピング協定18条1項が「ダンピング輸出に対するいかなる措置も，この協定により解釈される1994年のガットの規定による場合を除くほか，とることができない」としていることから，アンチダンピング税以外の形式の措置にも，GATT 6 条とアンチダンピング協定の規律が及ぶと判断した（上級委員会報告書 WT/DS162/AB/R, paras. 109-26）。

　(2) 1916年法は義務的法律か　　本件で EC と日本は，16年法に基づいてとられた個別の措置ではなく，16年法そのものが協定違反だと主張する。これに対して米国は，過去の GATT パネルで採用されてきた義務的／裁量的（mandatory/discretionary）法律の基準，すなわち「法令自体を協定違反とするためには，行政府が当該法令を協定整合的な形で発動する裁量の余地がないほどに，当該法令が義務的なものでなければならない」という定式を援用して反論した。つまり，16年法の刑事手続では司法省が手続開始の裁量を持つので，16年法は義務的法律ではなく，法令自体の協定違反は認定できないとの主張である。

　これに対してパネルは，議論の前提として，WTO のいかなる協定や義務が16年法に適用されるのかによって，義務的／裁量的法律の基準それ自体の意義

も変化しうると述べる [6.105-7]。すなわち，前述のように16年法に適用されるのがアンチダンピング協定であるとすれば，義務的／裁量的法律の基準は当該協定に特有の義務の構造に着目して解釈されねばならず，この点でパネルが重視するのは，アンチダンピング協定18条4項が，各国の法令それ自体の協定適合性を確保するよう，特に明文で要求しているという点である[1]。パネルによれば，米国の主張する「手続開始にかかる行政府の裁量」は，他の加盟国のアンチダンピング法にも一般的に見られるものであり，この種の裁量を根拠に法令自体の協定違反を問う可能性が否定されるならば，18条4項の存在意義はほとんど失われることになる [6.190]。したがって，18条4項が法令自体の協定適合性を求めている限りにおいて，義務的／裁量的法律という区別は，パネルの審査権限の有無を決定するための有意な基準とはもはや言えないのである [6.189]。

他方，上級委員会はこうした一般論には踏み込まず，むしろ義務的／裁量的法律の基準を一応は堅持したうえで，16年法が協定整合的に適用され得るような十分な裁量の余地が行政府に与えられていないので，法令自体の協定違反を問うことができるとした。もっとも，そこでの分析は極めて簡略であり，16年法の民事訴訟手続については裁判所の手続なので行政府には裁量の余地がなく，また刑事手続については行政府の裁量は「十分な質と深みに欠ける」と述べるにとどまる [88-91]。この点では，上級委も法令自体の審査可能性を広く解する態度を示したと言えよう。

(3) 1916年法の具体的な協定違反事項　こうして前提的な抗弁が退けられた以上，前述のように，もはや米国にとって16年法を擁護する有効な手段はなく，結果として様々な協定違反が認定された。具体的には，アンチダンピング税以外の形式の措置を規定している点（GATT6条2項等に違反）や，私人がアンチダンピング調査を要求する場合に国内産業の25％以上の支持が要件とされていないなどの国内調査手続に関連する違反（アンチダンピング協定5条4項等

に違反）が指摘され，これらは同時に，国内法令の協定適合性を要求するアンチダンピング協定18条4項違反をも構成するとされた。

2 裁定の履行確保段階における問題

こうして，上記の協定違反の是正を求める勧告が米国に対してなされたが，本件では，この勧告を米国が定められた期間内に履行しなかったことで複雑な問題状況が発生した。通常であれば，勧告の不履行に対しては，申立国が自らの譲許ないし義務を対抗的に停止することで違反国に履行を促すが，本件ではこの履行確保の仕組みが機能しなかった。すなわち，こうした譲許や義務の停止の程度は，違反措置による利益の無効化侵害の程度と同等でなければならないところ（紛争解決了解22条4項），本件勧告のなされた当時はまだ16年法による具体的・確定的な損害が発生していなかったため，日本・EC は譲許や義務の停止という手段に依拠できなかったのである。この結果，「協定違反は認定されたが，実効的な履行確保手段が存在しない」という事態が生じることとなり，これが，本件において対抗立法という WTO の枠外での特殊な対応が必要となった大きな要因であった。

このような事態が起こったそもそもの背景としては，第一に，協定違反を認定する段階において，違反措置による具体的損害の有無にかかわらず，いわば抽象的・客観的に義務違反が認定されるという紛争解決手続の特質が挙げられる。他方で第二に，裁定の履行を確保する段階においては，譲許停止という手段は，具体的損害との厳密な同等性を条件とされており，義務違反の認定が客観的になされ得ることと比較して，制度的に齟齬をきたしているような印象を受けるのである。かりにそれが事実とすれば，本件で日本や EC が実施した対抗立法という手段も，こうした制度上の齟齬を埋め合わせるための補完的な方法として是認される可能性があろう。他方，これら二つの段階が実は一貫した論理を持ち，制度上の齟齬が存在しないとすれば，対抗立法の WTO 整合

性はより厳格に判断する必要がある。そこで以下では，紛争解決手続におけるこれら二つの段階の法的な性格や相互の関係を構造的に把握することで，対抗立法という手法のWTOにおける位置付けや限界について評価を試みることとしたい。

Ⅲ　WTO紛争解決手続の構造と対抗立法の位置づけ

1　違反認定段階の法的特質

(1)　WTOの実体的義務の性格　　本件において16年法の協定違反が，具体的な損害の有無にかかわらず，抽象的・客観的に認定されたことは，いかなる論理によって説明が可能であろうか。これは，WTO紛争解決手続の主たる目的が，紛争当事国間の二辺的・主観的な意味での利益の無効化侵害を是正すること（紛争処理機能）にあるのか，それとも，義務違反を除去して本来の適法状態を回復すること（法秩序維持機能）にあるのかという論点にも関わる[2]。こうした紛争解決手続の本質的意義を解明するためには，まず，それによって保護される実体的義務の法的性格を把握することが必要となろう。

　ガット時代の義務は，相互主義的な貿易自由化交渉を通じて得られた，二辺的・主観的利益のバランスを維持するという目的を持っていたが，それと同時に，そうした二辺的な貿易利益は，最恵国待遇の原則によって他の全ての締約国にも自動的に付与された。それゆえ，逆に言えば，ガット義務の違反は，直接交渉した相手国との関係において二辺的な利益を侵害するだけでなく，潜在的には他の全ての締約国の貿易機会を侵害することになる。この点でガットの義務は，単なる二国間の主観的利益には還元できない，いわば締約国全体の共通利益としての性格を当初から帯びていた。

　さらに，60年代までに国境の貿易制限措置の撤廃が進むと，ガット締約国の次の関心は非関税障壁の削減に集まり，国ごとの国内規制のばらつきを解消する試み，すなわち規制の調和（harmonization）が新たな課題として認識され始

めた。こうした規制の調和に関する様々な規律も，特定の国との関係における義務ではなく，一定の国内法環境を各々の締約国が他の全ての国に対して提供するという義務であり，その違反は，やはり潜在的には他の全ての締約国の法的利益を侵害することになる。1916年法事件で問題となったアンチダンピング協定も，各国におけるアンチダンピング措置の発動手続を統一するという規制の調和が主たる目的であるため，上記パネルが言及したように，18条4項において国内法令それ自体の協定適合性を特に重要視しているのである。パネルがこの条項に着目して義務的／裁量的法律の基準を緩和し，法令自体の審査可能性を高めたことも，この種の義務が単なる二辺的な利益交換ではなく多辺的・客観的な制度環境を保護する趣旨であることを踏まえれば，支持できるものと言えよう。

　なお，こうした理解とは反対に，WTO義務の二辺的性格を主張する論者もある。例えばパウェリンは，WTO義務が保護の対象とするのは互譲的な交渉で得られた具体的な貿易利益であるから，その違反は，人権や環境の分野における義務違反とは異なり，本質的に特定国間の関係のみに影響を与えると言う。[3]しかし，WTO義務の主たる目的は，特定の時点において存在する具体的な貿易利益を保護することよりも，むしろ貿易条件に関する期待を将来にわたって制度的に保障することにあり，[4]それゆえ潜在的には全ての締約国がその履行の確保に法的利益を持つと考えるべきであろう。言い換えれば，WTO義務の内容は二国間の契約的利益の束に還元し尽されるわけではなく，その総体において，通商関係の長期的な安定性と予見性の保護という公序設定的な意義をも担っているのである。[5]

　なおパウェリンは，WTO義務が二辺的性格を持つという主張の一つの帰結として，WTO法上の権利義務を特定国間で変更することが可能であるとする。すなわち，WTO義務から逸脱する事後の合意を特定国間で結んだとしても，それは第三国の権利義務に何ら影響を与えない（ウィーン条約法条約34条，41条

1項, 58条1項に違反しない）ので，通常の優先関係規則（後法優先）に従い二辺的な事後の合意が有効になるという(6)。しかし，上述のようにWTO義務が共通利益としての性格を持つとすれば，権利義務の変更の影響が純粋に二辺的なものにとどまると考えることは困難である。また，二辺的な変更によって加盟国間の権利義務関係が区々になれば，それはガット時代のコード方式の再来であり，WTO設立に際して権利義務関係の統一化を図った一括受諾原則（WTO設立協定2条2項）の趣旨に反するであろう(7)。さらに，WTO協定では，留保を禁止する（もしくは他の全ての加盟国の同意を条件とする）ことによって，協定義務の一方的ないし二辺的な変更を防止している点にも注意すべきである(8)。

(2) 紛争解決手続における義務違反認定の特質　こうしてWTOの実体的義務が客観的な性格を帯びている結果，紛争解決手続においても，主観的・具体的な損害の存否より，客観的・抽象的な義務違反の有無に関心が向けられることになる。もちろん，GATT23条が手続開始の要件として協定上の利益の無効化又は侵害を挙げているように，相対的な利益の均衡回復という意識が底流で働いていることは否定できない。しかし，すでにガット時代から，利益の無効化侵害の有無の判断は，実際の貿易量の増減ではなく，関税譲許等で設定された貿易条件についての期待が損なわれたか否かを基準として行なわれており，利益の侵害は義務違反の存在とほぼ同義なものにまで客観化が進められてきた(9)。そしてWTOでは，紛争解決了解3条8項が「義務に違反する措置がとられた場合には，当該措置は，反証がない限り，無効化又は侵害の事案を構成するものと認められる」と明示的に規定しており，しかも，この利益の無効化侵害の推定は，実際上は「反証」を許さないものとして機能している(10)。

このように，主観的な損害回復の側面が極限まで希釈化された結果，当事者適格の判断も非常に緩やかになされている。ECバナナ事件では，紛争解決手続への提訴に際しては「法的利益（legal interest）」の立証は不要であり，提訴が申立国の利益に結び付くか否かは，申立国の自己判断に委ねられるとされた(11)。

こうした寛容な解釈の背景には、「世界経済の相互依存がすすみ、交渉された権利義務のバランスからの逸脱が直接的または間接的に加盟国に影響を及ぼす可能性が従来にもまして高まったため、加盟国はWTO義務の履行確保にかつてないほど重大な利害を有する」[12]という認識がある。すなわち、間接的ないし潜在的な、あるいは理論上の被害国にも当事者適格を認める立場である。これを「最低限の主観的利益」を要求する趣旨と解してWTO義務の二辺的な性格に結び付ける論者もあるが[13]、むしろここには主観的利益の実質的な非争点化という意義を読み込む方が自然であろう[14]。もちろん、実際には提訴国には明白な主観的利益が存在する場合がほとんどであるが、他方で、第三国参加が非常に活況を呈しているという現象は、客観的な合法性確保や協定解釈の一貫性に対する各国の強い関心を窺わせる[15]。

このようにWTOの紛争解決手続では、主観的な利益侵害の是正という紛争解決機能よりも、義務違反の除去による適法状態の回復という法秩序維持の機能が前面に出るため、1916年法事件においても、申立国の具体的な損害の有無を問うことなく、客観的な合法性判断の結果として違反認定がなされたのである。そこで次に、こうした違反認定段階における法的な論理構造が、裁定の履行確保の段階においても一貫して維持されているかが問題となる。

2 履行確保段階の法的特質

前述のように、1916年法事件において、裁定の履行を促すための通常の手段である譲許停止が利用できなかったのは、紛争解決了解22条4項が「紛争解決機関が承認する譲許その他の義務の停止の程度は、無効化又は侵害の程度と同等（equivalent）のものとする」と規定するからである。しかし、義務違反の認定が客観的になされ得る一方で、その裁定の履行を確保する手段に対して、このように主観的損害との厳密な同等性が要求されることは、整合的に説明できるであろうか。この問題に接近するため、ここでは同等性の要件に関する二つ

の異なる解釈を比較しながら，WTO が想定する履行確保プロセスの法的特質を浮き彫りにしたい。

(1) 損害回復モデル／効率的不履行モデル　同等性要件の一つの解釈として，他国の義務違反により失われた貿易上の利益と同一の金額を回復すること，つまり損害賠償の機能を譲許停止に担わせるものと理解する立場がある[16]。これは，言い換えれば，裁定の不履行に対して禁止的な高コストを課すのではなく，むしろ被害国による等価値の譲許停止を甘受することで義務違反を継続できることを意味する。それゆえ，紛争解決制度の意義を，客観的な合法性の確保ではなく二辺的・主観的な利益バランスの回復に見出す論者は，この同等性要件の存在を重要な論拠としてきた[17]。こうした解釈論の背景には，WTO 義務の性格を私法上の契約債務との類推において捉える態度がある。すなわち，コモン・ロー諸国の契約法では，契約不履行に対する通常の救済方法は特定履行 (specific performance) ではなく損害賠償であるため，契約当事者は，契約不履行の便益が損害賠償の費用を上回る場合には，不履行を選択することが合理的となる（効率的不履行 efficient breach ないし「契約を破る自由」）。同様に WTO の紛争解決制度も，義務の履行確保それ自体ではなく，むしろ交渉で得られた相互的な利益の均衡を維持することが目的であり，事後的な状況の変化によって義務遵守の合理性が失われれば，賠償支払いと引き換えに不履行も許容されるという[18]。

同等性要件に関するこうした解釈を，ここでは「損害回復モデル」ないし「効率的不履行モデル」と名付ける（図1を参照）。なお，この見解に従えば，紛争解決機関（DSB）による違反是正勧告の法的拘束力も否定されることになる。つまり，勧告を受けた加盟国は，自らの行為を WTO 協定整合的に是正する義務を負うのではなく，むしろ「履行するか賠償するか perform or pay」を裁量的に選択できる立場にある[19]。

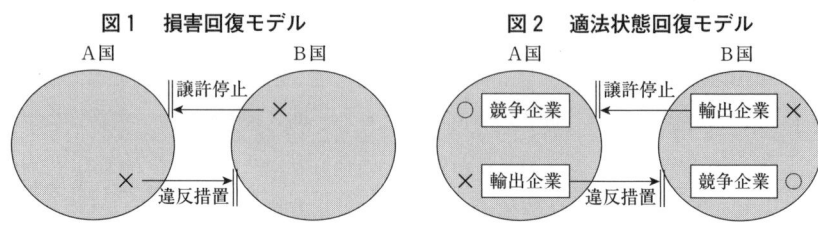

(2) 適法状態回復モデル／遵守促進モデル　　上記の損害回復モデルに対する重大な疑問として、それが真の意味で損害の回復となるか、という点がある。つまり、**図2**で示すように、B国の義務違反によって損害を受けるのは、A国の輸出企業である。他方、仮にA国が譲許停止を実施した場合、その対象品目はB国が国際競争力を持つ品目から通常は選ばれるため、その輸入制限によっていわば保護主義的な利益を受けるのは、A国市場でその輸入製品と競争関係にある企業ということになる。したがって、違反措置と譲許停止がともに実施されている状態のままでは、違反措置による本来の被害者は全く救済を受けていないのであり、真の意味での損害の回復がなされたとは言い難い[20]。

また、譲許停止によって自国市場を閉ざすことが「利益」になるという重商主義的な発想は、通商自由化が経済効率性を高めると考えるWTOの基本理念にも反する。譲許停止を通じて被害国が損害を回復するという論法は、少なくとも経済学的には無意味であり、むしろ譲許停止は、効率性の高い輸入製品へのアクセスを妨げることで被害国自身の経済厚生を悪化させる[21]。かりに、譲許停止を通じて競争力の高い輸入製品から国内産業を保護することに公共選択論的な「利益」を見出すとしても[22]、前述のように、その受益企業と本来の被害企業とが一致することは期待できない。

このように、譲許停止それ自体の損害回復機能は極めて微弱であるため、我々は損害回復モデルに代えて、「適法状態回復モデル」ないし「遵守促進モデル」という見方をとる必要があるだろう。すなわち、WTOが想定する本来

のプロセスは，(i)譲許停止により違反国の輸出企業に損害を与えることで，(ii)当該輸出企業が政府に違反措置の撤廃を働きかけるよう政治的に動員し，その結果，(iii)違反措置が撤廃され適法状態が回復されることで当初の被害企業が本来の利益を得られる状態に戻る，というものであると考えられる(23)。したがって，損害回復モデルとは異なり，譲許停止が実施されている状態は，それ自体としては決して望ましくなく，あくまでも適法状態への回帰をもって問題が解決されることになる。紛争解決了解22条1項が「代償及び譲許その他の義務の停止は，勧告及び裁定が妥当な期間内に実施されない場合に利用することができる一時的な手段であるが，これらのいずれの手段よりも，当該勧告及び裁定の対象となった措置を対象協定に適合させるために勧告を完全に実施することが優先される」と述べることの意味は，この適法状態回復モデルを念頭に置いて理解されるべきであろう(24)。

　このように遵守誘導への契機として譲許停止の機能を理解する場合，同等性要件の存在理由はいかにして説明しうるだろうか。例えばヒュデックは，かりに譲許停止の水準が同等性の範囲を上回れば，(i)被害国が譲許停止で過剰な「利益」を得ていることに違反国の輸出企業が反感を持ち，批判の矛先が違反国の政府ではなく被害国の政府に向いてしまうこと，(ii)被害国の国内で，より強力な譲許停止を求める（保護主義的な）勢力に対して歯止めが効かなくなること，などを指摘する(25)。つまり同等性要件は，譲許停止が通商紛争をエスカレートさせることを回避し，遵守誘導という本来の目的を達成するために，被害国自身が必要とする自己抑制なのであり，違反国に損害賠償の支払いという選択肢を与える趣旨ではないのである(26)。それゆえ，譲許停止が違反措置と同一の金額であることにも論理的な必然性はなく(27)，単に政治的な説得性の高さという観点から便宜的に選ばれた基準にすぎない。そうだとすれば，同等性を超える懲罰的な規模の譲許停止を導入する余地も原理的には排除されないが，上述のように，過剰な譲許停止はむしろ紛争の泥沼化を招く危険性があり，遵守の

誘導という目的にとって逆効果になりかねない。遵守誘導の適度な圧力となりつつ紛争の規模拡大をも制御するという二面的な要請を満たすうえで，同等性要件を凌ぐ適切な基準を考案するのは困難であろう。

なお，前述のように損害回復モデルではDSB勧告の法的拘束力は否定されるが，適法状態回復モデルに立つ論者は，勧告を履行するか譲許停止を甘受するかの選択権が違反国にあるわけではないとして，勧告を履行する法的義務の存在を主張する。(28) しかし，譲許停止とは政治的力学を利用して違反国を義務遵守へと復帰させる仕組みであり，その成否は，違反国および被害国の経済規模や産業構造といった事実上の要因に依存する面が大きい。したがって，DSB勧告の履行が法的義務か否かという規範的な性質の確定が，それ自体として決定的な意味や帰結を持つわけではない。むしろ紛争解決了解22条1項のように，譲許停止よりも勧告の履行が「優先される (preferred)」とだけ述べておけば，適法状態の回復を目指すという制度趣旨の表明としては必要にして十分であろう。

(3) 制裁としての譲許停止：対抗措置及び条約運用停止との比較　このように，適法状態の回復手段として譲許停止を理解した場合，それは「制裁 (sanction)」の性格を持つと言える。制裁とは，法システムが，社会行動を法規則に合致させることで規範的な統合性と一体性を確保し，法秩序としての実効性と信頼性を保つための手段の総体として捉えられる。(29) 例えばケルゼンは，法の本質を，違法行為に対する正当な強制力の行使としての制裁の存在に求め，それは分権的な自力救済 (self-help) という形態をとることもあり得るという。(30) しかし，自力救済の場面では，それが真の制裁か単なる違法行為かの判別は実際には困難であり，また今日では国際社会の組織化も進んだことから，制裁とは権限ある機関の集権的な決定に基づく措置として理解されている。(31) すなわち，違法行為への対応において個別国家による主観的な自己判断や単独行動の要素を排除する点に制裁の特質があり，それは，権限ある機関が単に違法行為の存

在を認定するだけでなく，その違法行為に対応するための措置の合法性を承認することまで含む[32]。これに従えば，WTOにおける譲許停止は，紛争解決機関による客観的な違法性認定を基礎として，譲許停止の内容に関する承認を受けて実施されるものであるから，これを組織化された制裁と捉えることが可能である[33]。

これに対して，多くの論者は譲許停止を「対抗措置（countermeasure）」と性格規定している[34]。国際法上の対抗措置とは，それ自体は違法な行為であるが，他国の先行違法行為への対応であることを理由に違法性が阻却されるものをいい，先行違法行為の中止や損害の回復を目的とする[35]。この点では，確かに譲許停止は対抗措置と共通する面がある。しかし，対抗措置の最も重要な特徴は，先行違法行為の存否や対抗措置発動の可否の判断が，個別国家の自己解釈と自己評価に専ら委ねられる点にあり，それが，公権的な法執行機関の存在しない国際社会における自助行為（justice privée）としての対抗措置の存在意義なのである[36]。したがって，分権性の顕著な一般国際法の文脈における水平的な国家責任の追及である対抗措置と，集権化の進んだ国際組織の内部における客観的な合法性コントロールの手段である制裁とは，明瞭に区別されねばならない[37]。例えばアビ=サーブは，対抗措置の実施に際して，先行違法行為の存否と対抗措置の内容とが両方とも権限ある国際的機関の決定に基づく場合，それはもはや対抗措置ではなく制裁の範疇に入ると述べる[38]。WTOにおいても，協定違反の認定，違反是正勧告の履行確認，譲許停止の承認という全てのプロセスにわたって紛争解決機関の介入があることから[39]，譲許停止はWTO法に固有の管理された制裁手続として理解すべきであり，一般国際法に基づく独断的な対抗措置とは明らかに異なる。

なお，対抗措置は先行違法行為と比べて著しく均衡を欠くものでないことが要求されるが，この対抗措置の「均衡性原則」をより厳格化し，損害塡補の意味合いを強調したものが譲許停止の「同等性要件」であるという見解がある[40]。

しかし，均衡性原則の一つの意義は，自己判断に基づく対抗措置に誤謬や恣意性が入り込む可能性を考慮して，先行行為と対抗措置の間に明確な格差を設けないことにある。他方で，譲許停止の場合は，先行行為の違法性が客観的に認定されるため，懲罰的な意味合いを持たせることで先行行為との差別化を図る余地も決して否定されないが，現実的に違反国を遵守へと誘導しうる最適な水準として敢えて厳格に上限を管理しているのである。したがって，均衡性原則が分権性の帰結であるとすれば，同等性要件は集権性の帰結であり，両者を連続的に捉えることは適切ではない。

最後に，条約法上で認められる条約の運用停止と，WTOにおける譲許停止との差異にも留意する必要がある。ウィーン条約法条約60条2項(b)及び(c)は，多数国間条約の重大な義務違反があった場合に，その直接的な被害国やその他の当事国が，条約義務の全部または一部の運用を停止することを認めており[41]，確かに譲許停止はこれと類似した外観を持つ。しかし，条約法上の運用停止は，相手方の約束違反を理由に対価（quid pro quo）の提供を拒むという契約法的な論理に基づくのに対し，譲許停止の目的は違法状態の是正であり，条約関係の解消による相互主義的な均衡の回復で満足するわけではない[42]。条約の運用停止が，合意遵守義務（pacta sunt servanda）の裏返しとしての防御的な性格しか持たない一方で，譲許停止は，共通利益の擁護のために積極的に相手国を遵守へと誘導する仕組みであると言える。

(4) 小　括　　このようにWTO紛争解決手続では，裁定の履行確保段階においても，違反認定段階と同様に，義務違反の除去による客観的な適法状態の回復が主たる関心事であり，主観的な損害の回復はその副次的な効果にすぎない。譲許停止の同等性の要件も，同一額の損害賠償ではなく遵守誘導の最適基準という意味を持つため，違反認定段階の制度趣旨と比較して論理的な齟齬が生じているとは言えない。したがって，紛争解決手続に制度上の明白な不整合性が存在しない以上，WTOの枠外で，対抗立法などの手法により独自に協

定違反に対応することの可否は，極めて慎重に判断される必要があろう。次節ではこの点について検討したい。

3 対抗立法の法的位置づけ

(1) ECのミラーアクトに関する仲裁判断　対抗立法の検討に入る前に，1916年法事件においてECがWTOの枠内での紛争解決を目指して最後に行なった試みについて概観する。前述のように，本件では16年法による具体的な損害は未発生であったため，無効化侵害された利益の算定ができず，関税引上げなどの通常の方法による譲許停止は，同等性要件を根拠に承認されない可能性が高かった。そこでECは，16年法と同趣旨の法律，いわゆるミラーアクトを制定するという形での義務停止を申請した[43]。これが実施されれば，脅威を感じた米国の輸出企業が，米国政府に対して16年法の撤廃を働きかける可能性があり，適法状態回復モデルの筋書きに沿った解決が期待できる。しかし米国は，ミラーアクトという方法は同等性の要件を満たさないと主張して，譲許停止の程度に関する仲裁（紛争解決了解22条6項）に事案を付託した[44]。

仲裁判断は，一般論として，譲許停止の主たる目的は利益の均衡回復よりも義務遵守の促進にあると述べつつも，他方で，それは同等性の域を超えた懲罰的な規模の譲許停止を認めることまでは意味しないという [WT/DS136/ARB, paras. 5.3-8]。ここでECは，ミラーアクトは16年法と同趣旨の法律であるから，両者の間には質的な意味での同等性があると主張した。しかし仲裁判断は，同等性の有無を抽象的に判断することは不可能であり，16年法がECに与えた貿易的影響を数量的に確定したうえで，それを超えない限度でのみECは譲許停止が可能であると述べる [5.21-3]。この点，ECのミラーアクトは，実施に際しての数量的・金額的な上限を設けておらず，ECが被った損害額の範囲内でのみ適用される保証がないため，同等性要件を満たしているとは言えない [5.29, 5.34-5]。

こうして，質的な同等性を根拠にミラーアクトを正当化する試みは不成功に終わったが，他方で仲裁判断は，量的な同等性を判定する際の基準値となる「利益の無効化侵害」について興味深い見解を提示している。米国は，EC産品への16年法の適用事例は存在せず，それゆえ利益の無効化侵害はゼロであると主張したが，仲裁判断は，パネル裁定で無効化侵害があるとされた以上，たとえそれが協定違反の認定に基づく自動的な推定（紛争解決了解3条8項）にすぎないとしても，ゼロと見做すことはできないと述べる [5.48-50]。他方で，ECが損害への算入を主張した，16年法の存在自体が持つ萎縮効果（chilling effect）については，漠然とした推測の域を出ず，数値化も困難であるとして退け，無効化侵害の程度の決定は，単なる推測（speculation）ではなく，信頼可能で，事実に即し，検証可能な（credible, factual, and verifiable）情報に依拠する必要があると述べる [5.52-7]。その結果，利益の無効化侵害の程度に関して考慮できるものは，16年法に基づく確定判決（及び和解）のみであり，今後EC産品に対して16年法が適用されれば，その都度，無効化侵害が発生することになる [6.4-17]。

　本件仲裁は，協定違反の法令が撤廃されず，将来の適用頻度も不明確な場合に，いかなる譲許停止が許されるかが争われた最初の事件である。それゆえ，具体的な金額面での量的同等性が争われてきた先例とは区別して，質的同等性や萎縮効果に依拠した譲許停止を承認するという方針も十分にあり得ただろう。[45] しかし，仲裁判断が量的同等性にこだわった背景には，抽象的な同等性を容認すれば具体的損害を大幅に上回る譲許停止が実施され，紛争規模の制御という同等性要件の機能が損なわれることへの警戒もあったと考えられる。これは支持しうる立場ではあるが，その結果として本件では，ミラーアクトという形式も否定され，米国に適法状態への復帰を促す実効的な手段がWTOの枠内には存在しないこととなった。もちろん仲裁判断が述べたように，実際に16年法が適用されれば，その都度，被害国は譲許停止を行なうことも可能であるが，

そうした散発的かつ小規模な譲許停止では，違反国の輸出産業を政治的に動員できるほどの圧力とはなりにくい。それゆえ，違反措置の撤廃がもたらされず，本来の被害者が救済されない状態が長く継続する恐れが

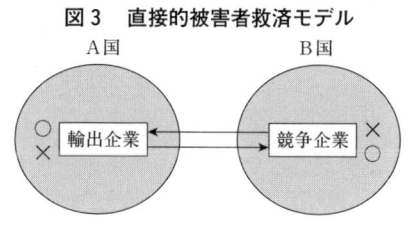

図3　直接的被害者救済モデル

ある。そこで，違反措置の是正は困難でも，せめてその被害者を救済しようという発想で制定されたのが，今回の対抗立法である。

(2)　対抗立法：直接的被害者救済モデル　　一般的に対抗立法とは，他国による国家管轄権の不当な域外適用に対抗して，自国内でその効果を打ち消すような措置を講じる手法であり，従来は特に競争法の分野において利用が顕著であった。1916年法事件では，ECと日本がそれぞれ対抗立法を制定したが，その内容はともに，16年法に基づく訴訟により米国で損害賠償を命じられた自国企業に対して，相手企業から当該賠償金を取り戻すための請求権を自国内で与えるものであり，また，16年法に基づく確定判決の自国内における承認・執行の拒否も定められている。すなわち本件の対抗立法の意図は，私人間の請求権を特別に設定することにより，WTO義務に違反する措置により損害を受けた自国被害者に直接的に財産を回復させる点にある（図3）。

こうした手法を「直接的被害者救済モデル」と名付けるならば，それは第一に，相手国の義務違反の是正を度外視し，被害者の損害回復のみに特化する点で，適法状態回復モデルとは全く異なる。また，適法状態回復モデルでは，違反措置の撤廃を通じて被害者は将来に向けて一括して救済されることになるが，直接的被害者救済モデルでは，義務違反により発生した過去の特定的な損害が個別の被害者ごとに回復されるという違いもある。さらに第二に，直接的被害者救済モデルは図1で示した損害回復モデルとも論理を異にする。後者では，単に国家単位での被害の均等化をもって損害回復と呼ぶにすぎないが，前者で

は，具体的な私人間の単位で実際に財産の回復を図るのである。また，損害回復モデルで主張される効率的不履行の考え方は，義務違反とは別の分野で同等の犠牲を支払うことを想定するが，直接的被害者救済モデルでは，義務違反による受益者自身から利得が奪還されるため，義務違反を継続するメリットはほとんど失われる。

なお，本件の対抗立法は16年法に起因する損害の回復のみに適用されるものであり，仮に他の事件で対抗立法を制定する場合には，その内容は上記のモデルとは異なる可能性もある。特に16年法では，訴訟を通じた損害賠償という形式をとるため受益者と被害者が明確に特定できるが，通常の違反措置では受益者と被害者の間に一対一の対応関係があることはむしろ少なく，本件の対抗立法のモデルにそのまま依拠することは困難であろう。

(3) WTO紛争解決手続と対抗立法の関係　それでは，対抗立法という手法を用いて，WTOの枠外で独自に協定違反に対応することは，自由に認められるだろうか。この点で問題となるのは，加盟国の一方的な措置による紛争の処理を禁止した紛争解決了解23条の存在である。まず23条2項(c)は，勧告及び裁定を履行しない国に対して譲許その他の義務を停止する際に，事前に紛争解決機関の承認を得ることを義務付ける。しかし，今回の対抗立法には協定義務の違反に相当する内容は含まれておらず，ここでいう譲許その他の義務の停止には当たらない。

もっとも，譲許停止に当たらなければ，いかなる措置でも承認を得ずに一方的に実施できるというわけではない。23条1項は，より一般的な原則として，他国の義務違反の是正を求める（seek the redress）場合には，紛争解決了解に定める規則及び手続によることと規定する。「是正を求める場合」という文言の解釈については，例えばEC商用船事件において，譲許その他の義務の停止や違反措置の除去を通じて権利義務のバランスを回復しようとする全ての措置を含むとされている［WT/DS301/R, para. 7.196］。それゆえ，逆に言えば，

私人の被害を単に埋め合わせたり緩和したりする（compensate or attenuate）措置であって，権利義務の均衡回復や違反国の遵守誘導を目的としないものは，是̇正̇を̇求̇め̇る̇措置ではないことになる [7.197]。こうした基準に照らせば，今回のECと日本の対抗立法が紛争解決手続を経由していないことも，それが16年法の改廃を米国に慫慂する目的を持たない，私人の利益保護のみを意図する法律であると考えれば，23条1項に違反するとは言えないであろう。

しかし，そのこと自体が，一つの問題でもある。つまり，WTOが想定する紛争解決のプロセスは，譲許停止の圧力によって違反措置を是正させることで被害者を救済するという適法状態回復モデルであるが，ここでは，譲許停止を行なう国家は，主観的な被害救済を目的として行動しつつも，同時に，客観的な法秩序の維持・回復にも貢献するという二重の機能を担っている。いわば，この国家はWTO共同体の一つの機関として，違反国に対する組織的な制裁を発動しているのである。こうした客観的な法秩序維持機能は，とりわけ第三国に対する波及効果という点で重要である。例えば，譲許停止は，貿易規模の小さい国によって発動されても遵守誘導圧力は弱く，むしろ自国経済への悪影響の方が大きいが，貿易規模の大きい国が譲許停止を発動し，適法状態が回復されれば，他の中小国も等しくその恩恵に浴することができる。特に国際法では，集権的な法執行機関の不在ゆえに法適用の平等性が確保されにくい状況にあるが，そうであれば尚更，客観的な適法状態の回復に結び付く方法で紛争を解決することが（特に大国には）望まれよう。

ところが，本件の対抗立法は違反の是正を目的としないため，通常の譲許停止のように，相手国の輸出企業に積極的に圧力を行使し，遵守誘導に向けて動員するという効果は期待できない。つまり，被害者救済という主観的な目的は達成されるが，WTOが各国に期待する公共的な機能は果たされないのである。したがって，違̇反̇の̇是̇正̇を̇求̇め̇な̇い̇措置である対抗立法は，紛争解決了解23条の適用対象からは除外されるが，まさにそれゆえに，適法状態の回復という紛

争解決了解の制度趣旨に鑑みて，別種の制約に服する必要がある。

　それは一言でいえば，義務違反の是正を目的とする通常の履行確保手段が実効的に機能しえない場合にのみ，限定的に利用されるべきということである。これは，WTO の救済制度の自己完結的 (self-contained) 性格が維持できなくなった場合と言うこともできよう。国際法上の自己完結的制度とは，完全かつ排他的な第二次規則を持つ条約制度を指し，その特質は，違法行為に対する一般的な責任法規則の適用，特に対抗措置の発動を完全に排除する点にある[53]。WTO の紛争解決了解は，事実上の強制管轄権を設定して違反認定と制裁措置の組織化を実現し，また23条で協定違反に対する個別国家の一方的な対応を禁止していることから，自己完結的な性格は極めて強いと言える[54]。こうした条約上の救済制度は，当該条約の実体法規の趣旨目的を最も良く反映した構造を持ち，判断の客観性も概ね担保されるという意味において，濫用の懸念される一般国際法上の自救的措置に比べて確かに利点は多いと言えよう。しかし，伝統的に国際法では対抗措置などの自助手段の完全な制限には消極的であり，国連憲章2条3項や33条が定める平和的紛争解決義務も，平和的手段を完了させる前に対抗措置に訴えることを一般的に禁止する効果までは持たないという理解が根強い[55]。その根底には，国際法の適用と執行を担う真に実効的な公的機関が存在しない以上，自救的手段を完全に放棄するには尚早であるとの認識がある[56]。近年の条約上の救済制度には高度に体系的かつ実効的なものもあるが，それでも，特に裁定の執行の局面では絶対的な履行確保手段を持たない場合が大半である。それゆえ，「自己完結的」な救済制度が現実には実効的に機能しえない事態を想定する必要があり，その場合には，対抗措置を含む，一般国際法上の責任制度への回帰 (fall back) も正当化されることになろう[57]。

　こうした回帰が認められる具体的な場面として，例えばアランジオ=ルイスは，(i)条約上の救済制度により義務違反の認定がなされたが，そこで被害国に与えられた救済が当該制度の手続を通じて実現できない場合，(ii)条約上の救済

制度が，手続進行中の権利侵害に対する有効な仮保全措置を用意していない場合，を挙げる。また，コスケニエミはこの問題を外交的保護における国内救済完了要件との類比で捉え，国際法委員会が作成した外交的保護条文案（2003年）10条が，国内救済手段の完了が要求されない場合として，(a)国内救済手段が実効的な解決をもたらす合理的な可能性が存在しないとき，(b)国内救済の手続に不当な遅延が生じているとき，を挙げていることに言及する。こうした考え方と同様に，かつてのガットの紛争解決制度についてヒュデックは，違反国による裁定の採択拒否が容易であることなどから，紛争の実効的な解決が困難になりガットへの信頼が低下する恐れがあると指摘し，そうした場合にはガット法からの逸脱が厳密な制約のもとに正当化される余地があると述べていた（justified disobedience）。これに対してWTOの紛争解決制度では，手続の半強制化や迅速化が実現してガット時代の弱点が概ね克服され，また一方的措置による紛争処理も明示的に禁止されたことから，もはや一般国際法上の救済手段への回帰は許されないという見解もある。しかし，譲許停止という最終的な履行確保手段が有効に機能しない場合など，紛争解決制度に未だ内在する不完全性を考慮すれば，WTOの枠外の救済手段が完全に排除されると言い切ることには躊躇せざるをえない。

　もちろん，紛争解決制度の実効性が失われたという判断は安易になされるべきではなく，被害国は制度上のあらゆる利用可能な手段を試みる必要がある。特にWTOでは，個別的な利益侵害の存在を立証せずとも協定違反の有無が客観的に認定されうる以上，これを経由せずに他国の協定違反を独自に追及することは，いかなる場合にも正当化されないだろう。他方，裁定の履行確保の段階では，WTOの救済制度が実効的に機能しないこともあり得る。しかし，そこでWTOの枠外の措置に依拠する場合でも，WTOの趣旨目的に適う解決方法を並行して模索すべきであり，それに必要な限度で暫定的に実施できる手段を選ぶことが求められよう。こうした観点から本件の対抗立法を見た場合，

協定違反を認定された16年法に対する有効な遵守誘導手段がWTO内部には存在しない状況において、将来的に実際に損害が発生した限度で被害者救済を図る自衛的な措置として、WTO法上も正当化される余地は十分にあると考えられる。それは、逆に言えば、対抗立法のような義務違反の是正を目的としない救済手段の利用は、こうした極めて特殊な事情が存在する場合にのみ可能であることも意味している。

Ⅳ　おわりに

以上のように、1916年法事件において、具体的損害なくして16年法の協定違反が認定されたのは、WTO義務が単なる二辺的な利益ではなく多辺的な期待を保護しており、それを反映して紛争解決制度も客観的な合法性審査の性格を強めてきたことが要因であった。他方で、そうした裁定の履行確保は、紛争解決機関の組織的な承認を経由しつつ、個別国家が違反国に対して譲許及び義務を停止するという水平的な形式で実施される。そのため、懲罰的な規模の制裁措置は、主権平等原則からの逸脱として違反国の反発を招き、違反措置の是正へと誘導するうえで逆効果となる恐れがある。譲許停止の上限が、被害国における具体的損害と同等の水準に抑制されているのも、こうした政策的な配慮によるものであるが、それゆえに、損害の微弱な協定違反に対しては実効的な履行確保手段が存在しないという制度上の限界も抱えることになる。これが、1916年法事件で対抗立法というWTOの枠外の措置が必要とされた理由であった。

このように、違法行為の是正による合法性の回復を重視しつつも、その執行を担う個別国家には節度ある措置を求めるという図式は、WTOに限らず、現代の国家責任法の一般的な特徴であるとも言える。例えば、国家責任条文案29条によれば、違法行為から発生する第二次義務の履行とは別に、違反国には第一次義務の遵守が要請され続けるのであり、また同30条が違法行為の中止と再

発の防止を違反国に義務付けるのは，法の支配の擁護に関する国際社会全体の利益に寄与することを意図している[63]。また，集団的・公益的な性格を持つ義務の違反に対しては，直接的に被害を受けていない国にも責任追及の適格を認める，いわゆる対世的義務の概念も条文案に採用されている[64]。しかし，そこで許容される請求内容は，客観的な適法状態の回復に専ら限定され[65]，しかも，その履行確保のために非直接被害国が対抗措置を実施することについては，国際法上の合法性が確立していない[66]。すなわち，国家責任法においても，一方では客観的な法秩序の維持や公益の保護が重視されながら，他方で求償や対抗措置は原則として主観的な損害に基づく範囲でのみ可能なのである。それを超える法執行の権能を個別国家に与えることは，特に大国による過剰かつ恣意的な介入とそれに対する反発を招き，却って法秩序の回復を妨げる結果になるという懸念が，その背景にあると言えよう。

　WTOの紛争解決制度もこれと同様の構図を共有するが，他方で，従来の紛争事例では，主観的な被害救済を通じて客観的な合法性をも回復するという二重機能が良好に働いてきたため，それが制度上の限界として露呈することは少なかった。ところが，1916年法事件のように主観的な損害が微弱な場合には，協定違反の客観的な認定と，利用可能な履行確保手段との間にある落差が一転して際立つことになる。個別国家を媒介とした履行確保に依存する以上，こうした状況の発生も時に不可避であるが，そこでなお何らかの応急的な措置が講じられるべきか否かは，違反された義務の性格や，紛争解決制度の趣旨目的および限界の構造的な分析に基づき判断される必要がある。その意味で，本件の対抗立法の制定をめぐる一連の経緯は，WTO紛争解決制度の外延を見定めるための有力な手掛かりを提供する素材であると言えよう。

　(1)　アンチダンピング協定18条4項は「各加盟国は，世界貿易機関協定が自国について効力を生ずる日以前に，自国の法令及び行政上の手続を当該加盟国について適用されるこの協定に適合したものとすることを確保するため，すべての必要な一般的又は個別的な

措置をとる」と定める。
(2) この論点につき詳しくは，小寺彰『WTO 体制の法構造』（東京大学出版会，2000年）；同『パラダイム国際法』（有斐閣，2004年）213-20頁；岩沢雄司「WTO 紛争処理の国際法上の意義と特質」国際法学会編『日本と国際法の100年（第9巻） 紛争の解決』（三省堂，2001年）228-35頁を参照。
(3) Pauwelyn, J., "A typology of multilateral treaty obligations: Are WTO obligations bilateral or collective in nature?" *14 Eur. J. Int'l L.*, 2003, pp.928-36.
(4) 内国民待遇原則や数量制限禁止は，具体的な貿易量に関する期待ではなく，平等な競争条件に関する期待を保護するものであり，将来に向けた予見可能性を高める意義を持つということが，スーパーファンド事件や日本酒税事件で指摘されている（BISD 34S/136, paras.5.1.9, 5.2.2; WT/DS8/AB/R, p.16）。また GATT 2条が保護する関税譲許についても，同様の意義が EC 油料種子事件で確認されている（BISD 37S/86, para.150）。なお，同様の観点から WTO 義務の多辺的性格を主張する議論として，*cf.* Carmody, C., "WTO obligations as collective" *17 Eur. J. Int'l L.*, pp.419-43.
(5) WTO 協定が，特に国際経済関係における予見可能性の保護を重視する点で強い「公法的」性格を持ち，ゆえにそれは二国間で操作可能な規範というよりも，WTO 加盟国全体の共通基盤（社会契約ないし憲法）を構成すると述べるのは，Jordan, M., *Sanktionsmöglichkeiten im WTO-Streitbeilegungsverfahren*, Duncker & Humblot, Berlin, 2005, p.69.
(6) Pauwelyn, *supra.* n.3, pp.945-8.
(7) もっとも，WTO 設立協定13条1項及び2項は，協定義務の一体性を一部犠牲にしてでも WTO への参加の普遍性を確保するという趣旨から，加盟に際して特定国間で協定を不適用とする余地を認めている。また，WTO 設立協定9条3項は特定の加盟国に対する義務免除の手続を定めており，権利義務の内容が不統一となる可能性がないわけではない。しかし，協定不適用については WTO 設立協定13条4項が閣僚会議に適当な勧告を行なう権限を与えており，義務免除も閣僚会議の承認が条件となるから，やはり多角的なコントロールのもとで権利義務の一体性にも一定の考慮が払われる仕組みであるといえる。
(8) WTO 設立協定16条5項は，同協定に対する留保を禁じ，また多角的貿易協定に対する留保は，個別の協定に定めがある場合に限り，その限度において付することができるとする。そうした留保規定としては，TBT 協定15条1項，アンチダンピング協定18条2項，補助金協定32条2項，TRIPS 協定72条などがあり，他の全ての加盟国の同意を条件に留保を認めている。これは，条約法条約20条2項（すべての当事国の間で条約を全体として適用することが条約に拘束されることについての各当事国の同意の不可欠の条件であることが，……条約の趣旨及び目的から明らかである場合には，留保については，すべての当事国による受諾を要する）に沿った規定と言える。
(9) 1961年にウルグアイが GATT23条に基づき15の先進国を提訴した事例では，ガット

義務の違反は一応の（prima facie）利益の無効化侵害を構成するとされた（BISD 11S/95, para. 15)。1987年のスーパーファンド事件では，米国の石油課税制度の内国民待遇違反が問われ，米国は，この制度における課税率の内外格差は極めて小さく，貿易量の統計にも全く変化が見られないと主張したが，パネルは，違反措置の悪影響の程度は利益の無効化侵害の認定には無関係であると述べた（BISD 34S/136, paras.5.1.4-5)。また，日本酒税事件でも，内国民待遇原則は平等な競争条件を保障する趣旨であるから，違反措置による貿易量の変化が皆無であったとしても問題ではないとされた（WT/DS8/AB/R, p.16)。

(10) スーパーファンド事件パネルはこの点を明確に述べる（BISD 34S/136, paras.5.1.6-7)。

(11) WT/DS27/AB/R, paras.132-5. ここでは特に，GATT23条において利益の無効化侵害の判断主体が被害国自身とされていること（"[i]f any Member should consider..."），及び紛争解決了解3条7項が「加盟国は，……この了解に定める手続による措置が有益なものであるかないかについて判断する」としていることが重視された。

(12) WT/DS27/AB/R, para. 136. 例えば，ECのバナナ輸入制限が世界市場における需給や価格を変化させる結果，バナナをECに輸出しない米国にとっても国内バナナ市場への影響があり得るという。

(13) Pauwelyn, *supra.* n.3, pp.941-2.

(14) WTO義務の履行確保に関して全ての加盟国が申立適格を持つと述べるのは，Iwasawa, Y., "WTO dispute settlement as judicial supervision" 5 *J. Int'l Econ. L.*, 2002, p.294; Voeffray, F., *L'actio popularis ou la défense de l'intérêt collectif devant les juridictions internationales,* PUF, 2004, pp.182-90; Jordan, *supra.* n.5, pp.177-8.

(15) Jackson, J. H., "International law status of WTO dispute settlement reports: Obligation to comply or option to 'buy out'?" 98 *Am. J. Int'l L.*, 2004, p.120.

(16) *See, e.g.,* Sykes, A. O., "The remedy for breach of obligations under the WTO dispute settlement understanding: Damages or specific performance?" Bronckers, M. & Quick, R. (eds), *New Directions in International Economic Law,* Kluwer Law International, The Hague, 2000, pp.347-57; Schwartz, W. F. & Sykes, A. O., "The economic structure of renegotiation and dispute settlement in the WTO/GATT system" *Chicago John M. Olin Law & Economics Working Paper No.143.*

(17) Pauwelyn, *supra.* n.3, p.948.

(18) WTO法上の権利は，「財産権ルール（property rule)」（権利の移転や毀損に権利者の同意が必要）と「賠償責任ルール（liability rule)」（賠償支払いにより権利者の同意なくして権利の移転や毀損が可能）のいずれによって保護されるか，という分析の視角もある。*Cf.* Trachtman, J. P., "Building the WTO Cathedral" available at http://ssrn.com/abstract=815844, 2006, p.22f.; Pauwelyn, J., "How strongly *should* we protect and enforce international law" *Duke Law School Legal Studies Research Paper Series*

No.105, 2006.
(19) Bello, J. H., "The WTO dispute settlement understanding: Less is more" *90 Am. J. Int'l L.,* 1996, pp.416-8.
(20) Jordan, *supra.* n.5, p.179, 204. また，譲許停止と並ぶ救済手段である代償供与（紛争解決了解22条2項）についても，違反国は義務違反を行なっている分野とは別の分野において代償を提供することになるから，やはり本来の被害者の救済にはならない。*See,* Grané, P., "Remedies under WTO law" *4 J. Int'l Econ. L.,* 2001, p.763.
(21) ECバナナ事件仲裁も，譲許停止は被害国が自らの首を絞める面があることを指摘する（WT/DS27/ARB/ECU, para. 86）。とりわけ，譲許停止を行なうのが小国である場合，一般に生産部門や消費部門における輸入依存度が高いため悪影響が大きくなりやすい。それゆえ，違反国が譲許停止を「甘受」し続けることは，被害国の損害回復となるどころか，パンの代わりに石を与えるに等しいとされる（Jordan, *supra.* n.5, p.178）。
(22) こうした保護主義的「利益」は，いわゆるチキン戦争の際に米国が実施した対EC制裁関税のように，既得権化して新たな貿易障壁となり経済厚生をさらに低下させることもある。Horlick, G. N., "Problems with the compliance structure of the WTO dispute resolution process" Kennedy, D. L. M. & Southwick, J. D. (eds), *The Political Economy of International Trade Law: Essays in Honor of Robert E. Hudec,* Cambridge U.P., 2002, p.641.
(23) 譲許停止の効果は直接的というよりも間接的であり，違反国の輸出企業をあたかも被害国の代理人であるかのように行動させることで目的を達成すると指摘するのは，Jordan, *supra.* n.5, pp.72-3. *See also,* Charnovitz, S., "The WTO's problematic 'last resort' against noncompliance" *57 Aussenwirtschaft,* 2002, p.428; Hudec, R. E., "Broadening the scope of remedies in WTO dispute settlement" Weiss, F. (ed.), *Improving WTO Dispute Settlement Procedures,* Cameron May, London, 2000, p.388.
(24) 損害回復モデルに立つ論者は，「一時的」とは，違反措置の撤廃が違反国により自発的に選択された場合には直ちに譲許停止を撤回するという趣旨にすぎないと説くが（Sykes, *supra.* n.16, p.350），これは適切な理解とは言えない。
(25) Hudec, *supra.* n.23, pp.389-90.
(26) Jordan, *supra.* n.5, p.180.
(27) そもそもWTO義務が保護する多辺的な「期待」は不定量であり，譲許停止に際して計算される「被害額」は近似的なものにすぎないとの指摘もある（Carmody, *supra.* n.4, pp.430-1）。同様に「同等性」の計算可能性じたいに疑問を呈するものとして，*cf.* Spamann, H., "The myth of 'rebalancing' retaliation in WTO dispute settlement practice" *9 J. Int'l Econ. L.,* 2006, pp.31-79.
(28) Jackson, *supra.* n.15, p.123; Jordan, *supra.* n.5, pp.172-3.
(29) Abi-Saab, G., "Cours général de droit international public" *207 Recueil des cours: Collected Courses of the Hague Academy of International Law,* 1987, p.277.

(30) Kelsen, H., *Principles of International Law*, Rinehart, New York, 1952, pp.13-5
(31) Abi-Saab, *supra.* n.29, p.277; Leben, C., "Les contre-mesures inter-étatiques et les réactions à l'illicite dans la société international" *28 Annuaire Français de Droit International*, 1982, pp.20-1; Dupuy, P.-M., "Observations sur la pratique recente des 'sanctions' de l'illicite" *87 Revue Générale de Droit International Public*, 1983, p.529.
(32) Leben, *supra.* n.31, p.30. 例えば国連の安保理決議や総会決議が違法行為の存在のみ確認し、特定の対応措置を指示しない場合に、各国が自己判断でとる措置は（政治的な正統性は高まるが）制裁とは呼べない（*Ibid.*, pp.29-33）。
(33) Jordan, *supra.* n.5, p.27-9; Charnovitz, S., "Rethinking WTO trade sanctions" *95 Am. J. Int'l L.*, 2001, pp.803-8.
(34) *See, e.g.*, Mavroidis, P. C., "Remedies in the WTO legal system: Between a rock and a hard place" *11 Eur. J. Int'l L.*, 2000, p.800; Fukunaga, Y., "Securing compliance through the WTO dispute settlement system: Implementation of DSB recommendations" *9 J. Int'l Econ. L.*, 2006, pp.417-8; Pauwelyn, J., "Enforcement and countermeasures in the WTO: Rules are rules — Toward a more collective approach" *94 Am. J. Int'l L.*, 2000. pp.335-47（ただし一般国際法上の対抗措置よりも遵守誘導効果が弱いという）。また、ECバナナ事件仲裁でも対抗措置という表現が用いられている（WT/DS27/ARB, para. 6.3）。
(35) 国連国際法委員会の国家責任条文案22条。*See*, Crawford, J., *The International Law Commission's Articles on State Responsibility: Introduction, Text and Commentaries*, Cambridge U.P., 2002, p.168.
(36) Alland, D., *Justice Privée et Ordre Juridique International: Etude Théorique des Contre-Mesures en Droit International Public*, Éditions A. Pedone, Paris, 1994, pp.102-3. それゆえ対抗措置には、違法行為の存否に関する判断の恣意性や、国力格差による法適用の不平等性といった、国家責任法の底流にある問題が集約的に現れることにもなる。大沼保昭『国際法』（東信堂、2005年）234-6頁。
(37) こうした対抗措置と制裁の論理構造の相違を指摘するのは、松井芳郎「国際法における『対抗措置』の概念」名古屋大学法政論集154号（1994年）342-3頁；Dupuy, *supra.* n.31, pp.528-30; Cassese, A., *International Law*, 2nd ed., Oxford U.P., 2005, p.302.
(38) Abi-Saab, *supra.* n.29, pp.299-300. 措置の内容の指示に関しては、権限ある機関による決定が「勧告」という形式であっても、制裁たりうるという。
(39) 譲許停止の承認は逆コンセンサス方式で行なわれるため、事実上は被害国の一方的な判断が自動的に追認されることになる。しかし他方で、譲許停止と無効化侵害との同等性や、譲許停止を実施する分野の適切性に関して疑義がある場合、違反国は事前に仲裁に付託することができ（紛争解決了解22条6項・7項）、この点で制度的なコントロールが働いていると言える。ただし仲裁人は、譲許停止を実施する分野を被害国の申請内容とは異なるものに変更する権限までは持たないと考えられる（Matsushita, M.,

Schoenbaum, T. J., & Mavroidis, P. C., *The World Trade Organization: Law, Practice, and Policy*, 2nd ed., Oxford U.P., 2006, pp.169-74)。

(40) *See, e.g.,* Desmedt, A., "Proportionality in WTO Law" *4 J. Int'l Econ. L.*, 2001, pp. 447-50. なお、均衡性原則は対抗措置が先行違法行為に対して「明らかに均衡を失する (clearly disproportionate)」場合を専ら念頭に置いており、それゆえ、先行違法行為の重大性などの事情があれば、違法行為を超える規模の対抗措置を実施する余地も否定されていない。*Cf.* Bederman, D. J., "Counterintuiting countermeasures" *96 Am. J. Int'l L.*, 2002, pp.819-22; Alland, *supra.* n.36, pp.307-9.

(41) 条約法条約60条2項(b)は、二辺的義務の束に分解できる多数国間条約の場合に、直接的な被害国のみに義務の運用停止の適格を与えるものであり、他方で(c)号は、義務違反が他の全ての条約当事国に不可避的に影響を与える（いわゆる相互依存的義務）ような場合に、その各々の当事国に運用停止を認めるものである。

(42) Jordan, *supra.* n.5, pp.42-3. 義務違反の是正を主目的とする点では、譲許停止は、条約の運用停止よりもむしろ対抗措置との類似性が強い。条約の運用停止と対抗措置との論理構造の違いについては、*cf.* Simma, B., "Termination and suspension of treaties: Two recent Austrian cases" *21 German Yb. Int'l L.*, 1978, pp.88-9.

(43) Council Regulation (EC) No.2238/2003. これは16年法と同趣旨の法律であるが、16年法の協定違反事項を部分的に修正しており、具体的には、(i)罰金・禁錮などの刑事罰を科さないこと、(ii)裁判所でなく行政当局が調査と決定を行なうこと、(iii)損害額の3倍の（損害賠償ではなく）アンチダンピング税を徴収し、徴収した金銭は提訴企業に分配しないこと、(iv)16年法が協定違反とされた手続的な問題点を是正していること、が挙げられる。もっとも、3倍額のアンチダンピング税の徴収はアンチダンピング協定9条3項に違反するので、この法律を実施するには義務停止の承認が必要である。

(44) この仲裁判断については、参照、松下満雄・飯野文「米国1916年アンチダンピング法に対する対抗立法—WTO法と民事法の交錯（第1部）」貿易と関税2005年4月号37-9頁；Howse, R., & Staiger, R. W., "United States—Anti-Dumping Act of 1916—Recourse to arbitration by the United States under 22.6 of the DSU, WT/DS136/ARB, 24 February 2004: A legal and economic analysis" Horn, H., & Mavroidis, P. C. (eds), *The WTO Case Law of 2003*, Cambridge U.P., 2006, pp.254-79.

(45) Howse & Staiger, *ibid.*, pp.257-8; Jürgensen, T., "Crime and punishment: Retaliation under the World Trade Organization dispute settlement system" *39 J. World Trade*, 2005, pp.330-1.

(46) 松下満雄『国際経済法（第3版）』（有斐閣、2001年）364-9頁；中川淳司「国際企業活動に対する国家管轄権の競合と調整」村瀬信也・奥脇直也編『山本草二先生古稀記念 国家管轄権—国際法と国内法』（勁草書房、1998年）374-5頁。

(47) ECと日本の対抗立法はそれぞれ、「アメリカ合衆国の1916年アンチダンピング法の適用及び同法に基づき又は起因する行為の効果に対する保護に関する欧州理事会規則

(No.2238/2003, 2003/12/15)」,「アメリカ合衆国の千九百十六年の反不当廉売法に基づき受けた利益の返還義務等に関する特別措置法 (2004年12月8日施行)」である。

(48) 日本の対抗立法の制定経緯と法的論点につき詳しくは,参照,松下満雄・飯野文「米国1916年アンチダンピング法に対する対抗立法—WTO法と民事法の交錯 (第2部)」貿易と関税2005年5月号27-36頁;廣瀬孝「米国1916年AD法に関する損害回復法の解説 上・下」国際商事法務32巻12号1593-9頁,33巻1号25-35頁。

(49) なおECは,23条1項の一方的措置の禁止の対象は,23条2項に列挙される3つの場面(協定違反の認定,裁定履行の妥当な期間の決定,譲許停止)に限定され,譲許停止に相当しない救済措置は一方的に実施できると主張したが,パネルは,23条2項は例示的列挙であり,23条1項の「是正を求める場合」の射程はそれに限定されないと解釈した [7.191]。

(50) 是正を求める措置に該当しない例として,違反措置により被害を受けた私人が別の経済分野へと移行することを支援する構造調整的な援助が挙げられる [7.197]。

(51) こうした見解として経済産業省通商政策局編『不公正貿易報告書 (2005年版)』22頁参照。なお,違反の「是正を求める」性格を持つ措置については,譲許停止という形をとらない場合でも23条1項の適用対象となり,紛争解決手続に従う必要が生じることになるが,紛争解決機関が譲許停止以外の措置を承認する権限を持つのか否かは不明である。パウェリンは,義務違反を構成しない合法的な措置 (国際法上の報復 retortion) については,違反措置と明示的に関係付けられていれば「是正を求める」措置に当たるが,前提となる協定違反の存在が紛争解決手続により確認されていれば実施できると述べる。Pauwelyn, J., *Conflict of Norms in Public International Law*, Cambridge U.P., 2003, p.235, n.200.

(52) Iwasawa, *supra*. n.14, p.295.

(53) Simma, B., & Pulkowski, D., "Of planets and the universe: Self-contained regimes in international law" *17 Eur. J. Int'l L.*, 2006, pp.492-3. なお,WTOの紛争解決手続において一般国際法上の法原則が適用された事例があることから「自己完結性」を否定する見解もあるが (Lindroos, A., & Mehling, M., "Dispelling the chimera of 'self-contained regimes': International law and the WTO" *16 Eur. J. Int'l L.*, 2006, pp.857-77),特にテヘラン人質事件のICJ判決以降は,この概念は第一次規則 (実体法規) ではなく第二次規則 (救済制度) の完結性という意味で用いられている。

(54) 国家責任条文案55条は,義務違反に対する条約上の特別な救済制度が存在する限りにおいて,条文案の責任法規則は適用されないと規定し,その注釈では,義務違反への法的対応を条約が完全に規定している例としてWTOの紛争解決手続が挙げられている。*Cf.* Crawford, *supra*. n.35, p.307.

(55) *See, e.g.*, Alland, *supra*. n.36, p.389, 405, 409, 415-20. 国連の国際法委員会においても,事前に他の全ての手段を尽くすことを対抗措置の発動要件とすることは支持されなかった。*Cf.* 植木俊哉「国際経済紛争における一般国際法上の『対抗措置』: 一般国際

法の下での WTO 法の普遍性と自律性」法学（東北大学）64巻3号（2000年）1-37頁 ; Schachter, O., "Dispute settlement and countermeasures in the international law commission" *88 Am. J. Int'l L.*, 1994, pp.471-7. 米仏航空協定事件の仲裁判断（1978年）も, 仮に条約上の紛争解決手続に案件が付託されても, 当該手続が仮保全手続等により権利の保護を実効的になし得るのでない限り, 当事国が対抗措置に依拠する権利は完全には失われないとする（R.I.A.A., vol.18, pp.445-6）。

(56) 例えば, 国連体制が, 国際法上の全ての義務違反に対する組織的な制裁を保障しないまま, 個別国家による強制力を伴う自救行為（武力復仇や戦争）を一般的に禁止することに対するケルゼンの疑念を見よ。Kelsen, *supra.* n.30, p.58.

(57) 実効的条約解釈の原則に従い, 実体法規に最も実効性を与える解釈として, 条約上の救済制度から一般国際法への回帰の可能性が一般的に正当化されると主張するのは, Simma & Pulkowski, *supra.* n.53, pp.508-9.

(58) Arangio-Ruiz, G., *Fourth Report on State Responsibility*, Yearbook I.L.C., 1992 vol.II, Part one, para. 115.

(59) Koskenniemi, M., *Fragmentation of International Law: Difficulties Arising from the Diversification and Expansion of International Law*, Report of the Study Group of the International Law Commission, 13 April 2006, A/CN.4/L.682, p.98, para. 189. 国内救済完了原則の例外について詳しくは, *cf.* Amerasinghe, C.F., *Local Remedies in International Law (2nd ed.)*, Cambridge U.P., 2004, pp.200-15.

(60) Hudec, R. E., "Thinking about the new Section 301: Beyond good and evil" reprinted in *Essays on the Nature of International Trade Law*, Cameron May, London, 1999, pp.153-206. ガット法からの逸脱が正当化される条件としては,（i）逸脱が協定の一般目的と合致した法変更を目的とすること,（ii）その法変更が交渉を通じて実現されるよう事前に誠実な努力が行なわれたこと,（iii）誠実な交渉継続の提案を伴っていて, 交渉により満足すべき結果が得られれば逸脱が終了すること,（iv）逸脱の程度が, 交渉を通じた法変更に到達するために必要な限度にとどまっていること,（v）他国による GATT のパネル手続を受け入れ, 当該逸脱行為に関する違反認定の採択と譲許停止の承認を拒否しないこと, が挙げられる（*ibid.*, p.180）。この判断基準に照らせば, 米国の通商法301条は誠実な交渉による解決を目指す態度とは言い難く, また協定の基本的な法目的とも齟齬をきたしているが, 他国に GATT の欠陥を警告するという点では一定の意義があったとされる（*ibid.*, p.197）。

(61) *See, e.g.*, Pauwelyn, *supra.* n.51, pp.230-2; Jordan, *supra.* n.5, pp.296-7.

(62) Simma & Pulkowski, *supra.* n.53, pp.519-23.

(63) Crawford, *supra.* n.35, p.197, para. 5. それゆえ, 違法行為の中止は, 被害国が処分権を持たない（放棄することのできない）絶対的な要請であり, 個別国家の救済に適用される均衡性の制約にも服さない（*ibid.*, pp.197-8, paras. 7-8）。

(64) 被害国以外の国が国家責任を提起できる場合として, 条文案48条は, 違反された義務

が(a)一団の諸国の集団的利益を保護しているか，(b)国際社会全体に対するものである場合を挙げる。(b)が一般的な対世的義務であるのに対し，(a)は多数国間条約等により設定される「部分的な対世的義務 (obligations *erga omnes partes*)」である (Crawford, *supra.* n.35, p.277, para. 6)。WTO も，前述のバナナ事件等において，いわゆる民衆訴訟ないし市民訴権 *actio popularis* の承認 (全ての加盟国への申立適格の付与) に等しい立場を示しており (Matsushita, et al., *supra.* n.39, p.114)，部分的な対世的義務を設定する条約としての性格を持つ。なお，米国 FSC 事件の譲許停止仲裁 (WT/DS108/ARB) は，WTO 義務が対世的性格を持つと明確に述べるが (para. 6.10)，ここで対世的とは，違反措置による悪影響の不可分性 (non-allocatable) という意味で用いられており，それが申立適格の一般的拡張をも意味するのか明らかではない。

(65) 直接被害国以外の国が，宣言的救済や違法行為の中止を超えて違反国の国家責任を追及しようとする場合には (賠償義務の履行請求など)，直接的な被害国や被害者の利益のために (in the interest) 行動していることを示す必要がある (条文案48条2項，Crawford, *supra.* n.35, p.279, para. 12)。48条における責任追及手段の限定性の問題については，*see e.g.*, Scobbie, I., "The invocation of responsibility for the breach of 'obligations under peremptory norms of general international law'" *13 Eur. J. Int'l L.*, 2002, pp.1201-20.

(66) 非直接被害国による公益的・集団的対抗措置 (countermeasures of general or collective interest) については国家実行も乏しいため，その許容性の判断は将来の国際法の発展に委ねられるべきとされた (条文案54条, Crawford, *supra.* n.35, p.305, para. 6)。学説では，公益的対抗措置を容認するものとして，Tams, C. J., *Enforcing Obligations Erga Omnes in International Law,* Cambridge U.P., 2005, p.250 (違法行為が大規模かつ継続的な場合)；Frowein, J. A., "Reactions by not directly affected states to breaches of public international law" *248 Recueil des cours,* 1994, p.433 (国際社会の大部分の意見が一致している場合)；Annacker, C., "The legal régime of *erga omnes* obligations in international law" *46 Austrian J. Publ. Int'l L.*, 1994, p.161 (直接被害国の同意も不要とする)。他方，本質的に自己判断に依拠する対抗措置を，主観的利益を超えた共通価値の擁護の手段とすることに論理的な齟齬を見出すのは，Alland, D., "Countermeasures of general interest" *13 Eur. J. Int'l L.*, 2002, pp.1221-39; Dupuy, P.-M., "A general stocktaking of the connections between the multilateral dimension of obligations and codification of the law of responsibility" *13 Eur. J. Int'l L.*, 2002, p.1078. なお WTO でも，後発途上国グループによる紛争解決制度の改善提案において，集団的譲許停止 (collective retaliation) の導入が主張されている (TN/DS/W/17, October 9, 2002, para. 15)。

(静岡県立大学国際関係学部講師)

論　説　　国際経済・取引紛争と対抗立法

我が国の「対抗立法」

渡　辺　哲　也

Ⅰ　序　　論
Ⅱ　立法の背景
　1　1916年 AD 法
　2　1916年 AD 法の WTO 協定違反
　3　1916年 AD 法に基づく我が国企業に対する損害賠償支払命令
　4　1916年 AD 法に対する欧州理事会規則
　5　我が国における損害回復法の立法
Ⅲ　法　の　概　要
　1　法の趣旨
　2　法の概要
　3　WTO 協定との整合性
　4　EU 理事会規則との比較
Ⅳ　法　の　成　果
Ⅴ　その後の展開

Ⅰ　序　　論

　2004年の第161臨時国会において成立した「アメリカ合衆国の1916年の反不当廉売法に基づき受けた利益の返還義務等に関する特別措置法」(以下「損害回復法」という)は，米国の1916年アンチ・ダンピング法(この規定は通称「1916年 AD 法」と呼ばれている。以下本稿では「1916年 AD 法」とする)により損害を受けた者の救済を図る法律であり，通商政策上の意義は小さくない。本稿では，立法の背景，法の趣旨，法の成果，その後の展開について説明する。

II 立法の背景

1 1916年AD法

1916年歳入法第72条には，米国内産業に被害を与える意図を持ってダンピング輸入又は販売した者に対して罰金や懲役を科し，更にダンピングの被害者に被害額の3倍の損害賠償を認める旨が規定されていた。

第一次世界大戦の勃発により，欧州諸国の産業が停滞する一方で，米国産業が飛躍的に発展を遂げたが，米国産業界には戦争が終結すると欧州諸国の産業が経済的地盤を回復して，再度市場を支配し成長過程にある米国産業を破壊するのではないかという懸念が高まったところに，外国企業による不当廉売から米国産業を保護することを目的として立法された。このようないわば化石のような法律が，近年になり息を吹き返し，20件の提訴例が知られている。

2 1916年AD法のWTO協定違反

1998年11月，米国の鉄鋼メーカーであるホイーリングピッツバーグ（WP）社は日系商社3社を含む9社を相手取り，米国鉄鋼産業及び同社に対し損害を与える意図をもってダンピング行為を行ったとして，1916年AD法に基づきオハイオ州連邦地裁に民事損害賠償及び輸入差止を提訴した（本件は，その後，1999年にWP社が，損害賠償請求についての提訴を取り下げ，また，2000年に連邦第6巡回控訴裁が，WP社の販売差し止め請求を棄却したことにより，終了した）。同法はダンピングに対する救済措置がガットで認められたAD税ではなく，刑事罰や罰金刑である点，調査開始に際してAD協定に整合的な手続を行っていない点などがWTO協定違反であるとして，我が国は1999年2月にWTO紛争解決手続に基づく二国間協議を要請した。1999年7月にはパネル設置が決定され，2000年5月にパネル報告書が全加盟国に配布された。同様に，EUも同法がWTO協定違反であるとして1998年6月に米国との二国間協議を要請し，

1999年2月のパネル設置を経て，2000年3月にパネル報告書が全加盟国に配布された。

双方のパネル報告書とも，日本・EUの主張をほぼ全面的に認め，米国に対し1916年AD法をWTO協定と整合させるよう勧告し，その方策の一つとして同法の廃止を提案した。

米国は，パネル報告書の内容を不服として，2000年5月に日本・EU双方のケースについて上級委員会に上訴したが，上級委員会は日本・EU双方のケースにつき，パネル報告書の認定を支持し，同年8月に米国に1916年AD法をWTO協定と整合させることを勧告する内容の上級委員会報告書が全加盟国に配布され，同年9月に採択された。

WTO・パネル，上級委においてWTO協定違反と判断された論点については，以下のとおりである。

①ガット6.1条及び6.2条（1916年AD法はダンピングに対する貿易救済措置は，国内販売価格と輸出価格の差に相当するダンピング防止税のみである旨規定）に違反する。

②1916年AD法はAD協定1条（ダンピング防止措置はガット6条の条件の下，AD協定に基づく調査に基づいてのみとることができる旨規定），4.1条，5.1条，5.2条，5.4条（AD調査を要求する場合には国内産業の25％以上の支持が必要である旨規定），18.1条（ダンピング防止措置はガットの規定による場合を除くほか，とることができない旨規定）及び18.4条（WTOメンバー国の法令等をAD協定に適合させる義務を規定）に違反する。

③1916年AD法はWTO設立協定16.4条（WTOメンバー国の法令等をWTO協定に適合させる義務を規定）に違反する。

④この結果，日本の利益が無効化又は侵害された。

パネル・上級委員会勧告の実施期限（RPT）については，当初2001年7月26日までと定められたが，期限内の勧告実施は困難であることから当事国間で協

議した結果，2001年12月末まで延長されることとなった。しかしながら，延長後の期限到来後も勧告の実施が行われなかったため，2002年1月，日本およびEUは，対抗措置（日本の対抗措置は，「1916年AD法に"similar"な措置」を米国からの輸入に対してのみ適用するというもの）の承認をそれぞれ紛争解決機関に申請し，これらに対し米国は，対抗措置のレベルに関する仲裁を申し立てた。同年3月に，日・米およびEU・米はそれぞれ仲裁手続を合意によって停止した。他方，米国議会においては，2003年3月，米国下院議会において廃止法案が提出された。

しかしながら，米国議会において廃止法案の審議が進まない中で，EUは，依然として同法の存在が欧州企業数社の企業活動に損害を与えているとして，2003年9月，WTO・DSB会合において仲裁手続を再開した。

3　1916年AD法に基づく我が国企業に対する損害賠償支払命令

このように米国が1916年AD法の改廃を行わない間に，米国の裁判所において，同法に基づき，我が国の企業に対して損害賠償が命じられるという事態が発生した。

米国の新聞輪転機メーカーであるゴス・インターナショナル社（以下「G社」）は，我が国の新聞輪転機メーカーである東京機械製作所及びその米国子会社（以下あわせて「T社」）に対し，新聞輪転機の輸入等に際してダンピングがあったと主張し，1916年AD法に基づく損害賠償請求訴訟を連邦地方裁判所に提訴した。2003年12月，同裁判所の陪審は，T社に1916年AD法違反のダンピング行為があったとして，T社に対し，G社損害額の3倍に相当する賠償金及びG社の弁護士費用等の支払いを命じた。T社は同裁判所に対して異議申立てを行ったが，2004年5月，同裁判所はT社の異議を却下するなどしたため，T社は総額で約40億円の支払い義務を負うこととなった。

4 1916年AD法に対する欧州理事会規則

EUでは，2002年になって，米国AKスチール社がフランスのユジノール社を訴えた事例等1916年AD法に基づく2件の訴訟が起きており，このような中で，1916年AD法の訴訟によって被ったEU企業の損害を回復するため，立法に踏み切り，欧州理事会規則（「アメリカ合衆国の1916年アンチ・ダンピング法の適用及び同法に基づき又は起因する行為の効果に対する保護に関する2003年12月15日の欧州理事会規則（No2238/2003）」）を2003年12月15日に制定し，2004年1月に施行した。

同規則は，(i)1916年法に基づく訴訟によって損害を被ったEU法人等は，その訴訟を提起した米国法人等に対して損害の回復を請求できること，(ii)1916年法に基づく米国裁判所の判決の承認・執行は否定されること，の2点を主な柱としている。

5 我が国における損害回復法の立法

以上のとおり，(i)1916年AD法のWTO協定違反が確定したにもかかわらず，米国は履行期限までに同法の改廃等の措置を行わなかったこと，(ii)その間に，1916年AD法に基づいて我が国の企業が損害賠償を命じられるという判決が，第一審段階とはいえ実際に出るに至ったこと，(iii)EUは既に1916年AD法に関する欧州理事会規則を制定しているため，そのような措置を講じていない我が国の企業が米国法人等による請求の新たな標的となる蓋然性は相対的に高くなっていることなどの諸事情から，我が国においてもEUで制定された理事会規則と同様の立法を施す必要性が生じてきた。

そのため，政府部内において，EUの理事会規則を参考にしながら，外部の有識者の意見も幅広く聴取しつつ，立法の可能性等について検討を進めた。その検討結果を踏まえ，2004年9月9日開催の第14回産業構造委員会WTO部会で討議されたうえ，損害回復法が，第161回臨時国会に提出され，審議を経

て成立・公布された。

Ⅲ　法 の 概 要

1　法 の 趣 旨

　国会への法案提案理由には「世界有数の貿易大国である我が国にとって，国際ルールに基づく自由貿易の確保は，極めて重要な課題」であるが，「米国企業に，ダンピング輸入企業に対する被害額の3倍賠償請求を認める」1916年AD法は，「WTO協定違反が確定したにもかかわらず，同法に基づき我が国企業が多額の賠償を求めて訴えられる事態に至っており」「かかる現状を踏まえ，同法に基づき提訴された我が国企業が，その訴訟によって被った損害の回復を請求すること等を可能とすべく，今般，本法律案を提出した」と説明されている。WTO協定違反の相手国の法律によって我が国企業が損害を受ける場合にこれを看過することはできず，これに対する適切な救済措置をとることは通商政策上の要請であり，本法はかかる要請に応えるために特別措置として立法されたものである。

2　法 の 概 要

(1)　損害回復法は，以下の2点を主な内容としている。
①損害回復請求権の設定　　損害回復法は，1916年AD法に基づく訴訟の判決によって損害を被った本邦法人等（本邦の法令に基づいて設立された法人その他の団体又は日本の国籍を有する者をいう。2条）が，同法に基づく訴訟を提起した米国法人等に対し，その損害の回復を請求することができるものと定めている（3条）。
　この請求権は3年間の消滅時効の適用を受ける（4条）。また，この請求権に基づく訴えについては，裁判管轄の定めがある（5条）。
②1916年AD法に基づく判決の承認・執行の否定　　さらに本法は，1916年

AD法に基づく外国裁判所の確定判決はその効力を有しないと定め，同法に基づく判決の承認・執行を否定する規定を設けている（6条）。

3 WTO協定との整合性

　WTO協定附属書2「紛争解決に係る規則及び手続に関する了解（「紛争解決了解」）」23条1項は，WTO協定違反について「是正を求める（seek the redress）」場合には，紛争解決了解に定める規則及び手続によらなければならないと定めている。

　この点，米国のEUからの特定品目に係る輸入措置についてのパネル報告書（WT/DS165/R）は，「是正（redress）」の意味について，「WTO協定上の権利義務のバランス回復のため（restoring the balance of rights and obligations which from the basis of the WTO Agreement）」のものであることを掲げている（パネル報告書パラグラフ6.23）。

　しかし，損害回復法の目的は，WTO協定違反の米国法である1916年AD法を改廃させることを目的とするものではなく，むしろ1916年AD法の存在を前提として，同法により本邦法人等が損害を被った場合には，その損害の回復を図り，もって我が国の国民の利益を保護するものである。したがって，本法は私人の利益保護を目的とするものであり，国それ自体の利益保護を目的とするものではないため，「WTO協定上の（＝国対国の）権利義務のバランス回復のため」の措置にはあたらない。

　従って，本法の制定は，1916年AD法の改廃という「是正を求める」ものではなく，紛争解決了解第23条1項に違反しないことになる。なお，EUも同様に，上記Ⅱ4の理事会規則についてWTO協定と整合的である旨の見解を示している。

4 EU理事会規則との比較

我が国損害回復法は前述のとおり，EUの例をも参考に立案されたことは事実であるが，以下の2点でEU理事会規則とは異なる。

第一に，我が国の損害回復法は，3条3項で，本邦法人等に損失を及ぼした者（受益者）と連帯して損害を賠償する義務を負う主体として，受益者の100％親会社または子会社に限定している。この点，EU理事会規則は，その2条3項で広範な網をかぶせており，1916年AD法に「関連するすべての者からの回復」を認めており，関連とは「一方が他方を直接間接にコントロールしている場合」等4つの場合とされている。

第二に，日本の損害回復法3条1項は，「確定判決」のあったことを前提とするが，EU理事会規則は，訴訟提起と同時に損害回復を得られるとされている。

我が国の損害回復法は，憲法，民法，民事訴訟法等我が国法体系との整合性を図る観点からギリギリのものとして立案されたものである。他方，EUは既に英国の1980年通商利益保護法等の立法例があり，かかるEUの例と我が国の立法を一概に比較することには無理があろう。

Ⅳ 法の成果

損害回復法は，2004年11月30日に第161回臨時国会で成立し，同年12月8日に公布され，即日施行された。

ところで，これと前後して1916年AD法廃止の機運が米国でも高まり，同年11月19日，米国の第108回連邦議会において，1916年AD法の廃止条項を含む法律が成立した。この法律は，ブッシュ大統領が12月3日に署名することにより発効し，これにより1916年AD法は一応は廃止された。もとより損害回復法の主たる目的は1916年AD法によって損害を受けた者の救済にあり，1916年法の廃止自体を目的とするものではないが，我が国における損害回復法

の立案及び国会での審議等が1916年AD法の廃止を事実上後押ししたものではないかと考えられる。

他方，同法には，廃止の日に裁判所に係属している事案に対しては廃止の効力は及ばない旨の祖父条項が設けられた。我が国は，EUとともに，従来より，米国政府に対し，遡及効のある廃止条項の成立を働きかけ，米国政府も2003年5月には遡及効のある法案を提出したこともあったが，最終的には，上記のように祖父条項のある法律が成立した。

V　その後の展開

1916年AD法廃止法の祖父条項の存在により，廃止前から係属していた我が国からの新聞輪転機の輸入に係る同法に基づくT社に対する損害賠償請求訴訟はそのまま係属した。最終的に，2007年6月，米国連邦最高裁はT社の上告審申請を却下し，これにより，3倍賠償額，原告の支払った弁護士費用，その他諸費用を合計して，40億円余の支払いを命じたアイオワ地裁の判断が確定し，T社はその支払いを余儀なくされた。

さらに，G社は，上記判決の確定後，勝訴により得た利益を保全するため，アイオワ地裁に対し，T社が日本国内において損害回復法に基づく訴訟を提起することの差止めを求める申立てを行った。これを受け，同連邦地裁は，損害回復法に基づく提訴を暫定的に禁止する命令（仮差止命令）を発布した。我が国企業はこれを不服として第8区巡回控訴裁判所に控訴した。かかる事態は，日本政府としても看過できないものであり，経済産業大臣から米国通商代表，商務長官へ問題解決への米国政府の協力を要請したほか様々なレベルで働きかけを行ってきた。また，裁判手続においても，日本政府は，2006年8月，同差止命令は国際法違反の措置により被った私人の損害に対して我が国が提供した救済措置を無効化するものであり，国際礼譲の観点からも回避すべきであること等を根拠に，仮差止命令を破棄すべき旨を主張するアミカス・ブリーフを上

記控訴裁判所に提出し，同命令の破棄に全力をあげている。

（経済産業省通商政策局アジア大洋州課長・元同省同局通商機構部企画官）

論　説　国際経済・取引紛争と対抗立法

取引紛争と対抗立法
―― 抵触法からの分析 ――

横　溝　　大

Ⅰ　はじめに
Ⅱ　抵触法における損害回復法の位置づけ
　1　米国1916年 AD 法に基づく米国判決の我が国での執行が問題となる場合
　2　我が国での利益返還請求が問題となる場合
　3　小　　括
Ⅲ　解釈論上の問題点
　1　外国判決の我が国での執行が問題となる場合
　2　我が国での利益返還請求が問題となる場合
Ⅳ　立法論上の問題点
　1　対抗立法の実効性について
　2　日本企業へのデメリット
　3　我が国抵触法理念との不整合
　4　結　　語

Ⅰ　はじめに

　本稿は，我が国初の対抗立法である「アメリカ合衆国の1916年の反不当廉売法に基づき受けた利益の返還義務等に関する特別措置法」(以下，「損害回復法」とする）につき，抵触法の観点から検討を加えるものである。以下では，損害回復法が存在しない場合になされる通常の抵触法上の処理と比較することによって損害回復法の通商政策的特徴を明らかにし (Ⅱ)，また，同法における解釈論上の問題点について若干の考察を行うこととする (Ⅲ)。考察の対象とし

ては，1916年アンチ・ダンピング法（以下「1916年 AD 法」とする）に基づく米国判決の我が国での執行の局面と，米国訴訟で被告となった日本企業による我が国裁判所での利益返還請求の2つの局面を取り上げる。最後に，立法論上の問題点について言及する（IV）。[2]

II 抵触法における損害回復法の位置づけ

いずれの局面においても，そもそも通常の抵触法上の処理により損害回復法が要求するのと同様の結論が導かれるのであれば，損害回復法の意義は，WTO協定違反の法律を維持する米国に対する明確な抗議の表明や，米国訴訟において被告となった日本企業への防禦方法の提供といった点はともかく，少なくとも抵触法上は，通常の処理の確認・明確化に止まることになる。[3]だが，実際には，損害回復法は通常の抵触法的処理に大きな変更を加えるものであり，その影響は少なくない。

1 米国1916年 AD 法に基づく米国判決の我が国での執行が問題となる場合

第一に，米国1916年 AD 法に基づく米国判決の我が国での執行が問題となる場合において，損害回復法は通常の抵触法とは異なる解決をもたらす。ここでは，損害賠償の実損部分に関する取扱いが問題となる。実損部分以外の損害賠償が命じられるという点でここで問題となっている三倍額賠償と共通する，[4]懲罰的損害賠償制度[5]に基づいて下されたカリフォルニア州判決の我が国での執行が問題となった事件において，最高裁平成9年7月11日判決は，原状回復を原則とする我が国の不法行為に基づく損害賠償制度の基本理念と相容れないものとして，懲罰的損害賠償を命じた部分につき我が国での執行を認めなかった。[6]だがその際，実損部分の執行については，民事訴訟法118条と民事執行法24条の手続的要件を満たせば可能であるということを，裁判所は当然の前提と考えていた。学説上も，懲罰的損害賠償や数倍額賠償を巡る議論においては，専ら

懲罰的賠償部分又は数倍額部分の取扱いが問題とされるのみであり[7]、実損部分については、他の部分と分離不可能な場合を除き[8]、通常の損害賠償の場合と同様我が国での民事執行の対象となることを疑問視するものはこれまでなかった。このように、従来の我が国の判例・学説では、懲罰的ないし数倍額賠償のうちの実損部分については、一定の手続的要件さえ満たせば当然に我が国で執行されると考えられて来たのである。

これに対し、損害回復法は、その6条で1916年AD法に基づく外国判決の効力を完全に否定しており、実損部分についても我が国での執行を認めない姿勢を明確にしている。有名な英国の1980年通商利益保護法[9]においても、既に外国判決における実損部分についての英国での執行が否定されているが[10]、この点につき英国政府は、私人による三倍額賠償請求訴訟が国際貿易に及ぼす衝撃の大きさに鑑みて、そのような判決の一部を執行する為の英国裁判所の利用を容認する特別条項を提案すべき如何なる正当化事由も見出せない、と説明している[11]。損害回復法についても、これと同様に、国際貿易における障害の除去という我が国通商政策の貫徹を目指し、私人間の国際民事紛争処理という観点からは説明出来ないこのような処理が採用されたものと考えることが出来るだろう[12]。

2　我が国での利益返還請求が問題となる場合

第二に、我が国での利益返還請求が問題となる場合につき、損害回復法は、国際裁判管轄、当事者適格、及び準拠法のそれぞれの点につき変更をもたらした。

まず、国際裁判管轄については、判例上民事訴訟法の国内土地管轄規定の参照＋「特段の事情」という判断枠組が現在確立しているが、「特段の事情」において事案の具体的諸事情を考慮する最高裁平成9年11月11日判決の指針の下では[13]、米国訴訟における原告企業が我が国と十分な密接関連性を有していない場合、仮に義務履行地、財産所在地、営業所所在地、不法行為地等の裁判籍が

認められるとしても，特段の事情によって我が国の国際裁判管轄が認められないことになる可能性が十分にあると言える。これに対し，損害回復法は，その5条で原告の普通裁判籍所在地による我が国裁判所の管轄を正面から認めており，通常の判断枠組では我が国と密接関連性が低いものとして認められないような訴えについても国際裁判管轄を認める余地を作り出している。

次に，当事者適格については，米国訴訟における原告企業の完全子会社ないし完全親会社に対し，当該原告企業の責任を理由とした訴えが我が国で認められるためには，通常は法人格否認等何らかの正当化が必要となるが，国際的な側面においては，この法人格否認の問題を決定するのは何れの国の法かという困難な問題があり，この点につき現在我が国において如何なる処理がなされるかは未だ不明確な状況にあると言える。[14]しかしながら，この点についても，損害回復法は，その3条3項で当該原告企業の完全親会社又は完全子会社の連帯責任を定めることで，国際的な法人格否認等の問題に妨げられることなく本邦法人等がこれらの会社に対しても訴えを起こすことを可能にした。

さらに，準拠法選択については，通常の処理の下では，本邦法人側からの請求が抵触法上不当利得か或いは不法行為なのかという性質決定が問題となるし，[15]その上，米国法が準拠法となった場合，既に下された米国判決ないしその執行行為の承認と米国法の適用との関係という理論的に複雑な問題が生じる。[16]この場合，端的に結論のみ示すと，仮に米国判決ないしその執行行為が外国国家行為として承認されるならば，我が国での請求は認められないことになるだろう。[17]この点についても，損害回復法は，その3条1項で受益者の利益返還義務を直截に規定することで準拠法選択の問題が生じる余地を排除し，理論的な不明確さを除去すると共に，本邦法人等による利益返還請求を容易にしているということが出来る。

このように，この場合においても損害回復法は，通常の抵触法的処理を明確化するだけではなく，それを超えて，国際裁判管轄，当事者適格，準拠法にお

ける困難を除去することで本邦法人等の利益回復請求を容易なものとしている。

3 小 括

以上，いずれの局面においても，損害回復法は，通常の抵触法的処理に大きな変更を加えるものであり，本邦法人等という限られた者に対し，その利益回復請求を非常に容易にする点で際立っている。

同法第1条は，「この法律は，……［1916年 AD］法に基づき損害を受けた者の保護を図り，もって国民経済の健全な発展に資することを目的とする」と述べており，また，産業構造審議会による2005年不公正貿易報告書は，損害回復法の目的につき，「本法は私人の利益保護を目的とするものであり，国それ自体の利益保護を目的とするものではない」と説明している[18]。だが，そもそも内外人平等を前提として成立している抵触法的処理にこのような修正を迫る損害回復法は，既に指摘されているように[19]，我が国の通商政策貫徹を目指し，私人をその実現のために利用することを目的とした特別抵触法規であると位置づけることが出来るだろう[20]。

Ⅲ 解釈論上の問題点

次に，解釈論上の問題点には様々なものがあるが[21]，ここでは，それぞれの局面につき今後も対抗立法が制定された場合に問題となり得る点を取り上げよう。

1 外国判決の我が国での執行が問題となる場合

第一に，外国判決の我が国での執行が問題となる場合については，他の請求原因に関する判断と一体となった外国判決の処理が問題となる。今回の1916年AD法に関しても，米国訴訟における原告企業が，詐欺や誠実義務違反に基づく損害賠償を合わせて請求し，連邦裁判所が同じ判決において，1916年 AD法に基づいた損害賠償と他の根拠に基づく損害賠償とを合わせて命じる可能性

があったが，そのような判決につき，我が国ではその全てにつき承認執行を拒絶すべきなのだろうか，それとも，部分的な承認執行を認めるべきなのだろうか。

誠実義務違反，詐欺，そして RICO 法に基づく三倍額賠償を合わせて命じた米国判決の英国での執行が問題となった近時の事例において[22]，英国裁判所は，対抗立法の対象となる部分とそうでない部分とが分離可能であるか否かを問題とした上で，通商利益保護法の立法趣旨或いは文言解釈により[23]，分離可能である場合には，執行が排除されるのは損害賠償額が数倍となった部分のみであると判示した[24]。

我が国においては，前述のように，懲罰的損害賠償に基づく外国判決の執行を巡る議論において，実損部分と懲罰的損害賠償部分とを分離出来る場合には，実損部分につき我が国での執行を認めるべきであるという立場が多数であると言え，それをこの局面に当てはめれば，分離可能な場合に対抗立法の対象としない部分の我が国での執行を認めることに対する抵抗は少ないと考えられる。問題は寧ろ，両者を分離出来ない場合であり，懲罰的損害賠償の場合については，そのような場合には外国の公権力行使を我が国で認めないためにも全体として外国判決の執行を拒絶せざるを得ないという主張が見られる[25]。この点は，損害回復法等我が国の対抗立法の趣旨解釈如何の問題だと思われるが，既述のように，対抗立法が我が国通商政策の貫徹という強い政策目的を有していることからすると，この場合には全体として外国判決を執行しないことになろう。

2 我が国での利益返還請求が問題となる場合

第二に，我が国での利益返還請求が問題となる場合については，米国訴訟で被告となった本邦法人等が我が国で訴えを提起出来るのはどの時点なのか，すなわち，米国判決が確定した時点なのか，それとも強制執行や任意弁済により具体的に損害が生じた時点なのか，という点が問題となる。

この点，損害回復法について言及する論稿は，具体的な損害が生じた点を当然の前提としているように思われるし[26]，オーストラリア，南アのClawback条項も，支払い又は強制執行による具体的損失を前提にしている[27]。これに対し，1916年AD法に関するEUの対抗立法は，具体的損害を前提にせず，米国において1916年AD法に基づく訴訟が開始された時点での訴え提起を認めており[28]，また，英国とカナダのClawback条項は，少なくとも文言上は外国判決が下された時点での自国での訴え提起を認めている[29]。さらに，カナダ・オーストラリアでは，訴訟費用については明文により外国訴訟係属中の自国裁判所での訴え提起を認めているのである[30]。

　損害賠償法3条1項の文言は必ずしも明確ではない。この点は一義的には立法政策の問題であり，立法資料によれば[31]，今回の損害回復法では民事上の不当利得返還請求権との整合性に配慮して，米国判決に基づいて日本企業が米国企業に損害賠償金を支払ったことが前提とされたことが見てとれるので，損害回復法においても強制執行や任意弁済によって具体的に損害が生じた時点と解釈するのが素直であると思われる。但し，既に述べたような対抗立法の通商政策的性格からすれば，対抗立法制定において民事上の不当利得返還請求権との整合性を考慮する必要はない筈である[32]。また，外国国家行為承認一般論とも関係するが[33]，損害回復法6条による外国判決の不承認は，何ら特別な手続を必要とすることなく法律上当然に決定されていると考えられ，従って，二国間での法律関係の矛盾は米国判決が確定した時点から生じることとなる。そこで，この段階で我が国で利益返還請求を認める方が立法論的には優れているように思われる。また，このようにすれば，任意弁済の場合の利息の起算時や算定利率の決定方法という複雑な問題も，外国判決確定時に当該外国の民事手続法に基づくことで解決し易くなるのではないだろうか[34]。

　最後に，我が国での訴訟に関し，損害回復法に基づく請求とは別に，不法行為ないし不当利得に基づく通常の民事請求がなし得るかという点も問題となる。

この点もまた，損害回復法の目的如何によることになる。損害回復法の目的が日本の通商政策の助成にあるとはいえ，同法は私人の民事的権利の保護を排除するものでは勿論ないだろう。そこで，損害回復法に基づく請求とは別に，このような民事的請求を行う可能性は常に残されていると言えよう。[35]

Ⅳ　立法論上の問題点

最後に，立法論上の問題として，対抗立法の実効性，日本企業に対するデメリット，国際私法理念との整合性の3点について簡単に述べる。

1　対抗立法の実効性について

まず，対抗立法の実効性につき，3つの点から考えたい。第一に，我が国の判決が海外で執行される可能性という点である。この点，損害回復法に基づく我が国の判決が，同様の対抗立法を制定した国において執行される可能性があるとする指摘もないわけではない。[36]だが，英国においては，例えば所謂 claw-back 判決の相互承認・執行に関する英豪間協定のように，[37]相互主義に基づいた協定がある場合を除いて，通商利益保護法に基づく自国の判決が海外で承認されないだろうと言われており，[38]同様に我が国の判決も，我が国が二国間条約等を締結しない限り，民事判決ではないとして執行を拒絶される可能性が高いと考えられる。

第二に，対抗立法に基づく判決の日本国内での実現可能性という点である。この点は，相手方企業が我が国にどの程度財産を有しているかによるため，一般的に述べることは出来ない。但し，今回の損害回復法との関係では，日本にある完全子会社及び完全親会社の連帯責任が認められている点でやや実効性が担保されていると言えるかも知れない。

第三に，米国訴訟への影響という点である。米国では，ディスカヴァリーに対するフランスの対抗立法が問題となった Aerospatiale 判決以降，[39]コミティ

に関して衡量されるべき一要素としての外国政府の利益が具体的な利益に限られていることから，対抗立法の存在を抗弁として主張することが必ずしも有効であるとは言えず，例外もあるものの大抵の場合には，対抗立法の存在にも拘らず，ディスカヴァリーやインジャンクションが命じられている。実際，今回の1916年AD法を巡る訴訟においても，損害回復法の存在にも拘らず，国際礼譲よりも自らの判決及び管轄についての信頼性の保護についての利益の方が重いとして，米国裁判所は，損害回復法に基づく日本での裁判に対する訴訟差止命令を下している。

　これらの点を考慮すれば，対抗立法は，競争法の国際的適用ないし域外的ディスカヴァリー命令に対する政府の抗議表明としての意義，及び，米国訴訟における外国政府強制の抗弁を提供し得るという若干の意義を有するものの，米国訴訟における被告の損害の回復という観点からは，その実効性はあまり高くないと言わざるを得ない。

2　日本企業へのデメリット

　逆に，対抗立法が企業にもたらすデメリットとして，訴訟合戦の高額化及び長期化が挙げられる。実際，2000年に始まった今回の1916年AD法を巡る日米企業間の紛争では，米国判決自体は既に確定したものの，その後も我が国での訴訟に対するAnti-suit injunctionが下され，またそれに対して上訴がなされている。今後我が国で損害回復法に基づく訴えが提起されること，さらにそれに対し再度米国で相手側が不当利得返還請求を行うことまで考えると，近い将来紛争が終結するとも思われない。また，米国での法律事務所へのインタヴューに基づく調査によると，対抗立法が発動された場合，米国訴訟での被告企業は紛争の長期化を恐れて和解に持ち込むこともしばしばであると言われている。このように，通商政策実現のために利用される自国企業にとって，対抗立法が有益であると簡単に言うことは出来ないように思われる。

3　我が国抵触法理念との不整合

最後に，対抗立法は，内外人平等を前提として国家の利害から中立的に国際民事紛争処理を図る抵触法の理念を大きく損うものだと言える。既述のように，実損部分に対してまでも国内での執行を拒絶する点，米国判決の一切の効力，すなわち米国内で執行される場合の有効性さえも否定する点，本邦法人のみを特別優遇する点，原告を重視した国際裁判管轄等に，通常の抵触法的処理との齟齬が指摘出来よう。

4　結　語

これらの観点からすると，対抗立法の制定には今後も非常に慎重でなければならないように思われる。その際には，自国の通商政策を実現するために私人間紛争処理のルールやバランスを大きく変えることが何処まで正当化出来るのかが，とりわけ議論されなければならないだろう。

(1) 各国の対抗立法については，Jean-Gabriel Castel, "The Extraterritorial Effects of Antitrust Laws", *Collected Courses of the Hague Academy of International Law,* Vol.179 (1984), p.9, pp.79-92.
(2) 紙幅の関係上引用は最小限に止めざるを得なかった。より詳細には，Dai Yokomizo, "Japanese Blocking Statute Against The U.S. Anti-Dumping Act of 1916", *The Japanese Annual of International Law,* No.49 (2006), p.36 参照。
(3) Lawrence Collins, "Blocking and Clawback Statutes: The United Kingdom Approach", in: *Essays in International Litigation and the Conflict of Laws* (Clarendon Press, Oxford 1994), p.333, 351.
(4) 石黒一憲『現代国際私法[上]』（東京大学出版会，1986年）499頁。
(5) 懲罰的損害賠償制度は，加害者の悪性が強いと認められる場合に実損部分以外に制裁的な損害賠償を課すことを目的とする英米法系に特有の制度である。早川吉尚「懲罰的損害賠償の本質」民商法雑誌110巻6号（1994年）1036頁以下，手塚裕之「米国各州の懲罰的損害賠償判決の性質・法的機能と本邦での執行可能性」ジュリ1020号（1993年）117頁。
(6) 最判平成9年7月11日民集51巻6号2573頁。
(7) 懲罰的損害賠償を巡る議論につき，拙稿・判例評釈・判時1643号231頁〔判評475号37

頁〕(1998年)。
(8) 早川吉尚「懲罰的損害賠償判決の承認執行」本郷法政紀要1号 (1993年) 257頁, 288頁注169。
(9) 同法については, Collins, *supra* note (3); A. V. Lowe, "Blocking Extraterritorial Jurisdiction: The British Protection of Trading Interests Act, 1980", *American Journal of International Law*, Vol.75 (1981), p.257; Castel, *supra* note (1), pp.80-83; Joseph E. Neuhaus, "Power to Reverse Foreign Judgments: The British Clawback Statute Under International Law", *Columbia Law Review*, Vol.81, No.5 (1981), p. 1097.
(10) Section 5.
(11) *Diplomatic Note,* No.225, p.3 (Nov.27, 1979).
(12) 石黒一憲「WTO体制と日本の対抗立法・対抗措置─'米国通商法規の特異な構造'への抵触法的視座」貿易と関税53巻8号 (2005年) 46頁, 57頁。尚, 同様に1916年AD法に対し制定されたEUの対抗立法 (Council Regulation (EC) No.2238/2003 of 15 December 2003 protecting against the effects of the application of the United States Anti-Dumping Act of 1916, and actions based thereon or resulting therefrom, *Official Journal of the European Union*, L 333/1) の目的につき, Yokomizo, *supra* note (2), p. 42, note36.
(13) 最判平成9年11月11日民集51巻4055頁。同判決につき, 拙稿・判例評釈・法協117巻9号 (2000年) 1356頁。
(14) 国際的民事紛争における所謂法人格否認については, 例えば江頭憲治郎「法人格否認の準拠法」田村諄之輔先生古稀記念『企業結合法の現代的課題と展開』(商事法務, 2000年) 1頁と, 石黒一憲『国際私法の危機』(信山社, 2004年) 238頁以下, 同『国際私法〔第2版〕』(新世社, 2007年) 294頁注465-c とを対比せよ。
(15) これを不当利得と性質決定するのは, 廣瀬孝「米国1916年AD法に関する損害回復法の解説～アメリカ合衆国の千九百十六年の反不当廉売法に基づき受けた利益の返還義務等に関する特別措置法(上)」国際商事法務32巻12号 (2004年) 1593頁, 1596頁。
(16) 詳しくは, 石黒・前掲注(4)471頁以下, 同『国境を越える環境汚染』(木鐸社, 1991年) 163頁以下参照。
(17) 石黒・前掲注(4)509頁。
(18) 経済産業省通商政策局編『2005年度版不公正貿易報告書』(2005年) 22頁。
(19) 石黒・前掲注(12)252頁, 松下満雄=飯野文「米国1916年アンチダンピング法に対する対抗立法─WTO法と民事法の交錯 (第2部)」貿易と関税2005年5月号27頁, 28頁以下。
(20) 尚, 対抗立法の政治的性格につき, Véronique Ranouil, "Les lois de blocage", *Droit et pratique du commerce international*, Vol.12, no.4 (1986), p.513, pp.515-516. 因みに, 今回の損害回復法制定においては, WTOパネル及び上級委員会が1916年AD法をWTO協定違反と判断したという特別な事情がある。一般的には, 民訴法118条3号の

公序要件により，国際法に違反して下された外国判決は我が国では承認執行されないということが出来，従って，米国判決の承認執行に関する限り，損害回復法による解決は通常の抵触法上の処理と異なるものではないと主張することも或いは可能かも知れない。しかしながら，既述のように，我が国での利益返還請求が問題となる場合には，損害回復法は通常の抵触法とは異なる処理を命じるのであり，従って，国際法違反の外国立法から私人を保護するという観点のみから損害回復法を説明することはやはり困難であるように思われる。さらに，WTO 協定9条2項との関係で，「上級委員会の判断が正式のWTOの協定解釈になる，とは言えないはず」であるとするのは，石黒・前掲注(12)57頁。

(21) 例えば，3条3項により受益者と連帯して利益返還・損害賠償義務を負う受益者の完全子会社・完全親会社につき，いつの時点で発行済株式等の全部を保有し又は全部が保有されている必要があるのかという問題がある。この点，我が国での利益返還請求訴訟が開始される時点と考えているように見受けられる論稿もあるが（松下＝飯野・前掲注(19)33頁），損害回復請求権が発生した時点，すなわち本邦法人等に具体的な損害が生じた時点（後述）と考える方が自然だろう。同旨，廣瀬亮「米国1916年 AD 法に関する損害回復法の解説〜アメリカ合衆国の千九百十六年の反不当廉売法に基づき受けた利益の返還義務等に関する特別措置法（下）」国際商事法務33巻1号（2005年）25頁，30頁。また，他の問題として，利息支払義務の始期や利率の決定という問題がある。石黒・前掲注(12)54頁。この問題は，後述のように本邦法人等が我が国で訴えを提起出来る時点の解釈に関るが，この時点を本邦法人等に具体的損害が生じた時点と解した場合には，解決困難なものとなる。他方，この時点を米国判決確定時とした場合には，3条1項の目的が当該米国判決により生じた損失の回復にあることを理由として，米国判決時点から利息支払債務が発生し，その利率は米国手続法により規定される利率であると解釈することが可能となる。

(22) *Lewis v. Eliades,* [2004] 1 *WLR* 692.

(23) *Id.,* p.706 [Jacob LJ].

(24) *Id.,* paragraph [46]-[48] [Potter LJ.]. 同判決につき，Elaine Kellman, "Enforcement of Judgments and Blocking Statutes: Lewis v Eliades", *International Comparative Law Quarterly,* Vol.53 (2004), p.1025. 因みに同判決は，通商利益保護法の明確な文言やDicey/Morris 等の明言にも拘らず（例えば，*British Airways v Laker Airways* ([1984] *QB* 142, [1985] *AC* 58); Dicey/Morris/Collins, *Conflict of Laws,* (13th ed. 2000), p.566; North/Facett, *Chesire and North's Private International Law* (13th ed. 1999), p.449; Collins, *supra* note (3), p.349; Briggs, *The Conflict of Laws* (Oxford, 2002), p.144），RICO 法に基づいた実損部分の執行可能性について判断を避け（*Id.,* p.706 [Jocob LJ]），またその一審判決は，数倍額賠償を請求せず RICO 法に基づき実損部分のみの支払いを命じた米国損害賠償判決の英国での執行を条件付きながらも認めた（*Lewis v Eliades and others* [2003] 1 *All ER (Comm),* p.850）。この点，通商利益保護法の要求が通常の抵

触法的処理と整合しないことからその厳格な適用に裁判所が逡巡を示したものとも解され,注目に値する。

(25) 早川・前掲注(8)288頁注169。

(26) 廣瀬・前掲注(21)27頁,松下＝飯野・前掲注(19)31頁。石黒・前掲注(12)56頁はそれ程明確ではないが,同上63頁に挙げられた設例を見よ。

(27) The Foreign Proceedings (Excess of Jurisdiction) Act 1984 (Act No.3 of 1984 as amended), Section 10(1)（豪）; The Protection of Business Act (No.99 of 1978), Section 1B（南ア）。条文は,Yokomizo, *supra* note (2), p.47, note53。

(28) *Supra* note (12), Article 2 (2). EUにおける以前の対抗立法では,この点必ずしも明らかではない。Council Regulation (EC) No.2271/96 of 22 November 1996 protecting against the effects of the extra-territorial application of legislation adopted by a third country, and actions based thereon or resulting therefrom, *Official Journal of the European Union*, L 309 (29. 11. 1996), 1, Article 6（条文は,Yokomizo, *supra* note (2), p.48, note55）。

(29) R.S.C. 1985, c. F-29, section 9(1)（加）; the Protection of Trading Interests Act of 1980, Section 6 (2)（英）（条文は,Yokomizo, *supra* note (2), p.48, note57）。後者については,同条が具体的損害を前提としたものと看做す見解が多いようであるが（例えば,Cheshire/North, *supra* note (24), p.449; Collins, *supra* note (3), p.349）,米国判決が執行可能となった時点で自国での訴え提起を認める Dicey Morris, *supra* note (24), p.566を見よ。

(30) Section 9 (1.1)（加）; Section 11(3)（豪）（条文は,Yokomizo, *supra* note (2), p. 48, note 58）。

(31) 経済産業省「米国1916年アンチ・ダンピング（AD）法に関する損害回復法について」（平成16年10月・未公表）。

(32) 石黒・前掲注(12)56頁以下。

(33) 但し,外国国家行為承認における自動承認の意味については学説上争いがある。この点につき,釜谷真史「外国判決『自動承認』の意義(上)(下)」西南学院大学法学論集37巻2・3号1頁,4号47頁。

(34) 前掲注(21)参照。

(35) 石黒・前掲注(12)56頁。尚,1916年AD法に基づき下された外国判決の執行については,米国訴訟での原告は,損害回復法とは別に民事執行法24条の下で執行を求めることは出来ないと考えるのが自然であろう。石黒・同上57頁（但し,廣瀬・前掲注(21)33頁はそのような可能性に言及する）。

(36) 松下満雄「米1916年アンチダンピング法に基づく対日本企業提訴控訴審判決」国際商事法務34巻4号（2006年）423頁,430頁注(17)。

(37) (1991) Cmnd 1394, Article 2 (2).

(38) Collins, *supra* note (3), p.350.

(39) *Societe Nationale Industrielle Aerospatiale v. United States District Court*, 482 U.S. 522 (1987).

(40) Note, "Reassessment of International Application of Antitrust Laws: Blocking Statutes, Balancing Tests, and Treble Damages", *Law and Contemporary Problems*, Vol.50, p.197 (1987), p.212.

(41) Ranouil, *supra* note (20), p.525; Emmanuel Gaillard, "La réaction américaine aux lois de blocage étrangères", in: *L'application extraterritoriale du droit économique* (Montchrestien, 1987), p.122.

(42) *Goss International Corporation v. Tokyo Kikai Seisakusho, Ltd and TKS (USA), Inc.* 435 F. Supp. 2d 919 (N. D. Iowa, June 15, 2006), p.929.

(43) Ranouil, *supra* note (20), p.527; Gaillard, *supra* note (41), p.127.

(44) Collins, *supra* note (3), p.351; Evelyne Friedel-Souchu, *Extraterritorialité du droit de la concurrence aux Etat-Unis et dans la communauté européenne* (L. G. D. J., 1994), p.251.

(45) Note, *supra* note (40), pp.211-212; R. Edward Price, "Foreign Blocking Statutes and the GATT: State Sovereignty and the Enforcement of U.S. Economic Laws Abroad", *George Washington Journal of International Law & Economics*, Vol.28, p.315 (1995), pp.327-328.

(46) Note, *supra* note (40), p.212.

(47) 石黒・前掲注(1)259頁以下。

(48) 今回の損害回復法の場合、1916年 AD 法を WTO 協定違反であるとする紛争解決機関の決定の存在という例外的状況が、かろうじて対抗立法の制定を正当化したということが出来よう。尚、石黒・前掲注(1)254頁参照。

(49) 日本の経済的政策実現のための私人の利用という点については、我が国法制度が既に相当程度英米法体系から影響を受けていることを理由に、そのような方向を積極的に認めるべきであるという考えもあり得よう。だが、そのためには、そもそも現時点において我が国法体系が全体としてどの程度変容したと言えるのか、また、変容したとしても、そのような方向が続くことを肯定すべきか否かという点について、更なる検討がまずもって必要であろう。

(50) 尚、アメリカのディスカヴァリー命令と国家公務員の守秘義務等に関する規定との抵触につき、石黒一憲「日本の銀行検査・税務調査の内容に関する米国裁判所の開示（ディスカヴァリ）命令？」貿易と関税1995年4月号58頁参照。

(51) とりわけディスカヴァリーに関する立法上の技術的問題として、対抗立法の柔軟性という点がある。例えば、証拠提出を一律に刑事罰で禁止するフランス法（一般的には、Castel, *supra* note (1), pp.90-92; *Ranouil*, supra note (20); Friedel-Souchu, *supra* note (44), pp.242-246）は、フランス企業が米国裁判所で原告となった場合に逆に不都合を与えることになり（例として、*Rich v. KIS California, Inc.*, 121 F. R. D. 254 (M. D. N. C. 1988); *Compagnie Francaise D'Assurance Pour Le Commerce Exterieur v. Philipps*

Petroleum Co., 105 *F. R. D.* 16 (S. D. N. Y. 1984); *In re Aircrash Near Roselawn, Indiana,* 172 *F. R. D.* 295 (N. D. Ill. 1997); *Bodner v. Paribas,* 202 *F. R. D.* 370 (E. D. N. Y. 2000))、また、米国訴訟における防禦方法としても、フランスの政府利益が一般的なものと看做され考慮されにくいという難点がある (Hannah L. Buxbaum, "Assessing Sovereign Interests In Cross-Border Discovery Disputes: Lessons From Aerospatiale", *Texas International Law Journal,* Vol.38, p.87 (2003), pp.97-98)。他方、英国等のように、行政部に個別的な裁量の余地を与えるのであれば (包括的対抗立法の導入を示唆するのは、松下=飯野・前掲注(19)29頁)、これらのデメリットが回避されることになるが、その場合には、大陸法系の我が国においてそのような裁量が我が国法秩序と整合するのかという点が気にかかる (石黒・前掲注(12)48頁)。結局、これらの問題をクリアーするためにも、今回の損害回復法のような個別具体的立法が我が国の法体系に最も適した方法と言えるのかも知れない。 尚、ディスカヴァリーの場合、我が国裁判所が米国ディスカヴァリー命令に対して証拠提出の差止命令を個別に行えるよう、民事訴訟法を修正 (ないし解釈) するのが適切であるように思われる (尚、Aerospatiale事件において、そのような権限をドイツ裁判所が有しているとドイツ政府が表明している点につき、Brief for the Federal Republic of Germany as Amicus Curiae at 15, Aerospatiale (No.85-1695), reprinted in *International Law Materials,* Vol.25 (1986), pp.1547-1548)。そのような修正は、我が国裁判所に外国の訴訟差止命令に対する対抗手段をも提供するだろう。

(北海道大学大学院法学研究科准教授)

論　説　　国際経済・取引紛争と対抗立法

実践的分析
——産業界から見た「米国1916年アンチ・ダンピング法に関する損害回復法」の
意義と問題点及び経済法の域外適用に対する対抗立法への期待——

佐久間総一郎[1]

Ⅰ　はじめに
Ⅱ　産業界から見た「米国1916年アンチ・ダンピング法に
　　関する損害回復法」の意義と問題点
　1　損害回復法の意義
　2　損害回復法の問題点
Ⅲ　経済法の域外適用に対する対抗立法について
　1　域外適用問題の傾向と事例
　2　域外適用に関する今後の懸念
　3　域外適用に対する対抗立法の必要性

Ⅰ　はじめに

　筆者は，日本の鉄鋼会社において，20年以上にわたり，WTO案件をはじめとする通商問題や海外訴訟を含む法務を担当してきた。扱った事案の中には，米国1916年アンチ・ダンピング法に対する損害回復法（損害回復法[2]）の制定に至る一連の出来事の発端となった事件も含まれている。その発端とは，1998年10月に，筆者が所属する新日本製鐵株式会社（新日鐵）等が，米国の鉄鋼会社であるWheeling-Pittsburgh社に米国オハイオ州で訴えられたケースであった。同米社が，新日鐵や日本の大手商社の米国現地法人等による熱延鋼板のコスト割れ販売の結果，損害を被ったとして，オハイオ州ベルモント郡州地裁に，賠

償請求訴訟を提起したものである。その際の根拠法は，コモン・ローであり，米国1916年アンチ・ダンピング法（以下，1916年AD法と言う）ではなかった。その後，新日鐵の申立に基づき（州裁判所に比べより公平な判決が期待できると判断した連邦裁判所で争うため），同ケースはオハイオ州連邦地裁へ移送された。同連邦地裁は，連邦法である1916年AD法に基づき原告は提訴すべきであり，訴状の修正が必要と判示した。原告会社は，1916年AD法違反に基づく修正訴状を提出したが，1916年AD法は，輸入者又は輸入を助ける者を対象とするため，日本での製造者でしかない新日鐵は被告から外れ，輸入者である大手商社の米国現地法人等が被告として残った。これに対し，それら商社を支援すること及び新たな1916年AD法提訴を阻止することを目的として，1999年2月に，新日鐵や大手商社等がメンバーの日本鉄鋼輸出組合（現：社団法人日本鉄鋼連盟）が通商産業省（現：経済産業省）に，1916年AD法に対し，その廃止に向けてWTOでの紛争解決手続を開始することを要望した。1999年7月には，日本政府の要請でパネルが設置されることとなった。

本稿は，上記案件への関与を含む筆者の実務経験に基づき，標題に関し，損害回復法や対抗立法のbeneficiaryとしての産業界の視点から，検討を加えるものである。

II 産業界から見た「米国1916年アンチ・ダンピング法に関する損害回復法」の意義と問題点

1 損害回復法の意義

(1) WTO制度への信頼性確保　損害回復法は，以下に述べる理由から，産業界にとり大変意義が大きく，画期的な立法である。第一に，WTO制度に対する産業界からの信頼性の確保に貢献したと言う点を評価したい。その前提として，WTO制度を支えているWTO紛争解決手続に対する産業界の一般的な評価について触れる。残念ながら，誤解を恐れずに言えば，WTO紛争解決

手続は，日本の産業界にあまり人気がないものと思われる。日本政府が申し立てたWTO紛争案件の数も，良いか悪いかは別として，少ない。米国，EUに限らず，ブラジルやインド，そして韓国に比べても少ない。[7]加えて，日本政府が申し立てたWTO紛争案件は，WTO発足後10件ちょっとではあるが，その多くが鉄鋼業界の要望で開始されたものであり，その他の産業は積極的には利用していないのが実態である。企業によるWTO紛争解決手続の利用が少ない原因は，実務経験及び産業界へのアンケート調査結果等[8]から，以下のような点にあるのではないかと考えている。[9]

1）そもそも，WTO紛争解決手続が，日本のビジネスマンなり経営者の問題解決手段の引き出しに入っていない。もっと言えば，WTO紛争解決手続について知らない，経験が無いことが原因とも言えよう。さらに，WTO紛争解決手続についてある程度の知識があったとしても，他人事として捉えているきらいがある。WTO紛争解決手続のplayersは専ら政府であり，「お上の仕事」との認識が見受けられる。

2）ビジネスにおいて，多くのWTO関連の問題があるが，各企業は，現実的には，WTO紛争解決手続以外の方法で，勤勉に問題解決に取り組んでいる。例えば，WTOルールに反する輸入制限があれば，WTO紛争解決手続へ持ち込むことよりも，輸入を止め輸入国での現地生産の検討を開始する。一方，対極的な解決方法として，よくあるのは，"wait-and-see" approachである（要は我慢する）。実際，中国のWTO加盟に伴う約束の一つであった流通分野の外資参入制限の撤廃は，履行期限を過ぎても実施されなかったが，[10]WTO紛争解決手続での解決を産業界は追求しなかった。中国の流通分野の外資参入制限により，多くの日本企業が現実のビジネスへの悪影響を被ったにもかかわらず，WTO紛争解決手続は，問題解決手段として選択されていない。

3）次に，WTO紛争解決手続を企業が利用した場合の問題がある。WTO紛争ケースで勝っても，効果に疑問がある。つまり，紛争解決機関（DSB）の

参考資料　米国1916年 AD 法 WTO ケース等の経緯

1998年10月27日	Wheeling-Pittsburgh 社がオハイオ州ベルモント郡州地裁に提訴 被告：新日鐵，三井物産 USA，丸紅アメリカ，伊藤忠インターナショナル等 申立内容：common law 等に反する熱延鋼板の不当廉売により被った損害の賠償請求等
1998年11月6日	新日鐵等の申立によりオハイオ州連邦地裁へ移送
1998年11月16日	オハイオ州連邦地裁決定：1916年 AD 法に基づき提訴すべきであり，訴状の修正が必要と判示
1998年11月20日	Wheeling-Pittsburgh 社が，1916年 AD 法違反に基づく修正訴状提出。 輸入に関与していない新日鐵等日本の製造者は被告から外れ，三井物産 USA，丸紅アメリカ，伊藤忠インターナショナル等輸入者のみが被告となる。
1999年2月	日本鉄鋼輸出組合が通商産業省に，米国1916年 AD 法につき WTO 提訴を要望
1999年7月	日本政府の WTO 提訴に基づきパネル設置
2000年3月	G社対T社米国1916年 AD法ケース提訴
2000年9月	**米国1916年 AD 法の WTO 違反が確定（上級委員会報告書採択）**
2001年12月末	［WTO 違反勧告の実施期限］
2002年1月	日本政府対抗措置の承認をDSB に申請
2003年12月3日	G社対T社ケース米国連邦地裁陪審判決／支払命令
2003年12月15日	EU 損害救済法成立（施行2004年1月）
2004年5月	G社対T社ケース米国連邦地裁T社敗訴確定
2004年11月19日	米国1916年 AD 法廃止法が議会で成立
2004年11月23日	モーターボート船外機米社破産管財人対日本メーカー等米国1916年 AD 法ケース提訴
2004年11月30日	**日本損害回復法成立**
2004年12月3日	**米国1916年 AD 法廃止大統領署名／発効**
2004年12月8日	日本損害回復法施行
2005年4月	モーターボート船外機米社破産管財人対日本メーカー等ケース却下（被告への訴状未送達）
2006年4月	G社対T社ケース米国連邦高裁T社控訴棄却
2006年6月	G社対T社ケース米国連邦最高裁T社上告不受理

勧告内容を違反国が履行することが保証されていない。この点は，裁判等による司法手続と異なり，損害を被っている企業にとっては大変不都合である。そしてタイミングの問題がある。WTO 紛争解決手続を開始するまでの政府関係者等との非公式な協議に数ヶ月，WTO 紛争解決手続で約2年，加えてDSB の勧告内容の implementation に要する期間が必要となる。最後に，コストの問題である。今のWTO 紛争ケースは，法的にも事実関係に関しても複雑になっている。従って，外部弁護士や専門家のバックアップが必要であり，それなりに小さくない費用がかかる。利用する企業にとっては，負担する費用に見

合った効果が得られるか否かが問題となる。

1916年AD法に関するWTO紛争ケースも、履行問題とタイミングの問題があった典型的なケースである。同ケースは、申立国である日本にとってほぼ完全な勝利であったが、参考として前頁に列挙した経緯にあるように、鉄鋼業界による日本政府への要望から米国による1916年AD法の廃止までに約6年かかっている。時間がかかると何が問題かといえば（それ自身も問題であるが）、予防的な意義を追及する場合に、最終的に勝ったとしても、実際に救われないケースの可能性がその分増えるということである。現に、2004年12月の1916年AD法の廃止前に、新聞輪転機に関し、株式会社東京機械製作所（以下及び参考資料において、T社）に対するGoss International社（以下及び参考資料において、G社）による1916年AD法訴訟が2000年3月に提起された。さらに、2000年9月に1916年AD法がWTO違反であることが確定された後も、1916年AD法の廃止直前であった2004年11月に、モーターボート船外機を巡って、米国のモーターボート船外機製造会社の破産管財人が、日本メーカー等を相手に1916年AD法訴訟を起こしている。根拠法が廃止されても、廃止の前に訴訟が提起されている場合は、訴訟そのものは影響を受けず、1916年AD法は有効なものとして、訴訟が進行している。DSBでWTO違反とされた法律であっても、WTOルールへの整合性に関し、遡及適用まで、DSBの勧告が明確に求めない現状からは、WTO紛争ケースで勝ったとしても、それまでに訴訟が起きていれば、救われない。そこで、どうしても、WTO違反がもたらした損害を事後的に救済する必要性が生じる。その必要性に、政府としてできる限りで応えてくれたのが損害回復法である。以下に指摘するような問題点はあるものの、WTOの紛争処理手続で勝てば、それなりに成果が確保され得ることとなった。WTO紛争処理手続を利用した場合には、政府として、最後まで面倒を見てくれる、できる限りのことはやってくれるとの姿勢が示された点を高く評価したい。

(2) 「Level playing field」の確保　第二に，日本企業が，グローバルに活動するに際して，「level playing field」の確保が図られたことを評価したい。EUにおいては，2003年12月には，早々と1916年AD法に対する損害救済法が[15]成立した。同様の立法措置が日本にないと，日本企業が，米国において，1916年AD法に基づく訴訟のターゲットとなる可能性がEU企業に比べ相対的に上昇することとなる。これに対し，時期は遅れたが，損害回復法により同等な保護が日本企業にも与えられ，公平な競争条件が確保された意義は大きい。

(3) 特定企業へ救済の手　第三に，実質的に特定企業，それも1社（損害回復法が国会に提出された時点では，1社のグループ会社だけが1916年AD法に基づく訴訟の被告であった）の利益にしかならない法律が通商問題に関し日本で制定されたことは，画期的ではないだろうか。従来，米国政府等が堂々と（露骨に）自国の特定企業の通商問題上の利益のために通商交渉を行なったり，保護法律を制定することに対し，日本の産業界としては，「羨望」をもって見ていた。今回，特定企業を救済することを辞さない立法が実現された点を，今後の同様な対処への期待も込めて，多いに評価したい。

2　損害回復法の問題点

(1) 実効性　損害回復法の問題点，特に実務的な側面については，まさに当事者のT社の方が多くの意見を持っているはずであるが，まずは実効性に問題があると思われる。T社が取った選択は，損害回復法の2本の柱である，①[16]損害回復請求権の設定と②米国判決の承認・執行の拒絶のうち，後者②ではなく，前者①に基づく権利追求であった。この選択は当然であろう。つまり，米国において1916年AD法に基づく判決を無視し，損害賠償金を払わずに済ませ，相手方の米国企業が米国判決の承認・執行を日本の裁判所に求めてくるところを損害回復法で迎え撃つということにはならない。なぜなら，通常米国への輸入者は，当然米国に資産や現金口座を有しているはずであり，抵抗しても

最終的には執行されてしまうからである。結局, T社のように一旦判決に従って, 米国では整然と懲罰的な損害賠償額を払い, 日本で損害回復法に基づき, 損害回復請求の訴訟を米国提訴者を相手に起こすパターンになるはずである。ところが, 現実には, 日本で損害回復法に基づき損害回復請求の訴訟を起こすことに対する仮差止命令が, G社の申立に基づき米国裁判所から出ているとのことであり, この点が大きな問題である。

次に, 日本で損害回復法に基づき勝訴できたとして, その判決が執行できるか否かが問題であろう。G社が, 日本に十分な資産を持っていれば損害は回復でき, 問題は無い。また, 損害回復法上, G社の100％子会社や親会社が日本法人であったり, 日本に資産を有していれば, 執行され得るだろう。問題は, 相手方資産が日本になければ, 日本で損害回復法により裁判で勝っても差し押さえて取るものがなく, 実効性が無いかもしれないことである。日本で執行できない場合に, 米国で取り戻そうとしたときに, 日本の判決が米国で承認され, 執行が認められるかについては, 多いに疑問がある。既判力の法理などで認められない可能性が, 米国の有力弁護士と検討した際に, 指摘されている。さらに, 一旦米国判決に従って, 米国で損害賠償額を払い, 奇策として, 米国で, 日本の損害回復法に基づき, 損害回復請求の訴訟を米国提訴者を相手に起こすことも, 法的には排除されてはいないが, 米国の裁判所は, forum non conveniens の法理, 国際礼譲 (absence of international comity), 既判力 (doctrine of res judicata) の法理などで受け付けないだろうとも言われている。

ただ, 一般的に, 米国企業も日本に資産が無いからといって, 日本の損害回復法を無視し, 完全に開き直ることにはやはり不安はあるだろう。日本における将来のビジネスチャンスもあるかもしれない。仕事は無くても, その米国企業の社長が遊びで日本を訪問したいかも知れない。日本等における評判を気にするかもしれない。やはり, 損害回復法に基づき日本で訴訟を提起されることは, できれば避けたいはずである。となると, 米国における1916年AD法訴

訟の判決が確定する前（本ケースでは該当しない）又は判決に基づく損害賠償の履行後であっても，日本で損害回復法に基づく提訴をしないこと又は取り下げることを条件に，1916年AD法訴訟の原告である米国企業と被告日本企業間で1916年AD法に基づく損害賠償額の実質的な減額等（支払済みであれば，一部返還）につき，米国訴訟等での和解が成り立つかもしれない。その意味で，やはり対抗力として十分意義はある。もちろん，日本で当該米国企業がビジネスをしていれば，資産が差し押さえられる可能性が高く，実効性がある。以上より，限界はあるものの，対抗効果はあると判断される。

(2) 導入タイミング　次に，損害回復法の導入のタイミングとしてどうだったかのか。もうすこし早めの導入が望まれたところである。WTO違反勧告の履行期限（2001年12月末）の段階とまではいかなくても，EUと同じような時期，少なくとも，T社が米国連邦地裁で敗訴した段階（2004年5月）で導入できれば，結果論かもしれないが，1916年AD法の廃止直前の2004年11月23日のモーターボート船外機に関する第二の1916年AD法提訴の抑止力になったかもしれない。訴訟提起の抑止効果も期待できることから，早めに立法することが，損害回復法や対抗立法には重要であろう。今回は，日本における初めての対抗立法導入であったので，損害回復法の立法が実現できただけで産業界としては感謝したいが，次回の対抗立法からは，早め早めに立法してもらいたい。少なくとも，EUに遅れては（今回は1年遅れであった），狙い撃ちのリスクも高まるので，産業界としては，日本政府がEU等に遅れないように対応することを強く望むところである。

(3) 損害回復請求権者　損害回復法上，損害を回復できる者が，あくまで「本邦の法人等」に限定されている[19]。今回は，実際適用され得るG社のケースにおいて，①本邦法人が②輸入者たる本邦法人の米国子会社とともに訴えられており問題はないが，米国子会社だけが訴えられるケースもある。冒頭に紹介した本件の発端となったWheeling-Pittsburgh社のケースでは，新日鐵も一旦

は当事者となったが,最終的な被告は,大手商社の米国現地法人だけであり,「本邦の法人等」ではなかった。このようなケースでは,損害回復法に基づく損害回復は不可能である。今後の立法論として,我が国の国民の利益を保護する目的上,限界はあろうが,「本邦の法人等」だけではなく,本邦法人の米国子会社のみが当事者の場合にも,救済の道を探って欲しい(EUの1916年AD法に対する対抗立法でも,権利は外国企業には付与されてはいないが[20])。特に本邦法人の米国子会社がその完全子会社であれば,我が国の国民の利益を保護する目的に合致するのではないかと考える。若しくは,米国子会社への損害を,本邦法人の損害とみなし,本邦法人又は米国子会社に対し損害額を支払うことなども考えられないか,今後の同様の立法時には研究してもらいたい。

(4) その他:Publicity　最後に,1点,Publicityの観点からコメントする。損害回復法が政府関係者の格別な努力により制定,施行されたことが,産業界一般にあまり知られていないとの印象をもっている。損害回復法の受益者が,特定の企業であることも一因かもしれないが,政府がここまで面倒をみていることをより積極的に宣伝すべきではないだろうか。それによって,産業界が,WTO紛争解決手続の活用により積極的になることを期待する。

Ⅲ　経済法の域外適用に対する対抗立法について

1　域外適用問題の傾向と事例

(1) 域外適用問題の傾向:日常化　かつては,域外適用は事件,それも,大事件となった。特に独占禁止法の域外適用について,20～30年前は,産業界として極めて抵抗感が強く,「主権の侵害だ」,「米国のリーガル・インペリアリズムだ」とか言って,多いに議論した。その後,日本企業のグローバル化につれ,抵抗感は薄れている。同時に,昔は,訴訟の度に争点となっていた管轄権問題も,グローバル化につれ,諦め傾向にある。今は,多くの企業で「ミニマムコンタクト」というよりは極めて濃厚なコンタクトがある事が多い。域外

適用等に抵抗感は薄れ，産業界はあまり大騒ぎしなくなったが，問題がなくなったわけでは決してない。域外適用や「域外適用もどき」は，増えており，大小いろいろある。企業活動のグローバル化に伴い，取り締まる側も，域外適用を前提とする法令を増やしている。企業も，グローバル化に伴いその網に引っかかる確率が増えている。傾向として，昔のように，異常事態・事件性のものだけではなく，日常レベルに域外適用等が浸透している。域外適用問題は，もはや日常化したと感じている。

(2) 域外適用等日常化の事例　　以下，独占禁止法や証券法関連で，日常の業務にそっと侵入してきている域外適用等の事例を2つ記す。

① EU合併規則第11条：Request for Information

EU合併規則第11条（Article 11）のRequest for Informationの規定は[21]，企業結合審査のための情報収集の権限を欧州委員会に与えている。同規定に基づき，欧州委員会は，企業結合審査に必要な情報の収集を，当事者，競合者，顧客等関係者への質問状の送付などにより行う。企業結合の当事者ではない，第三者たる日本企業にも，日常茶飯事的に，欧州委員会の競争法当局から，このArticle 11に基づく質問状がきている。多くの場合，当該日本企業と，全く関係の無いEUやEU外の企業同士の合併の審査のために，同業者や顧客としてのデータを当該日本企業に要求するものである。新日鐵にも度々来ており，都度応えている。最近新日鐵に来たArticle 11の質問状は，カナダのニッケル鉱山会社同士の合併に関するものであった。欧州委員会が，その合併を審査するために，鉱山会社の顧客と考えられる鉄鋼会社の一人として新日鐵に送ってきた。新日鐵は，合併の当事会社とは資本的には何の関係もない。社長宛てに，ファックスが，いつものようにいきなり来たのが2006年の1月27日で，回答期限が同年2月2日である。50問，20ページからなる質問状である。回答書を作成するにはそれなりに，事務負荷がかかる。ただ，放置すれば，最終的に，1日あたり，数万ユーロ（法的な上限は，日割り総売上の5％），下手をすれば何

十万ユーロの課徴金等を課せられることになるので[22]、急ぎブラッセルの顧問弁護士に依頼し、回答期限の延長を欧州委員会に認めてもらい、最終的に期限までに回答を提出した。昔なら、このような質問状への回答要請は、理不尽な要求であり「けしからん」と、大騒ぎしていたかもしれないが、今や、淡々と応えている。この Article 11 の質問状と日本企業に関連したケースであるが、日本のある機械メーカーがその欧州子会社経由で、欧州委員会から、欧州の有力機械メーカー同士の合併審査に関連して、Article 11 の質問状を受け取った。この質問状への対応を巡って、欧州委員会は、十分な回答がなかったとして、同社の欧州子会社に95万ユーロ（当時で約1億円）の penalty と fine の支払命令を下し、その欧州子会社が支払うこととなったのである[23]。

　この合併審査のための EU 合併規則第11条は、当然域外にも適用されることが前提である。EU の有力弁護士との実務検討によれば、応じない場合の課徴金等は、EU で operation している又は参入しようとしている外国企業にも課されることとなっている。つまり、事実上、欧州委員会の強制的な調査権がグローバルな日本企業にも及ぶことになっているのである。

②　米国証券法の日本における株式交換への適用

　第二の事例は、米国証券法の日本における株式交換への適用問題である。完全なる域外適用ではないが、「域外適用もどき」（実態によっては域外適用）の事例である。日本で行われる完全子会社化のための会社法に基づく日本の会社間で行われる通常の株式交換において、当事会社が米国で全く上場されていなくても、完全子会社となる会社（株式交換完全子会社）の株主が[24]、1人でも、米国に存在すれば、米国証券当局への登録が、米国証券法上必要となる[25]。どういう理屈かと言うと、まず日本の会社法上、株式交換完全子会社は、その株主総会の決議により当該株式交換を承認する必要がある[26]。その株主総会開催のため、総会の招集通知を株主に出すことになる。ところが、その総会の招集通知は、米国証券法上[27]、株式交換完全子会社の株主への完全親会社となる会社（株式交

換完全親会社）の株式の「public offering」に該当し，米国にその株式交換完全子会社の株主が1人でもいる限り，米国証券法上の「registration」が必要となる（但し，米国の株主が株式交換の対象となる株式の10％以下で，その他の条件を満たす場合，簡易届出に替えることができる[28]）。例え，当該株式交換完全子会社が米国に上場していなくても，日本で上場している限りは，米国に株主が1人もいないという確証はもてないはずで，結局，日本における株式交換であっても，米国の証券法の適用があることを前提とせざるを得ない。逆に，日本での株式交換のときに，米国証券法上の「registration」を怠ると，米国証券法の違反となり得る。

このように，日常の業務に経済法の域外適用または「域外適用もどき」が起きており，現実的に受け入れている。反省を込めて言えば，実務をこなす中で，最近域外適用に疑問を持つことが少なくなってきた感がある。今後の問題も考えれば，一企業の立場を超えて，域外適用の是非に関しきちんと整理することが重要であろう。先のArticle 11の適用を例に取れば，その域外への適用において，相手国次第でdiscriminationがないのかなど点検すべきかもしれない。EUのArticle 11の質問状への対応を巡って，日本以外，例えば，米国や中国でも同様な問題が起きているのかなど，検討してみる必要があろう。

2 域外適用に関する今後の懸念

域外適用に関する今後の懸念材料として，気になる事例などを，以下2点挙げる。

(1) 中国独占禁止法と域外適用　まず，中国の独占禁止法の域外適用を懸念している。中国独占禁止法草案第2条には，明確に独占禁止法を域外適用することが規定されている[29]。一般的に，域外適用を明文で定めていなくても，域外適用が排除されるわけではないが，この明確な規定案には中国政府の強い意図が感じられる。日本としては，問題が起きる前に政策の調整を図るべきと考

える。特に，日本企業同士の合併等に関し，中国における売上が一定規模以上などの条件に該当する場合に，中国当局の事前許可が必要になるようでは大問題である。中国は，米国やEUの「良いところ」を真似る傾向があるので懸念する次第である。

(2) 米国Foreign Corrupt Practices Act　次に，米国Foreign Corrupt Practices Act（FCPA）の事例を検討する。FCPAは，外国公務員に対する贈賄を禁止する米国の法律で，米国では証券取引所法のなかに規定が設けられている。[30]これ自身は，OECD外国公務員贈賄防止条約に基づくもので，日本にも同様な法令が，不正競争防止法に規定されている。[31]事案は，世界的な電力／重電関連の機械メーカーであるABBの英国子会社に関するものである。[32]ABBの英国子会社が，兄弟会社である米国子会社とともに，ナイジェリアで公共入札に関連し公務員へ贈賄行為を行なったとされた。買い物ツアーに始まり，自動車，ゴルフ会員権，現金のプレゼントなど派手な贈賄行為があったようである。これに対して，米国当局がFCPAを適用し，英国子会社を米国子会社とともに起訴し，英国子会社だけでも，525万ドルの罰金を払うこととなった。このケースは，外国企業が米国企業とともに違反行為を行えば，FCPAを域外適用し，外国企業にも，管轄権を及ぼすとの点で注目すべきものであろう。FCPAの域外適用は，将来，日本企業についても問題となる可能性は否定できない。日本の企業に関し，日本の当局が外国公務員に対する贈賄禁止法令に基づき起訴した事例がないことが，OECD等の場で問題となっており，[33]米国が域外適用でやってくるかもしれないとの懸念がある。さらに，注意を要するのは，FCPAは，米国証券取引所法上の登録会社に対し，FCPAの禁止行為を防止又は摘発するために正確な帳簿類への記入を義務付けている。[34]これは，日本の企業で米国で上場していると，外国公務員への贈賄が米国外でもあれば，その金の流れが帳簿に記載されていないと，少なくとも，FCPA違反となる。事実，現在ドイツの企業がこの容疑で調べを受けている

とのことである。

3 域外適用に対する対抗立法の必要性

(1) 必要性　「効果がある限り，躊躇することなくタイムリーに導入してもらいたい」というのが産業界の基本的な立場であろう。この際，結果的に，特定企業，場合によっては1社だけを救済することになる対抗立法であっても，積極的に導入に取り組んで欲しいことは，既に上記Ⅱ1(3)で1916年AD法に対する損害回復法について指摘したとおりである。

(2) 限　界　今回の損害回復法に至るケースのように，民事事件に関し，両国の政府間で，その根拠法がWTO違反であり，是正措置が必要とのコンセンサスが成立したにもかかわらず，私人を拘束できない場合（訴訟取下げなど）には，積極的に，対抗立法で対処すべきである。しかし，一般的に刑事事件や行政手続に関しては，有効な対抗立法があるか疑問である。刑事罰や独占禁止法の課徴金納付命令，当局の調査権の行使といった公権力に基づく直接の措置については，対抗立法では当事会社の問題解決に至らないことが多いのではないだろうか。例えば，EUの合併規則第11条に基づく情報提出要求に対し，提出を禁じる対抗立法を日本で作っても，課徴金納付命令が欧州委員会から下されないかは疑問である。英国などで導入された外国政府による文書提出命令に対し応じることを禁止する対抗立法は，[35]文書提出命令を発した当該外国において，国家強制であれば，不提出を適法と認めるドクトリンやルールがあって初めて有効である。米国相手であれば，国家強制による不提出を防御として認めるドクトリンが同国にはあり有効であろうが[36]，そのような原則が確立していない国相手では，意味が無いということになろう。現実には，有効な対抗立法は，多くはないと思われる。

(3) 広い意味での対抗策・解決策の必要性　対抗立法は，あくまで事後的な解決策である。ビジネスにとって，最も重要なことは，関係国と事が起きる

前に，域外適用の問題を未然に防止することであり，そのために必要な関係国間の政策調整をすすめることである。米国FCPAの域外適用問題を例に取る。既述のとおり，日本にも，外国公務員への贈賄を取り締まる法令があり，幾たびか，OECDのreviewで問題を指摘され，今では他国と遜色の無い規定になっている（外国公務員への贈賄について，属人主義を採用し，日本人の国外犯を処罰）。属人主義採用の前提は，日本人による海外における外国公務員への贈賄は，日本法で取り締まることにあるはずである。ならば，米国のFCPAの域外適用は，政策的に遠慮してもらいたいところである。少なくとも，日本法に基づき日本の当局により捜査が開始されたならば，米国の当局にはお引取り願いたい。この点を，米国などと予め取り決める必要があるのではないか。若しくは，OECDなどの多国間の場で議論し，事前に問題を防止するよう調整を図るべきではないだろうか。

さらに，関係国と政策の調整を議論するために，相手国と同様な措置を相手国企業に課すことによる対抗策（相手国と痛みを分かつため）もあるかもしれない。つまり，EUのArticle 11に基づく質問状を例に取れば，日本の独占禁止法当局もEUと同様の調査をする必要が今後生じてくるであろう。市場の確定が，地理的に日本に限定されないことが明確になった現在，日本企業同士の合併であっても，外国の競争者，顧客などの情報が企業結合に関する事前審査に必須となるケースも予想される。その場合には，日本の独占禁止法当局もEUのArticle 11の質問状のように事実上の間接強制調査を外国企業に行うことが必要になるかもしれない。そのような場合，少なくとも，日本に対し同様な調査を行ってきたEU等に対しては，相互主義に基づき積極的に事実上の間接強制調査を実施すべきだろう。EUの産業界にも，同様な負担を強いた上で，両政府間で第三者により負担のかからない調査のあり方につき，政策の調整（強制するならば，日本の当局を通すなど）をはかるべきである。

独占禁止法の域外適用であれば，経済連携協定（EPA）のなかで，政策調整

について取り決めることも1つの意義あるアプローチであろう。例えば，中国とEPAを結ぶなら是非，独占禁止法の域外適用についてもアドレスし，政策の調整をすすめてもらいたい。多国間のフォーラムであれば，OECDや各国競争当局が参加する ICN（International Competition Network）などもつかえるのかもしれない。世界がいろいろな面で狭くなってきている実態を踏まえ，経済法の域外適用問題についても，各国間の政策の調整がより加速されることが望まれる。

⑴　新日本製鐵株式会社総務部法規担当部長。産業構造審議会臨時委員（通商政策部会不公正貿易政策・措置調査小委員会，及び国際商取引関連企業行動小委員会）。本稿は，2006年10月29日の日本国際経済法学会第16回研究大会における筆者の報告を基に執筆したものである。本稿は，筆者個人の見解であり，必ずしも所属する組織の見解を示すものではない。

⑵　アメリカ合衆国の千九百十六年の反不当廉売法に基づき受けた利益の返還義務等に関する特別措置法（平成十六年十二月八日法律第百六十二号）。

⑶　Wheeling-Pittsburgh Steel Corp. v. Mitsui & Co., No.98-CV-299 (C.P., Belmont, Ohio, filed Oct., 27, 1998).

⑷　Section 801 of the Act of September 8, 1916, 15 U.S.C. §72 (repealed 2004).

⑸　Wheeling-Pittsburgh Steel Corp. v. Mitsui & Co., 26 F. Supp. 2d 1022 (S.D. Ohio 1998).

⑹　WT/DS162/3.

⑺　WTOホームページ（http://www.WTO.org/english/tratop_e/dispu_e/dispu_by_country_e.htm）。

⑻　産業界に対するアンケート調査結果については，経済産業省通商政策局（編）『不公正貿易報告書2004年版—WTO協定から見た主要国の貿易政策—』351-355頁。

⑼　詳しくは拙著参照。Soichiro Sakuma, Is the WTO dispute settlement mechanism important to business?, in *The WTO in the Twenty-first Century: Dispute Settlement, Negotiations, and Regionalism in Asia* (Yasuhei Taniguchi, Alan Yanovich and Jan Bohanes eds., Cambridge University Press, 2007).

⑽　経済産業省通商政策局（編）『不公正貿易報告書2005年版—WTO協定から見た主要国の貿易政策—』87頁。

⑾　Goss Int'l Corp. v. Tokyo Kikai Seisakusho, Ltd., 294 F. Supp. 2d 1027 (N.D. Iowa 2003).

⑿　Moglia v. Yamaha Motor Co., No. 04C-7630 (N.D. Ill. filed Nov. 23, 2004).

(13) WTOホームページ (http://www.WTO.org/english/news _e/news06 _e/DSB _ 19july06_e.htm)。
(14) 日本政府は、T社関連の米国における訴訟においてアミカス・ブリーフも提出。経済産業省通商政策局（編）『不公正貿易報告書2007年版―WTO協定及び経済連携協定・投資協定から見た主要国の貿易政策―』30頁。
(15) Council Regulation (EC) No2238/2003, 2003 OJ L 333/1.
(16) 損害回復法に関する立法の背景と解説については、廣瀬孝「米国1916年 AD 法に関する損害回復法の解説（上）（下）」国際商事法務32巻12号（2004）及び同33巻1号（2005）参照。
(17) 経済産業省通商政策局（編）前掲『不公正貿易報告書2007年版』30頁。
(18) 損害回復法第3条第3項。
(19) 同上第2条第2項及び第3条。
(20) Council Regulation (EC) No2238/2003, 2003 OJ L 333/1, Art. 3 及び Council Regulation (EEC) No4055/86, 1986 OJ L378/1, Art. 1 (2).
(21) Council Regulation (EC) No139/2004, 2004 OJ L24/1, Article 11.
(22) 同上 Articles 14 (1) and 15(1).
(23) Commission Decision 2001/16/EC, 2001 OJ L4/31.
(24) 会社法第767条。
(25) Section 5 of the Securities Act of 1933, 15 U.S.C. §77e 及び Securities Act Rule 800, 17 CFR §230.800.
(26) 会社法第783条。
(27) Securities Act Rule 145, 17 CFR §230.145.
(28) Securities Act Rule 802, 17 CFR §230.802.
(29) 「中華人民共和国外で行われる行為のうち国内市場における競争を排除又は制限する影響をもつ行為には、この法律が適用される。」石田英遠、森脇章及び藤本豪「中国独占禁止法草案（2006年6月22日版）の全貌と企業のリスク対応〔1〕」国際商事法務34巻9号（2006）の参考訳より。
(30) Section 30A of the Securities & Exchange Act of 1934, 15 U.S.C. §§78dd-1.
(31) 不正競争防止法（平成五年五月十九日法律第四七号）第18条。
(32) United States v. ABB Vetco Gray (UK) Ltd., Case No.04-cr-279 (S.D. Tex. 2004).
(33) 2006年10月の日本国際経済法学会第16回研究大会後、日本でも初めて不正競争防止法違反（外国公務員等に対する不正の利益の供与等の禁止）の罪で、フィリピン政府高官への利益供与に関連し、現地子会社に出向していた日本企業の社員2人が福岡地検から略式起訴されている。日本経済新聞2007年3月17日朝刊。
(34) Section 13 of the Securities & Exchange Act of 1934, 15 U.S.C. §§78m.
(35) Protection of Trading Interests Act, 1980.
(36) Nicholas Davidson, U.S. Secondary Sanctions: The U.K. and EU Response, 27

Stetson L. Rev. 1425, 1428 (1998).
(37) 不正競争防止法第21条第6項。
(38) 企業結合審査に関する独占禁止法の運用指針（平成16年5月31日公正取引委員会改定 平成18年5月1日改定平成19年3月28日），第2条第3項（地理的範囲）。

（新日本製鐵株式会社総務部法規担当部長）

論　説　第1分科会：公法系

WTO における後発途上国問題
―― 二重規範論の再検討 ――

濱　田　太　郎

Ⅰ　はじめに
Ⅱ　途上国問題の変遷
　1　1947年のガット協定
　2　ウルグアイ・ラウンドとWTO協定の成立
　3　ウルグアイ・ラウンド後
Ⅲ　WTO協定上のSDT条項とWTO協定の実施問題
　1　WTO協定上のSDT条項
　2　WTO協定の実施問題
Ⅳ　結　論

Ⅰ　はじめに

　ガット・WTOにおける途上国問題を包括的かつ詳細に論じた先行研究は多数ある(1)。これらの先行研究をふまえて，本稿は，先進国と途上国を区別する二重規範論を前提とする途上国に対する特別かつ異なる待遇（Special and Differential Treatment: SDT）のウルグアイ・ラウンドとその後における変質と，後発途上国によるWTO協定の不履行の問題などを論じ，先進国と途上国の格差，いわゆる南北格差よりも，むしろ，途上国間の格差，いわゆる南南格差の拡大がSDTを考察する上で重要な課題であることを示したい。WTO協定上，ある加盟国が途上国か否かは，後述のとおり，原則として自己申告に基づく。他方で，後発途上国とは「国際連合が後発開発途上国として認める国」と定義

されている（世界貿易機関を設立するマラケシュ協定第11条第2項[(2)]）。すなわち，途上国のうち，国連が後発途上国と認定した国がWTO協定上の後発途上国とされる。

　本稿は，最初に，これまでの途上国問題の変遷を整理する。その中で，近年強まる自由貿易体制に対する反発や懐疑について，途上国の視点から，その背景を論じる。次に，ガット協定や東京ラウンドコードと比較しながら，WTO協定上のSDTを分析し，そのほとんどが相互主義を内在化させていることを指摘する。その上で，一括受諾やWTO協定の実施問題を取り上げる。各理事会・委員会に対する通報やこれらによる国内実施法令審査状況を見ながら，中規模または大規模途上国はWTO協定を実施したが，後発途上国は一括受諾を通じて譲許表とサービス自由化約束表の提示という原加盟国となる最低限の義務を履行しただけであることを示す。後発途上国によるWTO協定の不履行などを指摘しながら，南南格差の拡大を論じる。

II　途上国問題の変遷

1　1947年のガット協定

　1947年のガット協定では，当初は，わずかに第18条の1カ条だけが途上国の経済開発を考慮しているに過ぎなかった。同条は，1954～55年の再検討会期で拡充されたものの，ガットに多くの途上国が加入するようになると，途上国側は優遇の更なる拡大を強く要求するようになった。ガットでは，2つの大きな流れが見られた。1つは，1958年のハーバラー報告に見られるように，途上国の主力輸出品目である一次産品の輸出拡大には，商品協定の締結と先進国の市場開放が必要であるという考え方である。もう1つは，「援助よりも貿易を」というスローガンを掲げて国連貿易開発会議（UNCTAD）を通じて結束した途上国が要求したガット協定の変革，すなわち途上国に対する特別の待遇を拡大すべきであるという主張である。途上国側の要求は，妥協の末，1964年のガッ

ト協定第4部の採択や1979年のいわゆる授権条項（Enabling Clause）による一般特恵制度の恒久的正当化として部分的ながら実現された。しかし，ガット協定第4部では，先進国は途上国に対して相互主義を期待しないと定められた（同第36条第7項）ものの，いずれの規定も先進国に対して明確な一方的義務を課しておらず理念的な規定内容にとどまった。

2　ウルグアイ・ラウンドとWTO協定の成立

　ウルグアイ・ラウンドの開始を決定したプンタデルエステ宣言は，物品貿易交渉に関する一般原則として「特別かつ異なる待遇」を掲げた。しかし，ウルグアイ・ラウンドでは，先進国と途上国を問わず，1947年のガット協定の規律を強化することに幅広い支持が集まっていた。[3]というのは，1947年のガット協定は規律が弱かったことが懸念されていたからである。たとえば，祖父条項によりガット協定の適用時よりも以前の法令をガット協定に適合させる義務がなく，旧宗主国などによる宣言によってもガット協定の事実上の適用を受けることができるなど，ガット協定の適用条件が締約国によって異なっていた。加えて，東京ラウンドを通じてダンピング防止コードや関税評価コードなどの任意加入の規律が制定されると，フォーラムショッピングなど，いわゆる規律のバルカン化による問題が深刻化していたのである。また，輸入代替政策の放棄，自由化政策の積極的導入など，途上国の政策転換も，ガットの規律強化が合意された背景にあったと考えられる。

　1947年のガット協定は，必要な改正を加えられた上で，1994年のガット協定に取り込まれた（同第1条(a)）。したがって，現在でも，先進国は途上国に対して相互主義を期待しないとする1947年のガット協定第36条は有効だが，「世界貿易機関を設立するマラケシュ協定附属書1Aに関する解釈のための一般的注釈」が定めるように，1994年のガット協定とWTO協定を構成する附属書1Aの諸協定が抵触する場合，後者が優先する。後述のとおり，WTO協定を構成

する附属書1Aの諸協定で定める途上国に対する特別な待遇は事実上相互主義を規定しており，1947年のガット協定第36条第7項は事実上死文化している。

3 ウルグアイ・ラウンド後

ECの特恵事件（WT/DS246）では，パネル及び上級委員会が授権条項を1947年のガット協定第1条第1項の例外として，その適用を再確認した。ただし，授権条項第2項(a)注の「無差別」は，同様の状況にある全ての途上国に対して同一の特恵を付与することを義務付けていると認定し，後発途上国に対して特別の優遇を行うことは無差別に反しないことが示されたことは示唆的である。

WTO協定上のSDT条項に対する評価は論者によって異なる。西海真樹先生は，途上国にとって実際にどの程度の効果を持つことになるのかは未知数であるとしながらも，規範の多重性を具現するSDTはWTO協定において法原則または法規範のレベルで確立したと評する。位田隆一先生は，WTO協定上のSDT条項は仔細に見れば必ずしも実質的な権利義務とはなっていないと指摘している。柳赫秀先生は，従来の途上国というカテゴリーが後発途上国とそれ以外の途上国に区分され，後発途上国以外は実質的に先進国と変わらない地位に置かれ，経過期間終了後は先進国同様真摯にルールを実施することになったと指摘している。WTO協定上のSDT条項は，一定期間の協定実施を免除する経過期間条項を典型として，協定を実施するためのものであって，もはや開発の目的で恒久的な逸脱が認められるものではない。こうした変化は，自由化が厚生を高めひいては経済発展をもたらすという経済学説の台頭を受けて，ウルグアイ・ラウンド前後に，それまでの輸入代替政策などの貿易制限的な政策の嗜好から，自由化政策を選好・実施するという，途上国の政策転換によってもたらされたのである。

しかしながら，最近になって，異なる新たな経済学説が見られるようになっ

た。このような学説の代表例として、スティグリッツとチャールトンによる研究[11]、ギャラガーの編著[12]などがある。これらは、必ずしも自由化が悪いと批判しているわけではない。これらの学説は、自由化は厚生を高めるという立場に立脚しながらも、自由化が厚生を高める所与の前提となっているところの、例えば、完全雇用、完全なリスク市場などが、実際には途上国ではほとんど実現されていないか、仮に実現されているにしても極めて不完全であることを指摘している[13]。また、途上国においては、過度に少数の主要産業に集中していたり、企業の資本調達が困難であるがために、あるいは、社会のセーフティネットが整備されていないため、貿易自由化に伴う調整コストが先進国に比べてきわめて大きいか、先進国に比べ調整により長い時間がかかると指摘している[14]。これらの学説は、これらの理由により、途上国には何らかの特別な待遇や配慮が必要であるという主張を展開している。このように、最近では、ウルグアイ・ラウンド前後に台頭していた、自由化が厚生を高めひいては経済発展をもたらすという考えが陰りを見せている。自由化が厚生を高めるとしても、自由化が厚生を高めるための前提条件が途上国で実現されていない、あるいは自由化に伴う調整コストが先進国に比べてきわめて大きいか、先進国に比べ調整により長い時間がかかることを理由にして、先進国と途上国は同じ立場に立っていないと指摘している。こうした変化が、おそらく、最近の途上国やあるいは市民社会からのWTO批判の高まりの背景にあるのだろう。このことは、極論すれば、1980年代後半から1990年代の初頭は、先進国と途上国を問わず、自由化を信奉していた特殊な時代であったという位置付けが後世なされるかもしれないという状況が最近生まれてきているのである。

III　WTO協定上のSDT条項とWTO協定の実施問題

1　WTO協定上のSDT条項

WTO事務局によれば、WTO協定上のSDT条項は、145項目あり、うち、

107項目はウルグアイ・ラウンドで合意されたもので，22項目は後発途上国のみを対象としているとされる。しかし，農業協定は1995年に開始する6年間の実施期間中の規律であり，繊維協定は既に終了した。ゆえに，現在でも有効なSDT条項の数はさらに少なくなっている。

　SDT条項には，いくつかの類型がある。大別すれば，一定期間の協定実施を免除する経過期間条項，技術支援に関する条項，途上国あるいは後発途上国に対して特別の権利を付与しあるいは義務を免除する条項，単なる理念あるいは目的を規定する条項がある。経過期間条項は，先進国と途上国を区別し，途上国に対して恒久的な義務の減免を図っているわけではなく，むしろ，先進国と途上国は同じ義務を負うが，行政能力に格差があるために，義務を履行するための猶予期間を与えようとするものと解される。義務の程度を恒久的に軽くするものではなく，経過期間が経過すると先進国と途上国は同じ義務を負うことになる。

　技術支援に関する条項で，先進国を一方的にかつ明確に義務付けるものはない。理念的な規定あるいは努力規定にとどまっている。

　途上国あるいは後発途上国に対して特別の権利を付与しあるいは義務を免除していると解される条項は，その数は極めて限られている。「shall」などの文言を用いて一見特別の権利を付与しあるいは義務を免除しているように見えても，「特別のニーズを考慮する」（TBT協定第12条第2項），「利用し得る妥当な措置をとる」（同第12条第5項）などの抽象的な規定がほとんどである。特別の権利を付与しあるいは義務を免除している具体的な規定としては，特別の関税評価制度（関税評価協定附属書Ⅲ第2項），世界貿易機関を設立するマラケシュ協定第16条第5項第2文が認める多角的貿易協定に定めがある場合の留保に当たる関税評価協定第4条但書または同第5条第2項の規定に対する留保，貿易救済措置の対象とすることの禁止または制限（セーフガード協定第9条第1項など），サービス貿易の経済統合に対するより柔軟な制限（サービス貿易一般協定第5条

第3項），一定の補助金の廃止の免除（補助金協定第27条第2項）など，その数は限られている。しかも，関税評価協定附属書Ⅲ第2項にいう特別の関税評価制度は，現に公定の最低課税価額に基づく関税評価制度を有する国に限定され，関税評価協定第4条但書または同第5条第2項の規定に対する留保は，同協定第21条により「他のすべての加盟国の同意」が必要である。つまり，これらは自己申告で自由に援用可能な規定ではない。補助金協定にいう補助金の廃止義務の免除は，途上国については有期限で，後発途上国に対するものが無期限となっている。すなわち，WTO協定上のSDT条項は，概念的なものを除き，実質的な意味のある条項を見れば，恒久的に存在しているものは後発途上国に対するものだけであって，経過期間経過後は，途上国は先進国と同一の義務を負うことが予定されているのである。つまり，1947年のガット協定第36条第7項が謳う途上国に対する非相互主義は，WTO協定上は基本的に保障されていないと考えられる。

2 WTO協定の実施問題

次に，途上国と先進国が原則として同一の義務を負うことになった結果，いかにWTO協定の不履行が深刻化しているかについて論じたい。ここでは，2つのことを指摘する。1つは，後発途上国がSDT条項によって免除された義務ばかりではなく，免除されていない多くの義務も履行していない点である。もう1つは，中規模または大規模途上国は，基本的にWTO協定上の義務を履行しているということである。

　(イ)　一括受諾　　最初に，一括受諾の意味について再検討したい。WTO協定は一括受諾を義務付けられており，いずれの加盟国も東京ラウンドコードのように加入・非加入を自由に決定できないと指摘される[19]。つまり，「摘み食い（a la carte）方式」は許されないとされる。世界貿易機関を設立するマラケシュ協定第2条第2項では，「附属書一，附属書二及び附属書三に含まれている

協定及び関係文書は、この協定の不可分の一部を成し、全ての加盟国を拘束する」と定められている。また、同第16条第5項で、留保が原則として禁止されている。一括受諾は、先進国であれ、途上国であれ、あるいは後発途上国であれ、WTO協定の全ての規則を法的義務として受諾したことを示している。

しかし、WTO協定は、原加盟国となる手続を見れば、その一括実施まで義務付けているわけではないことに注意を要する。原加盟国となる手続を見れば、先進国と途上国は同じ義務を負えるはずがないということが既にウルグアイ・ラウンドの時点から認識されていたことが示されている。

世界貿易機関を設立するマラケシュ協定第11条第1項は、原加盟国となる要件を「この協定が効力を生ずる日にガットの締約国及び欧州共同体であって、この協定及び多角的貿易協定を受諾し、かつ、譲許表とサービスの自由化約束表を附属させた国」と定めている。WTO協定が発効した1995年1月1日にガットの締約国であって、WTO協定を受諾した上で、かつ、譲許表とサービス自由化約束表を附属させた国が原加盟国となる。つまり、一括受諾といっても、手続的には、原加盟国となる最低条件は、受諾行為と、譲許表とサービス自由化約束表の提示だけであった。

それにもかかわらず、ウルグアイ・ラウンド妥結後、全ての国が、1995年1月1日に、WTO協定を受諾し、かつ、譲許表とサービス自由化約束表を附属させるのは現実的ではないため、世界貿易機関を設立するマラケシュ協定第14条第1項第3文でWTO協定発効後の受諾は、受諾後30日後に発効することを定めつつ、「最終議定書（final act）」を採択した1994年4月のマラケシュ閣僚会議で、「WTO協定の受諾及び加盟に関する決定」が採択され、後発途上国や1947年のガット協定第26条第5項(c)の適用を受け、旧宗主国による宣言によりガット協定の適用を受けていた国で、譲許表すら有していなかった途上国については、期限を延長して、「準備委員会（Preparatory Committee）」に譲許表とサービス自由化約束表を提出することが認められた[20]。この提出期限は再三

延長されており，WTO 発足後は一般理事会に譲許表とサービス自由化約束表を提出することとされた。WTO 協定が発効して1年後の1996年に，5カ国の途上国，8カ国の後発途上国がようやく原加盟国となり，最後の原加盟国となったのは後発途上国のコンゴで，WTO 協定発効後2年が経過した1997年3月27日であった。エクアドルが世界貿易機関を設立するマラケシュ協定第12条にいう加盟交渉を通じて加盟した1996年1月21日よりも1年以上も後にコンゴが原加盟国となったのである。原加盟国たる後発途上国の半数近い14カ国がWTO 協定発効後半年以上も遅れて譲許表とサービス自由化約束表を提出している。これらの国々の譲許率は低く，サービスの自由化の程度も極めて限定的であるにもかかわらず，受諾行為と，譲許表とサービス自由化約束表の提出の期限を守ることはできなかった。

　㈹　いわゆる「卒業（graduation）」　　WTO 協定上は，原則として，途上国であるかどうかは自己申告に基づく。他方で，先に指摘したように後発途上国については，世界貿易機関を設立するマラケシュ協定第11条第2項で，「国際連合が後発開発途上国として認める国」と定義されている。国連で後発途上国が客観的に定められている結果，WTO 協定でも客観的に定められていると言える。

　では，国連で後発途上国から卒業するよう勧告された場合，WTO でも自動的に卒業することになるのか。2003年の国連開発政策委員会は，カーボベルデ，モルジブが後発途上国から卒業するべきであることを勧告するとともに，円滑な移行戦略を提案した。経済社会理事会は，開発政策委員会の勧告に従い，国連総会に対して，これらの国の卒業を勧告することになっているが，モルジブは，後発途上国からの卒業を拒絶している。モルジブはWTO の原加盟国である。モルジブは，後発途上国かどうかという問題は国連でのみ審議されるべきであると主張し，貿易開発委員会ではモルジブの卒業問題は結局議論されていない。WTO では，国連総会で卒業が決定されるまで後発途上国として扱わ

れると考えられる。

　他方で，WTO 協定上途上国が客観的に定義されている例外的な場合がある。補助金協定附属書Ⅶでは，途上国が客観的に定義されている。補助金協定第3条第1項(a)に基づく禁止補助金の禁止が免除される国として，①国連が後発途上国に指定する国，②1人当たりの国民総生産が年額1000米ドルに達しない国を挙げている。後者の国として，ボリヴィア，カメルーン，コンゴ，象牙海岸共和国，ドミニカ共和国，エジプト，ガーナ，グァテマラ，ガイアナ，ホンデュラス，インド，インドネシア，ケニア，モロッコ，ニカラグァ，ナイジェリア，パキスタン，フィリピン，セネガル，スリランカ及びジンバブエが列挙されている。これらの国は，1人当たりの国民総生産が年額1000米ドルに達したときは，第27条第2項(b)に従って他の途上国に適用される規定が適用されるとされている。この場合の1人当たりの国民総生産は，世界銀行の最新の資料によることとされている。世界銀行等では，近年は，1人当たりの国民総生産よりも1人当たりの国民総所得が計算されており，1人当たりの国民総所得で見ると，インドネシアは，2003年に年額1130米ドル，2004年に年額1280米ドルに達しており，本来は，卒業し，他の途上国に適用される規定が適用されなければならないはずである。しかし，同附属書では，1人当たりの国民総生産が年額1000米ドルに達した場合に，どのような手続で卒業させられるのか，どのように補助金協定の遵守が確保されるのか明らかではない。自動的に卒業が強制されるのか，あるいは何らかの移行措置が認められるのかも明らかではない。

　このように，例外的に何らかの客観的な途上国の定義が置かれることはあっても，真に卒業が WTO 協定上確保されているかは疑問をぬぐえない。

　(ハ)　通報・国内法令審査　　通報・国内法令審査を見れば，途上国，特に後発途上国の深刻な不履行が浮かび上がる。WTO 協定は，各加盟国に対して法令や措置の様々な通報義務を課しており，1947年のガット協定，サービス貿易一般協定など各協定に58項目の通報義務が見られる[26]。各加盟国は，様々な委員

会・理事会に対して，様々な事項を通報する義務を負っている。また，委員会・理事会によっては，加盟国からの措置あるいは国内法令の通報を審査するものがある。例えば，SPS協定第7条や附属書Bによれば，加盟国は，自国の衛生植物検疫措置の変更を通報し，自国の衛生植物検疫措置についての情報を提供することが義務付けられている。また，利害関係を有する加盟国からの全ての妥当な照会に応じ一定の事項に関する関連文書を提供する責任を有する照会所を設けることが義務付けられている（附属書B第3項）。さらに，他の加盟国との貿易に著しい影響を与えるおそれがある場合には，健康の保護に係る緊急の問題が生じている場合などを除き，原則として，特定の規制の導入をWTO事務局を通じて通報することが義務付けられている（同第5項）。加盟国は，こうした通報手続を実施する責任を有する単一の中央政府当局を指定することを義務付けられている（同第10項）。2005年までの照会所や中央政府当局の通報状況をまとめると**表1**（100頁）のとおり，照会所については12カ国が未通報であり，うち11カ国は後発途上国である。中央政府当局については17カ国が未通報であり，うち12カ国は後発途上国である。TBT協定第10条は，他の加盟国及び他の加盟国の利害関係を有する者からの妥当な照会に応じ一定の事項に関する関連文書を提供する照会所を設けることを義務付けている。また，同第15条第2項は，協定の実施及び運用を確保するための既存の措置またはそのためにとられた措置を委員会に通報することを義務付けている。TBT協定の照会所については，26カ国が未通報であり，うち14カ国が後発途上国である。実施措置については，45カ国が未通報であり，うち25カ国が後発途上国である。関税評価協定第22条第2項は，協定に関連を有する法令の変更及びその運用における変更につき委員会に通報することを義務付けている。しかし，46カ国が未通報であり，うち20カ国が後発途上国である。補助金協定第25条は，一定の補助金の通報を義務付けている。また，同第32条第6項は，協定に関連を有する法令の変更及びその運用における変更を委員会に通報することを義務付けて

表1　通報状況（2005年）

	SPS協定		TBT協定		関税評価協定	補助金協定		AD協定	SG協定
	照会所	政府当局	照会所	実施措置	法令	措置	法令	手続・法令	手続・法令
未通報国	12	17	26	45	46	46	35	24	31
後発途上国	11	12	14	25	20	9	11	17	15

注：WTO事務局文書より筆者作成

いる。しかし，補助金については46カ国が未通報であり，うち9カ国が後発途上国である。法令の変更などについては35カ国が未通報であり，うち11カ国が後発途上国である。ダンピング防止協定第16条第5項は，調査を行う権限当局と関連国内手続を委員会に通報することを義務付けている。また，同第18条第5項は，同協定に関連を有する法令の変更及びその運用の変更も委員会に通報することを義務付けている。しかし，国内手続については，24カ国が未通報であり，うち17カ国が後発途上国である。セーフガード協定第12条第6項は，セーフガード措置に関する自国の法令及び行政手続並びにこれらの修正を委員会に通報することを義務付けている。しかし，31カ国が未通報であり，うち15カ国が後発途上国である。

　通報国数の多少は，関連国内法令の制定がWTO協定上義務付けられているか，あるいは任意であるかには影響を受けていないと考えられる。表1を見れば，例えば，ダンピング防止協定やセーフガード協定のように，必ずしもその実施のために関連国内法令を制定する義務がない分野でも，TBT協定やSPS協定などの必ず実施しなければならない分野の通報国数と大差がない。また，実施のための国内法令の制定が容易であるかあるいは困難であるかどうかも通報国数に影響していないと考えられる。ダンピング防止協定やセーフガード協定では，2005年までに40カ国近くの途上国がダンピング防止措置やセーフガード措置に関連する国内制度がないと通報している。これらの通報義務は，単に国内法令がないと通報すれば満たされるにもかかわらず，多数の国

図1 年間SPS措置通報

注：WTO事務局文書より筆者作成

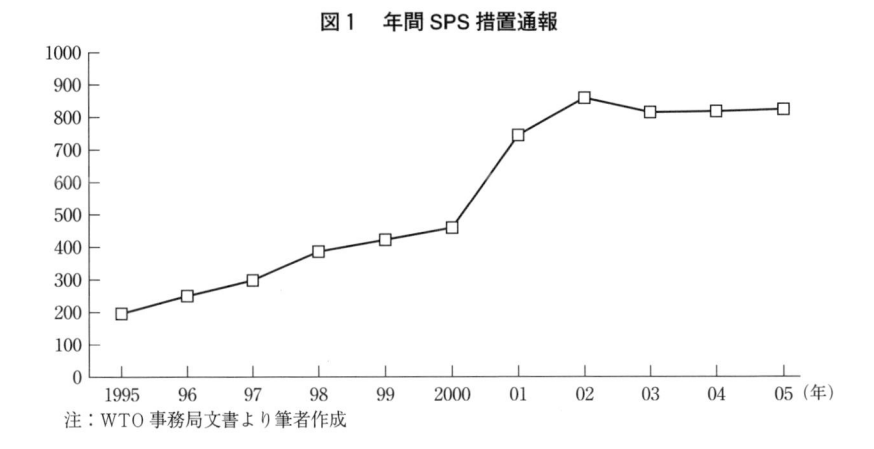

が未通報のままである。

　通報義務の違反は，確かに，単なる手続的義務の違反である。しかし，通報義務違反が暗示する実体規定の違反に着目すべきである。例えば，SPS協定附属書Bでは，照会所の設置と中央政府当局の指定に加えて，加盟国は，自国の衛生植物検疫上の規制について，国際的な基準が存在しない場合又はその内容が国際的な基準と実質的に同一でない場合に，委員会に対して措置を通報し，利害関係国と協議を行い，利害関係国の意見を考慮することが義務付けられている。

　図1が示すように，1995年に委員会に通報されたSPS措置は，200件程度であった。しかし，2005年には4倍の約800件が通報されている。このような急増は，消費者の食品の安全に対する関心の高まりなどを背景に，各国が多数のSPS措置を制定するようになったことを示している。1995年から2005年末までに累計で6097件のSPS措置が通報されている。しかし，そのうち，後発途上国は，ザンビアなど7カ国が19件通報しただけである。これは全通報数の0.3％を占めるに過ぎない。確かに，これは，自国の措置を通報するもので，他国の措置について見解を述べることとは異なるが，後発途上国は，自国の措

図2　年間 TBT 措置通報

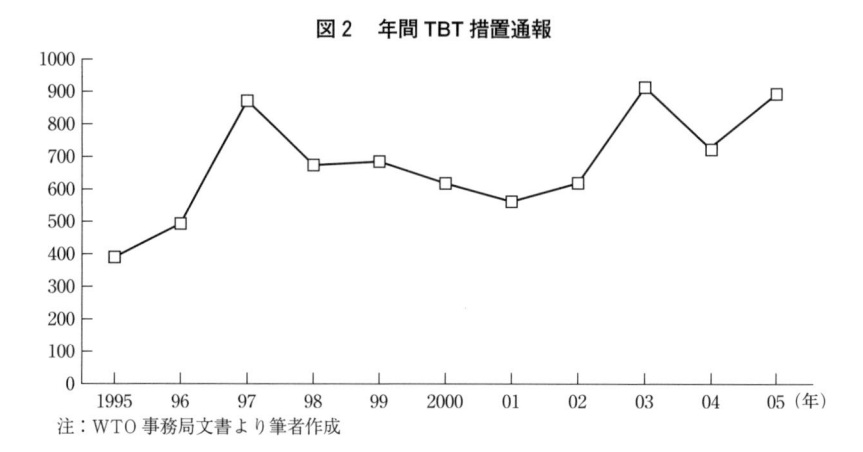

注：WTO 事務局文書より筆者作成

置の通報も他国の措置に対する見解表明も極めて消極的にしか行っていない。端的に言えば，後発途上国は SPS 協定をそもそも実施していないため，SPS 協定の実施にこれまでに多額の費用を要したわけではないが，他国の措置に対して見解を述べるなど，自国の利益を守るために SPS 協定を活用できていない。換言すれば，SPS 協定から後発途上国は隔絶化されているのである。TBT 協定についても同様である。図2が示すように，1995年に委員会に通報された措置は400件程度だった。しかし，2005年には2倍の約800件が通報されている。TBT 措置も SPS 措置と同様に通報が増加傾向にあるが，こうした増加は途上国が TBT 措置をより多く導入するようになったことによってもたらされている。1995年から2005年末までに累計で7440件が通報されている。しかし，そのうち，後発途上国は，ザンビアなど5カ国が51件通報しただけである。これは全通報数の0.7％を占めるに過ぎない。後発途上国は，SPS 協定同様に，自国の措置の通報も他国の措置に対する照会も極めて消極的にしか行っていない。このように，照会所，関連措置及び法令の通報という手続的義務の違反の背景には，その協定の実体規定の違反，あるいは，そもそもその協定からの完全な隔絶が隠れている。

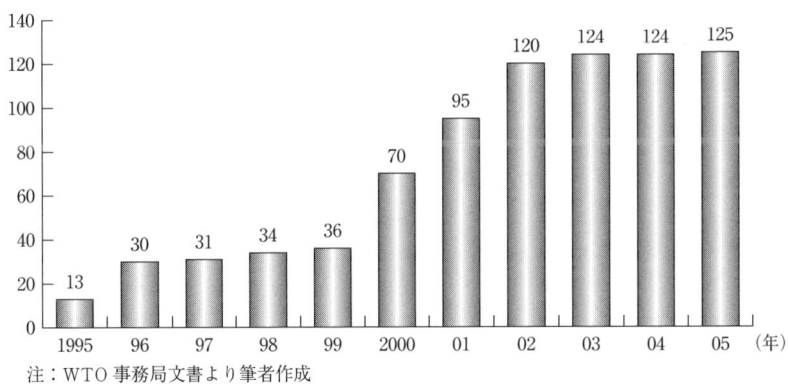

図3　TRIPS協定実施国内法令通報累計

棒グラフ値：1995年13、96年30、97年31、98年34、99年36、2000年70、01年95、02年120、03年124、04年124、05年125

注：WTO事務局文書より筆者作成

　各委員会・理事会に対する国内法令の通報と同委員会・理事会での審査の状況を見ると，発足当初は順調に通報国が増加していたものの，次第に通報国が増加しなくなっている。例えば，TRIPS協定第63条第2項に基づく国内法令の通報状況を見ると，**図3**のとおり，1999年までは通報国累計が30カ国程度に限られていたが，2000年に一挙に累計70カ国に達している。2000年に同第65条第2項及び第3項に基づく途上国及び移行経済国に対する経過期間が切れたために，これらの国の多くが一斉に国内法令を通報したからである。また，2002年に累計120カ国に達して以降はあまり増加していない。2005年に同第66条第1項に基づく後発途上国に対する経過期間が切れたが，多くの後発途上国は期限までに国内法令を整備できず，モルジブが2007年12月20日まで経過期間の延長を要請し，TRIPS理事会で承認された。また，ザンビアが後発途上国を代表して経過期間の延長を申請し，後発途上国に対しては，2013年7月1日まで経過期間が延長されることが決定された。ただし，この決定では，2013年7月1日あるいは当該国が後発途上国から卒業する日のいずれか早い方と規定されていることが示唆的である。

　㈡　その他の途上国間格差の拡大　　分担金の支払状況も途上国間格差を象

徴している。加盟国は，世界貿易機関を設立するマラケシュ協定第7条第2項により，一般理事会が定めた財政規則に従い速やかに分担金を支払う義務を負っている。財政規則によれば，分担金は貿易額に比例して計算され，最少の分担率は0.015％である。かつて最少の分担率は0.03％だったが，小国の負担が重過ぎるという批判を受け引き下げられた。2004年で見ると，最少の分担率を負担する国は36カ国に達している。後発途上国の中で最大の分担率はバングラディシュで0.105％である。後発途上国のうち8カ国は，最少分担率よりも高い分担金を支払うことになっている。他方，後発途上国以外の途上国で小規模島嶼国など12カ国が最少分担率である。

分担金の支払を遅滞すると，遅滞状況により4段階の措置がとられることになっている。3年間続けて分担金の支払を遅滞すると最も厳しい措置がとられ「休眠加盟国（inactive member）」として認定されWTO事務局からの文書送付や技術支援が停止される。ただし，後発途上国は，仮に休眠加盟国と認定されても，技術支援だけは受けることができるとされている。このような休眠加盟国は2006年1月末現在19カ国である。うち，ブルンジ，中央アフリカ，チャド，コンゴ民主共和国，ジブチ，ガンビア，ギニア，ギニアビサウ，モーリタニア，ニジェール，シエラレオネ，トーゴの12カ国は，WTO発足後一度も分担金を支払っていない。このうちコンゴ共和国を除けば，11カ国は後発途上国である。分担率の引き下げは，残念ながら，分担金の不払いの改善には全く役立っていない。

分担金を支払っている後発途上国がある一方で分担金を支払っていない後発途上国が技術支援を受けるのは公平を欠く。しかし，仮に分担金を支払えない後発途上国に対して技術支援を停止してしまえば，その国はWTO体制からさらに隔絶化され，WTOへの関心を失うという悪循環に陥ることが懸念される。そこで，後発途上国に対しては，仮に分担金の未払いがあっても，技術支援だけは停止しないこととされている。

アンチグア・バーブダは，WTO発足後2005年まで一度も分担金を支払っていなかったが，2005年に分担金を支払っている。同国がその年，紛争解決制度を利用したことが大きく影響していると思われる。義務違反を繰り返す後発途上国も，WTO協定の実施による具体的な利益が認識できれば，分担金を支払うなどWTO協定の実施に積極的になるかもしれないことを示す示唆的な事例である。

IV 結 論

後発途上国によるWTO協定の不履行は深刻である。全ての国がWTO協定の全ての義務を一括受諾したものの，発効後10年以上が経過してもその完全な実施は確保されていない。こうした不履行を放置しておくことは，WTO体制の信頼性を揺るがすことになる。

WTO協定を履行できないのであれば，不履行国にWTOから脱退してもらうのが望ましいという見解が生まれないのはなぜか。加盟国はWTO協定から脱退することが可能である（世界貿易機関を設立するマラケシュ協定第15条第1項）。しかし，これまでにWTOから脱退した国はない。

ほとんどの経過期間が終了した現在のWTO協定においては，先進国と途上国を区別してSDTが設けられているというよりは，むしろ，後発途上国とそれ以外を区別して恒久的なSDTが設けられている。しかしながら，多くの後発途上国は，SDTによって免除されていない義務すら履行し得ない状況にある。このような後発途上国の義務違反の蔓延は，一括受諾の名の下に，後発途上国が過剰な義務を負わされたことがそもそもの原因である。

WTO協定の遵守を確保するための紛争解決手段では，いずれかの国が申立国として被申立国の義務違反を申し立てなければならない。これまでのところ，後発途上国のWTO協定の遵守を紛争解決手段を通じて実現しようとした国はない。紛争解決了解第24条第1項第2文は，後発途上国による義務違反を紛

争解決手段に付託することに対し適当な自制を行うよう義務付けている。こうした自制は、自国の不履行を義務違反として紛争解決手続に付託させたくない後発途上国と、後発途上国からのWTO協定実施のための技術支援の大規模拡充の要求を避けたい先進国の妥協の産物である。このような自制は、一次規範の違反を放置することを意味している。こうした自制により、後発途上国の不履行は紛争解決手続に付託されることなく放置されるのである。後発途上国の貿易が世界貿易に占める割合は非常に小さいため、先進国側は後発途上国の不履行は実利上問題がないと判断しているのであろう。[36] むしろ、先進国側は後発途上国の不履行を厳しく問うことで後発途上国から技術支援を拡充するよう要求されていることを恐れているのであろう。後発途上国の不履行がクローズアップされることで市民社会からのWTO批判が高まることを恐れているのであろう。先進国にとって、後発途上国による不履行を紛争解決手続に付託しないという自制は、本質的問題を浮かび上がらせないで済む安上がりな妥協なのである。

しかし、後発途上国のWTO体制への統合は、WTO体制の正統性を高める。多角的貿易体制にある種の普遍性を与える。後発途上国による不履行を放置しておくことは、WTO体制の信頼性を揺るがす。後発途上国に対する特別の待遇は、平等実現のためのあるいは制度維持のための必要なコストであると認識すべきである。

二重規範論は、先進国と途上国を区別することを主眼としている。このような区別では中規模あるいは大規模途上国を利すぎる可能性もあろう。ゆえに、客観的な基準を有する後発途上国とその他の国を区別し、後発途上国に対して一律に与えられる優遇措置を拡充させるべきである。後発途上国の地位が濫用されないように、移行期間を設けつつ、客観的基準に基づく卒業を担保すべきである。後発途上国は、自由化が厚生を高めひいてはその国の経済発展に寄与するための前提条件が満たされておらず、これらの国に自由化コストとWTO

協定の実施コストの両方を課すのは，WTO体制の正統性を大きく傷つける。

　こうした後発途上国問題の具体的な解決策の包括的な法政策的検討は別の機会に譲るとして，本稿では，後発途上国問題の解決に向けて先進国による技術支援が果たす役割について簡潔に述べたい。後発途上国の多くが市場アクセスの改善だけでは十分な利益を受けることができないことは広く認識されており[37]，近年は「貿易のための援助（Aid for Trade）」が多くの関心を集めている[38]。

　第1に，技術支援が後発途上国との貿易拡大に寄与するためには，先進国の様々な政策に一貫性が必要不可欠である[39]。WTOとOECDが共同で運営するドーハ開発アジェンダ貿易キャパシティビルディング・データベース（Doha Development Agenda Trade Capacity Building Database: TCBDB）の2006年の年次報告書[40]によれば，2005年に，先進国は，貿易政策・規制に関する支援に約9億ドル，市場開発支援や貿易金融からなる貿易促進に関する支援に約22億ドル，貿易関連のインフラ整備に約12億ドルの援助を約束している。このうち，貿易政策・規制に関する支援として，貿易促進的手続の整備，SPS協定やTBT協定の実施，関税評価制度の構築に対する支援が行われている。しかし，これらの支援は，主に途上国自身の国内法制度の整備や自由化を支援するものである。途上国の貿易拡大の阻害要因は途上国自身だけにあるのではなく，SPS措置やTBT措置などの輸入国側の制度も阻害要因になっている。現在の技術支援は，輸入国側の制度改革を伴わないため，貿易拡大の決定打にはなっていない。例えば，SPS措置に関する支援としては，途上国におけるSPS協定適合的な制度構築や途上国企業の支援に加えて，SPS協定第6条の地域主義の設定を義務化し，輸入国である先進国側に無害地域や無病地域の認定作業を義務付け，先進国に費用を負担させるべきである。

　第2に，後発途上国の参加拡大を支援すべきである。例えば，アフリカ諸国を見れば，ジュネーブに代表団がないか，極めて小規模な代表団である[41]。WTOの意思決定においてはコンセンサス方式が尊重され（世界貿易機関を設立

するマラケシュ協定第9条第1項），後発途上国の見解も一定の範囲で保護される。しかし，重要事項を決定する会議に必要な定足数が規定されていないため，会議に出席していない加盟国の見解は意思決定に反映されない。先進国は，後発途上国の代表団の派遣のための費用を一部負担すべきである。

(1) 代表的な先行研究として，とりあえず，佐分晴夫「国際貿易機構憲章と『発展途上国』」『国際法外交雑誌』77巻2号，1978年，135～175頁。同「GATTと発展途上国」『国際法外交雑誌』82巻2号，1983年，165～205頁。位田隆一「国際経済機構における実質的平等の主張(1)(2)」『法学論叢』96巻3号，1974年，34～63頁，97巻3号，1975年，63～103頁。同「開発の国際法における発展途上国の法的地位―国家の平等と発展の不平等」『法学論叢』116巻1～6号，1985年，609～647頁。同「国際貿易体制と発展途上国」日本国際問題研究所『国際問題』1998年10月号，48～60頁。同「『開発の国際法』理論―フランス国際法学の一端」『日仏法学』16号，1991年，47～73頁。西海真樹「『開発の国際法』論争―南北経済関係における国際法の役割とその限界」『法学と政治学の諸相』成文堂，1990年，147～196頁。同「『開発の国際法』における補償的不平等観念―二重規範論をてがかりにして」『熊本法学』53号，1987年，33～92頁。同「現代国際法における『規範の多重性』論―《国際社会法》素描」『熊本法学』75号，1993年，187～208頁。同「南北問題と国際立法」『国際法外交雑誌』95巻6号，1997年，1～34頁。柳赫秀「WTOと途上国―途上国の『体制内化』の経緯と意義(上)(下-Ⅰ)(下-Ⅱ)」日本関税協会『貿易と関税』1998年7月号，68～81頁，2000年7月号，49～73頁，2000年9月号，48～57頁。海外での研究も枚挙に遑がないが，さしあたり，Robert E. Hudec, "Developing Countries in the GATT Legal System", Gower Publishing Group, Aldershot, Hampshire, Brookfield, 1987., John Whalley, 'Special and Differential Treatment in the Millennium Round', 8 "World Economy" 22, 2000, pp.1065-1093., Mari Pangestu, 'Special and Differential Treatment in the Millennium: Special for Whom and How Different?', 9 "World Economy" 23, 2001, pp.1285-1302., などを参照。

(2) 国連では，後発途上国は，開発政策委員会の勧告を受けて，経済社会理事会が次の3つの基準を用い決定する。第1に，収入の基準として，1人当たりの国民総所得の3年間の平均が750米ドル以下とされる。900米ドルを超えた場合，後発途上国からの離脱，いわゆる卒業（graduation）が勧告される。第2に，人的資源の基準として，栄養状態，健康状態，教育，成人識字率を合成した人的資源指数（Human Assets Index: HAI）が用いられる。第3に，経済的脆弱性の基準として，農業生産の不安定さ，物品及びサービスの輸出の不安定さ，非伝統的経済活動の経済的重要性（国内総生産に占める製造業及び近代的サービス業の占める割合），特定の産品に対する輸出依存，小規模経済性，自然災害の罹災を合成した経済的脆弱性指数（Economic Vulnerability Index: EVI）

が用いられる。
(3) 詳しくは，拙稿「WTO加盟交渉における発展途上国に対する『特別のかつ異なる待遇』条項の空洞化」『日本国際経済法学会年報』第12号，2003年，76～89頁。
(4) WTO Document WT/DS246/AB/R, esp. para.154.
(5) WTO Document WT/DS246/AB/R, esp. para.172.
(6) 西海真樹・前掲「南北問題と国際立法」，18頁。
(7) 位田隆一・前掲「国際貿易体制と発展途上国」，59頁。
(8) 柳赫秀・前掲「WTOと途上国—途上国の『体制内化』の経緯と意義(下-Ⅰ)」，64頁。
(9) John Whalley, *op.cit.*, p236.
(10) 柳赫秀・前掲「WTOと途上国—途上国の『体制内化』の経緯と意義(上)」，80頁。
(11) Joseph E. Stiglitz and Andrew Charlton, *Fair Trade for All: How Trade can Promote Development*, Oxford University Press, Oxford, 2005.
(12) Kevin P. Gallagher ed., *Putting Development First: the Importance of Policy Space in the WTO and IFIs*, Zed Books, London, 2005.
(13) Joseph E. Stiglitz and Andrew Charlton, *op.cit.*, esp. pp.24-26., Kevin P. Gallagher, 'Globalization and the Nation-State: Reassessing Policy Autonomy for Development', Kevin P. Gallagher ed., *op.cit.*, esp. pp.3-7., Joseph E. Stiglitz, 'Development Policies in a World of Globalization', Kevin P. Gallagher ed., *op.cit.*, p17.
(14) Joseph E. Stiglitz and Andrew Charlton, *op.cit.*, esp. pp.174-176.
(15) WTO Document WT/COMTD/W/177, para.2.
(16) 例えば，位田隆一先生は，WTO協定上特殊な場合を除けば，途上国と後発途上国の2つのカテゴリーがあると述べた上で，SDTを，権利義務または免除の観点から，①途上国の義務の軽減，②対途上国措置の考慮，義務付けまたは禁止，③技術援助，協力の3つに分類している（同・前掲「国際貿易体制と発展途上国」，55～58頁）。西海真樹先生は，WTO協定上，通常の加盟国，途上国，後発途上国，市場経済移行国などのさまざまな国家カテゴリーが設定されているとした上で，SDTを，①途上国あるいは後発途上国への特別待遇を原則的に確認する規定，②途上国あるいは後発途上国をはじめとするいくつかのカテゴリーに属する諸国に対して協定上の義務を緩和する規定，③途上国あるいは後発途上国をはじめとするいくつかのカテゴリーに属する諸国に対して協定上の権利あるいは利益を創設または追加する規定の3つに分類している（同・前掲「南北問題と国際立法」，15～17頁）。
(17) 柳赫秀・前掲「WTOと途上国—途上国の『体制内化』の経緯と意義(下-Ⅰ)」，56～57頁。Ajit Singh, 'Special and Differential Treatment: The Multilateral Trading System and Economic Development in the Twenty-first Century', Kevin P. Gallagher ed., *op.cit.*, p236.
(18) 位田隆一・前掲「国際貿易体制と発展途上国」，59頁。
(19) 柳赫秀・前掲「WTOと途上国—途上国の『体制内化』の経緯と意義(下-Ⅰ)」，66頁。

(20) Preparatory Committee Document PC/R, para.29-32.
(21) 例えば，Preparatory Committee Document PC/17.
(22) ウルグアイ・ラウンド以前に譲許表を有さなかった多くの後発途上国は，譲許表を提出したものの，数十品目のみしか譲許していない国も多く（例えば，アンゴラ，コンゴなど），譲許率は非常に低い。
(23) グリンベルグらは，全てのWTO加盟国がどの程度サービス市場を自由化しているか分析している（Roman Grynberg, Victor Ognivtsev, Mohammad A. Razzaque, *Paying the Price for Joining the WTO: A Comparative Assessment of Services Sector Commitments by WTO Members and Acceding Countries*, Commonwealth Secretariat, London, 2003）。彼らによれば，自由化約束が可能な162分野のうち，最少の約束を行ったのはフィジーとタンザニアで，わずか1分野の自由化約束を行っているに過ぎない。また，一桁の分野しか自由化約束を行っていない国は，23カ国にものぼっている（Roman Grynberg, Victor Ognivtsev, Mohammad A. Razzaque, *op.cit.*, pp.54-56）。
(24) UN Document E/2004/33.
(25) WTO Document WT/COMTD/55.
(26) 例えば，WTO Document G/L/223/Rev.13参照。
(27) 例えば，フィンガーは，関税評価制度，知的財産権制度，SPS協定の実施には多額の費用がかかるため，途上国は初等教育などより重要な政策に投資すべきであると指摘している（Michael J. Finger, 'The WTO's Special Burden on Less Developed Countries', 3 *"CATO Journal"* 19, 1999, pp.435-436）。また，あまりにも実施費用が高いため，後発途上国はWTO協定の実施を無視せざるを得なくなっていると指摘している（Michael J. Finger and Philip Schuler, 'Implementation of Uruguay Round Commitments: the Development Challenge', Bernard Hoekman and Will Martin eds., *Developing Countries and the WTO: a Pro-active Agenda*, Blackwell Publishers, Oxford, Malden, 2001, p127）。
(28) WTO Document IP/C/35.
(29) WTO Document IP/C/40.
(30) WTO Document WT/L/156/Rev.1., WT/L/157.
(31) WTO Document WT/L/156.
(32) WTO Document WT/BFA/CONT/17.
(33) WTO Document WT/BFA/32.
(34) WTO Document WT/BFA/W/140.
(35) 途上国がWTO協定を実施するインセンティブに欠けると指摘するのは，フィンガーらも同様である（Michael J. Finger and Philip Schuler, *op.cit.*, pp.116-118）。
(36) 例えば，後発途上国の2004年の商品輸出額（merchandise export）は578億ドルで，全世界の商品輸出額の0.6％を占めるに過ぎない。近年，後発途上国の輸出額が増加しているが，その大半は石油価格の高騰を受けて石油輸出額が増加しているからである。

また，商品輸入額は644億ドルで，商品貿易について65億ドルの赤字である（UNCTAD, *The Least Developed Countries Report 2006 Developing Productive Capacities*, United Nations, New York, 2006, p8)。後発途上国の商品輸入額は，全世界の商品輸入額の0.7％を占めるに過ぎない。

(37) 例えば，繊維協定の終了によって得られる利益は，中国やインドといった巨大な途上国に独占され，アフリカ諸国の繊維輸出は少なくなると予測されている（Hildegunn K. Nordås, *The Global Textile and Clothing Industry post the Agreement on Textiles and Clothing*, Discussion Paper No.5, WTO, Geneva, 2004, pp.26-31)。また，WTOのラウンド交渉を通じて最恵国関税が削減されると，特定の産品の輸出に極度に依存し先進国による特恵制度から受益している一部の後発途上国は不利益を被る（Joseph E. Stiglitz and Andrew Charlton, *op.cit.*, p185)。

(38) Faizel Ismail, 'How can Least-developed Countries and Other Small, Weak and Vulnerable Economies also Gain from the Doha Development Agenda on the Road to Hong Kong', 1 *"Journal of World Trade"* 40, 2006, p52.

(39) 特に我が国は政策の一貫性を欠くと批判を受けることがある。例えば，米国のシンクタンクである世界開発センターは，「開発コミットメント指標（Commitment to Development Index)」という独自の指標を用いて，7つの政策分野（援助，貿易，投資，移民，環境，安全保障，技術）の政策の一貫性について21カ国のランキングを公表している。日本は2006年も最下位に甘んじている。確かに，このようなランキングのとり方自体にさまざまな批判がある（例えば，小浜裕久他「開発貢献度指標（Commitment to Development Index: CDI）の再検討」FASID Discussion Paper No.1, downloadable from http://www.fasid.or.jp/ (accessed April 30, 2007)，外務省「米国のシンクタンクによる開発コミットメント指標について」，政府開発援助ODAホームページ掲載（accessed April 30, 2007))が，我が国が一方で援助を通じて途上国の農産物の増産，流通改善，貿易円滑化などを支援しつつ，他方で高い関税障壁によって途上国からの農産物輸入を抑制せしめるのは，政策に一貫性がなく援助が真に途上国の開発に資するためのものであるか疑問を惹起せざるを得ない。

(40) WTO and OECD, "2006 Joint WTO/OECD Report on Trade-Related Technical Assistance and Capacity Building", downloadable from http://tcbdb.wto.org/ (accessed April 30, 2007), p6.

(41) Richard Blackhurst, Bill Lyakurwa and Ademola Oyejide, 'Options for Improving Africa's Participation in the WTO', 4 *"World Economy"* 23, 2000, pp.497-499.

（近畿大学経済学部講師）

論　説　第1分科会：公法系

経済制裁措置の合法性の再検討
―― 人道的免除措置を中心として ――

松　隈　　潤

I　はじめに
II　国連による対イラク経済制裁措置と人道的免除措置
III　経済制裁措置の合法性と人道的免除措置
　1　安保理と人道的免除措置
　2　人権法による制限
　3　経済制裁への国際法基準の適用
IV　「時間的制限を伴わない包括的経済制裁措置」の違法化の可能性
　1　社会権委員会の一般的意見8
　2　「人権の享受に対する経済制裁の否定的影響」に関する報告書
　3　国連総会決議51/22
V　おわりに

I　はじめに

「経済制裁」をめぐる諸問題は国際法学，国際政治学等の学問分野において重要な課題として検討されてきている。それでは国際経済法学の体系においては経済制裁をめぐる諸問題はこれまでどのように取り扱われてきたのであろうか。

筆者はジョージタウン大学ローセンター国際経済法研究所に客員研究員として所属する機会を得たが，同研究所のカーター教授が1988年に出版した『国際経済制裁』[1]は，経済制裁をめぐる法的諸問題を検討した主要な先行研究であると言うことができる。[2]

国際経済法学の代表的な体系書のひとつにローウェンフェルド教授の『国際経済法』がある。そこにおいては、第8部が「政治的目的のための経済的コントロール」と題され、「国連による経済制裁」、「米州機構による経済制裁」の二つの観点から経済制裁に関する詳細な分析が提示されている。[3]

ジャクソン教授他編集による『国際経済関係における法的諸問題』は米国のロースクールにおいて国際経済法関係の教科書として広く用いられている文献である。その第21章は「国際貿易政策と環境、人権、労働基準、国家安全保障の関連性」と題され、その中で経済制裁措置に関する文献の紹介がなされている[4]。

また、日本語で書かれた代表的な体系書である松下満雄教授の『国際経済法—国際通商・投資の規制』においては、「第6章 国家安全保障に基づく通商制限」の中に「国連憲章に基づく経済制裁」に関する分析が位置づけられている[5]。

この他、学術雑誌 Journal of International Economic Law においても、近年、「経済制裁と人権」をテーマとした論文が掲載されていることが注目される[6]。

同時に経済制裁に関する研究は、それが広範な問題を包含するがゆえに、不可避的に諸学問分野の共同研究作業を必要とするものである。その意味においては、経済制裁をめぐる法的諸問題に関する研究は、国際経済法学の分野においてのみ行われているものではない。本稿が主たる検討対象とする「経済制裁措置における人道的免除措置」に関連する法的諸問題もまた、国際組織法学や国際人権法学等、関連する学問分野においても研究が進められてきている問題であると言うことができる。

さて、前述のローウェンフェルド教授による『国際経済法』にはその第22章第6節に「義務的制裁からの共通の免除」と題する項目がある。これは本稿が主たる検討対象とする「経済制裁措置における人道的免除措置」に関する項目

である。同書の体系において第22章Aは「国連による制裁」を論じた部分であって，「制裁の範囲」や「制裁の履行」等を内容として各節が構成されている中で，「義務的制裁からの共通の免除」を内容とする節が立てられて議論されていることは，本問題の重要性に対する深い認識を背景にしているものではないかと考える。

そこにおいては「国連憲章41条が安保理の課す制裁について何らの制限も付してはいないこと。しかし，制裁の行使が増加するに伴って一定の免除を含むものとすることが慣行化してきていること。最も一般的な免除として医療目的の物資に対する免除が，その他の一般的な免除として食糧，教育用品等をあげることができること」が指摘されている。そのうえで「国連が制裁の適用について経験を積むにしたがって，対象国政府を処罰することと，抑圧された国民を保護することが明らかに矛盾する中で，特定の免除事項等についてはある程度交渉可能なものとみなすようになってきた」と指摘されている[7]。

他方，経済制裁分野における国際法学者の共同研究成果としての代表的な学術書に，ジュネーブ高等国際問題研究所のゴウランド・デバ教授が編集した『国連による制裁と国際法』がある。同書においてゴウランド・デバ教授は自ら寄稿した論文の中の「経済制裁に対する人権及び人道法からの制約」という項目で，人道的免除に関してはその範囲が個別の制裁レジームにおいて一貫していないことが問題点である旨指摘している[8]。これは本稿において後に論じる「経済制裁に対する人道的制限という概念の精緻化の必要性」を指摘しているものであると考える。

日本においても本問題の重要性に関する指摘は先行研究の中で行われてきた。中谷和弘教授は「経済制裁の国際法上の機能とその合法性—国際違法行為の法的結果に関する一考察」の中で第4章第3節に「人道的免除措置」に関連する項目を位置づけている[9]。また，宮川眞喜雄現ジュネーブ国際機関日本政府代表部大使は『経済制裁—日本はそれに耐えられるか』の中で第2章の3における

「国際法の制約」の文脈においてこの「人道的免除措置」に関する議論を展開している[10]。

以上のように国際経済法学を含む様々な先行研究において,「経済制裁措置と人道的免除措置」に関する検討はこれまでにも行われてきているのであるが,本稿においてはとくに,これが「経済制裁措置の合法性」という争点との間でどのような関係にあるのか考察してみたい。とくにその悲劇的な付随的損害が衝撃を与えた包括的経済制裁措置としての対イラク経済制裁を経験した国際社会において,今後,「時間的制限を伴わない包括的経済制裁措置」自体を違法化する国際慣習法の結晶化という方向性が考えられるのかという問題意識が本稿の基底にある。

II 国連による対イラク経済制裁措置と人道的免除措置

国連による対イラク経済制裁措置は長期におよんだ包括的経済制裁措置であり,その付随的損害が国際社会において注目され,論争を喚起してきたものである。対イラク経済制裁措置における人道的免除措置について検討する場合には,まず1990年の安保理決議661に関する検討から始めなければならない。安保理決議661は1990年8月2日のイラクによるクウェイト侵攻をうけて,対イラク経済制裁措置の根拠となった決議である。対イラク経済制裁措置における人道的免除措置に関しては1995年の安保理決議986以降の「石油と食糧交換プログラム」が主たる争点となることが多いが,留意すべきことは,安保理決議661がすでに食糧,医薬品等の人道物資については,これを制裁の対象から免除する旨,決定していたことである[11]。また,初期の安保理決議である安保理決議666も人道的配慮の必要性について詳細な表現を用いて決議している[12]。すなわち,包括的経済制裁措置である対イラク経済制裁措置において,「クウェイトの解放」を主たる目的としていたその初期段階においても人道的免除措置の必要性については安保理決議が明確な表現を用いて決定していたということで

ある。

　湾岸戦争後も停戦決議としての安保理決議687によって経済制裁措置は継続された。経済制裁の主たる目的は「クウェイトの解放」から「大量破壊兵器の廃棄」等へ移行したのであるが，安保理決議687においても人道物資については明確に免除がなされていた。しかしながら，実際にはイラク国内の人道状況は悪化の一途を辿った。1993年に，FAOとWFPは報告書の中で「イラク国民の多くが災害下のアフリカ諸国の国民よりも少ない量の食糧しか摂取できていない」旨報告している。ここから考えなければならないことは，包括的経済制裁措置の対象国の一般市民，とくに貧困層に対しては，安保理決議が人道的免除措置について決議するだけでは，その人道状況の劣悪化を防ぐことについて実効性はないということである。すなわち，包括的経済制裁措置における付随的損害が非人道的なものとならないように国際社会が何らかの措置を講じる必要性があるとするならば，それは「人道的免除措置について決議すること」にとどまらず，何らかの実際的な対処が必要となってくるということである。

　そこでこのような状況に対応するために考案されたのが，「石油と食糧交換プログラム」であった。1995年の安保理決議986を根拠とするこのプログラムは1996年12月より2003年のイラク戦争終了後まで継続された。これは国連の管理のもとにイラクの石油輸出による利益を人道物資の調達にあてる計画であり，当初はイラクに対し3ヶ月毎に10億ドルの石油輸出を認めたものであった。国連が預託口座を設置してイラクの資金を管理し，安保理の補助機関であるイラク制裁委員会が人道物資の輸出を審査し，現地では国連イラクプログラムがイラク政府との協力のもとに人道物資の配給にあたるというプログラムは国連の歴史上，斬新かつ大規模なものであり，当初，大きな成果をあげることが期待されていた。当時のガリ事務総長や安保理理事国は安保理決議986の採択時，「石油と食糧交換プログラム」に対する大きな期待感を表明している。しかしながら，イラクにおける人道状況は容易には好転せず，安保理はこれに対処す

るためにプログラムの強化を構想した。1998年の安保理決議1153はイラクの石油輸出の上限を6ヶ月毎に52億5千万ドルへ拡大し[17]，1999年の安保理決議1284はついに石油輸出の上限自体を撤廃した[18]。問題点として，経済制裁の影響によるスペア・パーツの不足等，産油設備自体の問題等により，当時のイラクには十分な石油輸出能力が欠如していたという要因も指摘されていた。

「石油と食糧交換プログラム」は「強化された人道的免除措置」として実効的な措置となることが期待されていたわけであるが，実際には十分な成果をあげることができなかったと評価されている。主な原因としては国連の信頼を著しく損なったいわゆるコラプションの問題や，イラク制裁委員会の「政治化」とその手続き上の問題，また最大の問題としてイラク国内における配給システムの機能不全といった諸点について指摘がなされている。

コラプションの問題については2005年に国連に公式の調査報告書が提出されているが[19]，人道援助プログラムにおいて，報告されたような不正行為が行われたことは遺憾である。

イラク制裁委員会の「政治化」と手続き上の問題については，安保理における米英と仏露中の対立も背景として，汎用性のある物品に関してしばしば承認の保留がなされたことにより，その手続きの迅速化を妨げたと評価されている。1997年中旬の時点においては計画された食糧輸出の僅か10％程度，医薬品輸出の1％程度しか現地へ到着しなかったと報告されている[20]。

他方，イラク政府自身が本プログラムへの協力を拒否するような場面もあり，人道物資の配給計画の提出を遅延させ，また石油の輸出を停止するといった時期もあった。さらに，配給計画通りに人道物資が配給されていなかったという報告がなされており，このことがさらに人道状況を悪化させたと考えられている。この分析はとくに国連が人道物資の配給に直接携わることができた北部三州における人道状況の改善が，中部，南部の諸州と比較して顕著であったことから一定の説得力を有していると考えることができる。また，イラクには多数

の国内避難民が存在していたことも人道状況の改善を妨げた要因のひとつであると指摘することができよう。

1999年に国連児童基金が行った調査に基づくと，イラクの中部および南部において5歳未満児の死亡率は湾岸戦争前のレベルと比較して，2倍以上に悪化したと指摘されている。その原因としては水の汚染，食糧の不足，医薬品の不足等があげられている。湾岸戦争以前は中進国の位置付けであったイラクの5歳未満児死亡率は，経済制裁実施移行，悪化を続け，スーダン等のアフリカ諸国の水準を下回っていた時期もある。

また，2000年9月に国連人権高等弁務官事務所が作成した報告書は，国連事務総長報告書，人権小委員会，子どもの権利委員会等における検討状況を紹介しながら，イラク国内における人道状況の悪化に対して「石油と食糧交換プログラム」が限定的な効果しかあげていない点を指摘し，「制裁レジームがイラク国民の人権に対して不均衡な否定的影響を与えており，制裁措置の範囲や内容を再検討すべきである」と提言している。

イラクにおける国連の人道問題調整官であったスポネック氏は対イラク経済制裁の状況に対して批判的な立場をとり，その職を辞した後に，学術雑誌 European Journal of International Law に「制裁と人道的免除：実務家のコメント」と題する論文を発表している。そこでスポネック氏は，「イラクのケースにおいては，人道的免除措置は包括的経済制裁の影響から住民を保護することにおいて十分ではなかったこと」，「包括的経済制裁措置は廃止する必要性があること」，「対象を絞った強制措置が必要であること」，「安保理は説明責任を果たすべきであること」を指摘している。

国連児童基金や国連人権高等弁務官事務所等は，経済制裁措置といった「国際の平和と安全の維持」に関連する措置に対して全般的な指針を示す責務を負わされている組織ではないが，これらを一例として国連システム自身の中から経済制裁措置の人道的側面に関する様々な批判が出ていたことは特筆すべきこ

とであろう。

　以上のように対イラク経済制裁措置は，時間的制限を伴わず，結果として長期に及んだ包括的経済制裁措置であり，イラクが産油国であったことから「石油と食糧交換プログラム」という大変ユニークなかたちの新しい「人道的免除措置」が考案されたという経緯とあわせて，「経済制裁措置と人道的免除措置」の問題について国際社会に様々な争点を喚起してきたのである。

Ⅲ　経済制裁措置の合法性と人道的免除措置

1　安保理と人道的免除措置

　安保理における人道的免除措置の取り扱いについて，イラク以外のケースについて検討してみたい。まず確認すべきことは，安保理はその初期の段階から人道的免除措置については経済制裁措置に付随させてきた経緯があるということである。対南ローデシア経済制裁決議である安保理決議253は明確に人道的免除に関する決定を行っている。また，対ユーゴ経済制裁決議である安保理決議757，対ハイチ経済制裁決議である安保理決議917においても，人道的免除措置について決定がなされている[25]。

　この他，様々な安保理決議において，人道的免除措置に関する決定がなされてきている。

　たとえば，安保理決議1343の主文7の(b)および安保理決議1478の主文6ではリベリアに対する制裁措置としての政府関係者の旅行制限に関連して，宗教的理由等の人道的理由による免除措置について確認している[26]。

　安保理決議1379は子どもと武力紛争に関する決議であるが，その主文7において「国連憲章41条に基づく措置をとる際には子どもへの経済的社会的影響を考慮し，適切な人道的免除措置を提供すべきである」旨決定している[27]。

　安保理決議1267の主文4(a)(b)および安保理決議1333の主文6，11，14はアフガニスタンに対する制裁措置として航空機の乗り入れ制限，在外資産の凍結，

武器禁輸，政府関係者の渡航禁止等の措置を課すにあたり，それぞれについて人道的免除措置を規定したものである。[28]

このように安保理においては，経済制裁決議に人道的免除措置に関する条項を挿入することはその初期の段階から継続して行われてきており，一般的であると言うことができる。この点については国家の単独の決定に基づく経済制裁措置においても国家慣行および法的信念の存在を立証することが可能であると考えられ，「包括的経済制裁措置においては人道的免除措置を付随させなければならない」ことを内容とする国際慣習法の結晶化を立証することは法的議論としては十分に可能性のあることであると考える。

しかしながら，対イラク経済制裁における「石油と食糧交換プログラム」のような，より積極的な人道的免除措置は，これは新しい方向性ではあったが，実際的には機能しなかった。このため，現在の国際社会においては，むしろ「時間的制限を伴わない包括的経済制裁措置」が不可避的に生ぜしめる付随的損害という問題点に対する認識から，「より対象をしぼった制裁」や，「スマート制裁」あるいは「期間を限定した制裁」に関する議論が活発に行われるようになってきている。すなわち，国際社会において経済制裁措置と人道的問題をめぐる議論の焦点がシフトしてきていることを指摘しなければならないであろう。

2　人権法による制限

経済制裁措置が付随的損害として人道的問題を生じている場合に，これを法的にどのように考え，整理すべきであるのかという問題について，国連総会決議51/242は重要な指針を与えるものである。国連総会決議51/242は当時のガリ国連事務総長による「平和への課題　追補」をうけて，「国連によって課される制裁の問題」と題する文書を採択したものである。[29]

この決議では「制裁には時間的制限を設けるべきであること」，「制裁による

付随的損害を最小化することができるように人道的免除措置を導入すべきであること」、「社会的弱者への人道的援助の提供を保障すべきであること」、「制裁に対する人道的制限という概念をさらに精緻化すべきであること」等の提言がなされている。

「制裁に対する人道的制限の概念の精緻化」ということは、「国際法上違法であるため採用されてはならない形態の経済制裁措置」を法的に定義するという作業につながる可能性があるものであり、国際の平和と安全の維持のために経済制裁措置が依然として有効な手段として機能していくと考えられる国際社会においては、検討すべき緊急の課題のひとつであると言えるのではないであろうか。

この点からまず検討すべき課題は、国際人権規約等において保障されている基本的人権に抵触するという観点から、個別的・具体的な経済制裁措置の違法性を議論することが可能であるのかという点である。

単独の国家の決定に基づく経済制裁措置の場合には「国際違法行為に対する国家責任に関する条文」の「対抗措置」の概念を参考とすることができるが、同条文50条1項(b)においては、「基本的人権の保護に関する義務」について対抗措置が影響を及ぼしてはならないと規定されている。すなわち「対抗措置は、次の義務に影響を及ぼしてはならない。(b)基本的人権を保護する義務」ということである。

国連の安保理決議に基づく経済制裁措置の場合には、「国際違法行為に対する国家責任に関する条文」を援用することは適切ではなく、国連憲章103条の「憲章義務の優先」から論じなければならないが、その場合においても国連憲章1条3項が「人権の尊重」を「国際の平和と安全の維持」とならんで国連の目的のひとつに掲げ、55条および56条が「人権の尊重を促進すること」を義務として規定している点に着目すべきである。とくに「生命に対する権利」といった、強行規範としての地位を有する人権規範についてはこの国連の目的の中

で把握していくことが容易であろう。

　本件についてたとえばデ・ヴェット氏は「生命に対する権利」と「健康を享受する権利」を中心に議論を展開している。「生命に対する権利」については自由権規約の6条と，規約人権委員会の一般的意見6について言及し，「飢餓や伝染病を撲滅する措置をとることにより，幼児死亡率を減少させ平均寿命を延ばすための積極的な措置を締約国がとるべき」義務を指摘する。さらに子どもの権利条約がこの義務を強化したと指摘する。そして経済制裁措置の場合に，付随的損害が合法であるとみなされる範囲については，国際法上の「均衡性の原則」が適用されるという立場をとる。「健康を享受する権利」についても同様に「均衡性の原則」の観点から，制裁が多数の国民の「健康を享受する権利」の核となる要素を剥奪する場合には，不均衡であるとみなさなければならないとする。この点について，「均衡性の原則」等の国際法基準の適用に関連する諸問題については，本稿では次節において詳しく議論したい。

　また，オールストン教授は国連大学における共同研究の中で「食糧を制裁の手段として使用しないことは国際法から生じる国家の義務のひとつである」と指摘している。国家の単独の決定に基づく経済制裁措置においても，また国連の安保理決議に基づく経済制裁措置においても，制裁実施国および制裁対象国が国際法上の義務として「人権尊重義務」を負っているのであれば，これを手がかりとして「経済制裁措置に対する人権法上の制約」を論じることができるであろう。

　社会権規約の11条と12条に関してはそれぞれ社会権委員会の一般的意見が採択されている。11条については「締約国はいかなる場合においても，食糧禁輸措置や他国における食糧生産・食糧へのアクセスを危険に陥れる同等の措置をとることを控えるべきである」と結論し，12条については「締約国はいかなる場合においても医薬品・医療機器の禁輸措置や他国における医薬品・医療機器の供給を制限する同等の措置をとることを控えるべきである。そのような物資

に関する制限は政治的,経済的圧力を行使する手段として用いてはならない」と結論している[34]。

この他,2002年の国連総会決議56/155においては,「食糧は政治的・経済的圧力のための道具として使用してはならない。このための国際協力と連帯の重要性を確認するとともに,国際法および国連憲章に従わず食糧安全保障を危機に陥れるような一方的措置を慎む必要性について確認する」と決議されている[35]。

社会権委員会の一般的意見や国連総会決議自体は法的拘束力を有するものではないが,経済制裁措置に対して国際人権法による制限を課す考え方は法的信念の問題としては注目すべきものであり,国際慣習法の結晶化に影響を与えるものととらえることができよう。経済制裁措置に人道的免除措置を付すべきことが国際慣習法であることを立証する場合に,これらの人権法上の制約に関する法的文書は法的信念を裏付ける材料として有益であろう。

3 経済制裁への国際法基準の適用

経済制裁措置に対する制限については,前節で検討した人権法の観点とあわせて,「均衡性の原則」等の国際法基準の適用に関する議論がある。

経済制裁措置の実効性という観点からは,これに制限を加えることは実効性を制約してしまうものとも考えられるが,実際には人道上の制限等を適用するほうが実効性のうえからも望ましい結果が得られるとの見解もある[36]。しかしながら,ここで検討すべきことは,政策的観点ではなく,国際法基準を適用することが経済制裁の合法性を確保するために必要であるか否かという点である。

単独の国家の決定に基づく経済制裁措置との関連で参考になるのは,ここにおいても「国際違法行為に対する国家責任に関する条文」であり,その50条1項では「対抗措置は次のものに影響を及ぼすものではない。」として「(c)復仇を禁止する人道的性格の義務,(d)一般国際法の強行規範に基づくその他の義務」をあげている。

これに対して，国連の安保理決議に基づく経済制裁措置に国際法基準の適用が可能であるのかという点については議論がある。すなわち安保理もまた国際法に拘束されることについては国際社会において広く合意されていると考えられるが，制裁レジームの策定にあたって国際法基準をどの程度，考慮に入れることが義務的であるとみなされているのかという点については必ずしも明確な合意がないからである。とくに国際人道法上の規則については，武力紛争下にはない経済制裁のケースには国際人道法上の規則自体は適用されないが，それを最低基準とみなして類推適用するという論理構成となろう。

本件に関してはリースマン教授とステヴィック氏による「国連経済制裁に対する国際法基準の適用」が主要な先行研究としてある。ここでは安保理が経済制裁措置を課すにあたって「必要性および均衡性」，「戦闘員と非戦闘員の区別」，「定期的評価の必要性」，「損害を受ける第三国への援助の必要性」等の原則が指針とされるべきである旨指摘されていた。[37]

また，国際赤十字委員会の法務官であるクーン氏は国際赤十字委員会の見解として「制裁が正当であるとみなされるためには付随的損害の範囲には限界がある」旨指摘している。[38]これは「必要性および均衡性の原則」に関連する指摘であろう。同論文によれば国際赤十字委員会は一般市民に対して否定的な影響を与える強い潜在性を有する包括的経済制裁に関しては懸念しているが，中立性の原則に立っているため経済制裁の実効性等について見解を表明することはせず，人道援助の遂行によって対処する。対イラク経済制裁においては国際赤十字委員会はイラクの人道状況に関する報告を定期的に行い，安保理議長と会合をもつ等のはたらきかけもしている。

ベヌーナ現国際司法裁判所判事は2002年にハーグアカデミーにおいて「国連による経済制裁」と題する講義を行った。その中で「対象国国民に対する付随的損害」という項目を設けて，「石油と食糧交換プログラム」を含む人道的免除措置に関する検討を行った後，結論においては「安保理が国連憲章に拘束さ

れると同時に、強行規範としての国際法原則にも拘束される」という点を強調している(39)。

他方、クラップハム教授はリースマン教授等による研究を引用しながら、その問題点として「必要性および均衡性の原則」の概念が変化しやすいものである点を指摘している(40)。そのうえで前述の社会権規約11条に関する社会権委員会の一般的意見やジュネーブ第一議定書54条1項等に言及しながら、制裁手段としての食糧の使用を絶対的に禁止する方向性を示唆している。

「人道の原則、必要性の原則、均衡性の原則等を安保理は遵守すべきである」旨主張する際の問題点は、現実の状況にそくして考える場合に、それらの原則に関する要件が必ずしも自明のものではないことであろう。

しかしながら、これらの国際法原則の適用に関する議論は「制裁に対する人道的制限という概念を精緻化する」作業においては不可欠なものとなってくる。

IV 「時間的制限を伴わない包括的経済制裁措置」の違法化の可能性

1 社会権委員会の一般的意見8

前章までの検討をふまえ、経済制裁措置を課す場合に、その合法性を確保するために、一定の人道的免除措置を付す必要性があることが国際慣習法上の要請になってきているという見解については、ある程度、立証可能な状況になってきていると考える。

しかしながら、さらに考察を進めて、対イラク経済制裁の経緯等から明らかになってきている、「時間的制限を伴わない包括的経済制裁措置」に不可避的に付随する現象としての一般市民に対する大規模な人権侵害が含意する人道的問題の重大性から、「時間的制限を伴わない包括的経済制裁措置」自体を違法化する国際慣習法の結晶化が立証できるかという論点については、まだ政策提言の領域にとどまるものであると言わざるを得ないであろう。

ローウェンフェルド教授が国際経済法学の体系書である前掲書において指摘

している通り，これまでは「典型的な制裁決議は平和維持活動に関する決議とは対照的にサンセット条項ないしは終了条項を伴わなかったために安保理常任理事国は制裁の終了ないしは修正について拒否権に似た権限を有してきた」のであり，同書において詳細な検討がなされている通り，本件については対南ローデシア経済制裁においても争点となった[42]。対南ローデシア経済制裁の場合にはその解除をめぐって安保理決議を必要とするという結論に至るのであるが，後に対イラク経済制裁措置においてはこのことが重大な問題を提起してきた。本件について学術的な検討を行うことは重要であり，本章においてはその観点からいくつかの法的文書について分析してみたい。

まず，社会権委員会の一般的意見8であるが，これはまさに本件に直接関連するものであり，「経済制裁措置と社会権の尊重の関係」と題する一般的意見である[43]。

社会権委員会はまず，この一般的意見の目的について「いかなる状況においても制裁は社会権規約の規定に対して常に完全な考慮を払わなければならないという点を強調すること」であるとする。続いて社会権委員会は「制裁を課す必要性に関する問題を検討するわけではない」としつつ，「人権に関する国連憲章の規定はそのような事例において完全に適用可能であるとみなされなければならない」と述べる。

そのうえで社会権委員会は二組の義務の存在について指摘し，制裁対象国の義務と，制裁を課す諸国の義務に分けて論じる。

制裁対象国の義務については，「制裁下にあることが当該国家の社会権遵守に関する義務を無効化したり減じたりするものではない」と結論する。そして大変注意深く精査されるべき点は，「その管轄下にある個々人に対して社会権の最大限の保護を提供するために，当該国家が自国における利用可能な手段を最大限に用いたか」という点であると指摘している。社会権委員会の見解によれば，「制裁は不可避的に制裁対象国がいくつかの必要措置に対して資金を提

供し，またこれを支援するための能力を減じるもの」であるが，「国家は社会権の享受に関しては差別なくこれを保障し，社会における被害を受けやすい集団の権利に対する否定的な影響を極小化するために他国および国際共同体との交渉を含むすべての可能な手段をとる義務のもとに置かれ続けている」のである。

制裁を課す諸国の義務について，社会権委員会は社会権の観点から3つの結論が導き出されるとしている。

第一に制裁レジームの策定において社会権が十分に考慮に入れられるべきことである。この文脈において社会権委員会は「制裁の影響について精査する国連メカニズムの創設」や「人権尊重に依拠したより透明性の高い一連の原則および手続きの精緻化」や，「免除されるべき物資および役務に関するより広い範囲の承認」や「必要な免除について決定する合意に基づく技術的機関の容認」や，「より資質の高い制裁委員会の創設」や「国際共同体がその行動を変更したいと考えている相手の弱点について，より高い精度で的をしぼっていくこと」や，「より大きな全体的柔軟性の導入」といった諸提案について言及し，そのいずれかを支持するということではなく，「それらについて留意する」と述べている。

第二に社会権委員会は実効的な監視制度の必要性について指摘している。社会権委員会は制裁を課している諸国が制裁対象国内の人権状況に対して部分的な責任しか負っていないとしても，「制裁の影響下にある人々の社会権の保護のために，その権限内においてなし得るすべての措置をとる責任を不可避的に負っている」とする。

第三に「制裁対象国内の被害を受けやすい集団が経験する不均衡な困窮に対応するために」諸国が「個々に又は国際的な援助および協力，特に，経済上及び技術上の援助及び協力を通じて行動をとる」義務を負っているという点が指摘されている。

さて、国連児童基金職員の立場からランドグレンはこの社会権委員会の一般的意見8について検討し、「イラクの被害を受けやすいグループの状況を見た場合には、理論と実践の間に著しい乖離がある」旨指摘していた。この研究は、とくに制裁が与える長期的な影響に関しては国連児童基金のような人道援助組織が対応できるものではないという点を明確にしていた。

理論的には「時間的制限を伴わない包括的経済制裁措置」を課したとしても、そこにおいて人道的免除措置が十分に機能するならば、社会権委員会の見解に基づく場合においても、経済制裁措置の合法性は十分に確保できるはずである。しかしながら、事実上、「時間的制限を伴わない包括的経済制裁措置」においては人道的免除措置が実効的に機能しない危険性が高いのであれば、包括的経済制裁措置自体を違法化する国際慣習法の結晶化の方向へ国際社会が協調することが重要であると言えるのではないであろうか。

2 「人権の享受に対する経済制裁の否定的影響」に関する報告書

国際法学者ボズイは国連人権委員会を経て経済社会理事会に対して「人権の享受に対する経済制裁の否定的影響」と題する報告書を提出した。この報告書においてボズイは制裁を評価する際の6つの基準について論じている。それらは「有効な理由の存在」、「対象の適切性」、「内容の適切性」、「時間的制限の必要性」、「実効性」、「人道的原則の遵守」といった諸点である。

そのうえで同報告書は、国連が経済制裁の否定的影響の問題に対して優先的考慮を行うべきであり、少なくとも制裁について審議する際には、提案した6つの基準について考慮すべきであると指摘する。同報告書はそのために、経済制裁の否定的影響に関する広い範囲からの情報提供のメカニズムが創設される必要性があるとする。

同報告書が提言した6つの基準の中で「内容の適切性」、「時間的制限の必要性」、「人道的原則の遵守」についてはさらに詳細な検討が必要である。

「内容の適切性」について，同報告書は，ジュネーブ諸条約及び他の人道法規定のもとにおける人道物資の自由な流通を制裁が妨げてはならないとする。また，食糧，飲料水，基本的医薬品等，一般市民の基本的な生存に必要な物資を制裁の対象としてはならないとする。

「時間的制限の必要性」について，同報告書は，意義ある成果もあげずに，必要以上に長期にわたって実施された制裁は当初において合法的なものであっても違法となり得ると論じる。それは「不当な将来への重荷という効果」を伴うものであって，また非実効的であるとみなされるとする。

「人道的原則の遵守」について，同報告書は，対イラク経済制裁措置に対する国際社会の非難を例にあげ，非人道的な付随的損害を伴う経済制裁措置がマルテンス条項に関するテストを喚起すると論じる。このような場合，国際社会において個人や市民団体が経済制裁措置に対する抵抗運動に参与する等，重大な結果にいたる可能性がある。

「時間的制約を伴わない包括的経済制裁措置」はその実施後の状況の進展の中で，同報告書の上記関連基準に抵触する危険性が高い。

3　国連総会決議51/22

米国の対キューバ経済制裁に対する国連総会の非難決議である決議51/22は「政治的経済的強制の手段としての強制的経済措置の廃絶」を求めた決議である[46]。そこでは「最近の域外適用されている強制的経済法は国際法および国連憲章の目的・原則に違反している」とし，「そのような措置を即座に廃止することが，国連憲章の目的・原則およびWTOの関連諸規定に従うこととなると考える」としている。

この決議においては米国による国内法の域外適用問題が主要な論点とされており，前節で検討した「人権の享受に対する経済制裁の否定的影響」に関する報告書も米国による対キューバ経済制裁を事例として検討した部分において，

これが二つの点で国際法に違反すると結論しているが，その一つの根拠は「米国が国内法の域外適用を強制しようとしていること」である。

しかしながら，この決議を採択するにあたっては，当時のイラク政府が国際世論を自らに有利な方向へ誘導すべく，「このような国家実行による犠牲者は子ども，女性，年長者である」と述べ，米国による対キューバ経済制裁を国連による対イラク経済制裁に対する批判の文脈に利用しようとして議論を展開したといった背景についても留意する必要性があろう。

米国による対キューバ経済制裁について総合的に検討する場合には，その人道上の観点に関する議論も重要であり，前述の「人権の享受に対する経済制裁の否定的影響」に関する報告書が，これを国際法違反であると論じる際にもう一つの根拠として指摘している点が，「米国がキューバに対する医薬品の供給において主要な役割を演じていることから，米国の貿易政策が人権法に違反する結果となっていること」である点にも注目すべきであろう。

「時間的制限を伴わない包括的経済制裁措置」を違法化する国際慣習法の結晶化にあたっては，このような国連総会決議を参考としながら，より一般的かつ明確な内容の国連総会決議を起草，採択することによってその廃絶を求めていくこともひとつの手段として有効であろう。

V　おわりに

国際社会においては，インターラーケン・プロセス，ボン・ベルリン・プロセス，ストックホルム・プロセス等を通じて，「スマート・サンクション」に関する議論が活発に行われている。これは「対象を絞った制裁」を行うことによって，一般市民に対する付随的損害を極小化しようとするものであり，国連事務総長のミレニアム報告書においても承認されているアプローチである。「対象を絞った制裁」としては武器禁輸や旅行制限措置等が典型的なものである。アンゴラ，シエラレオネ，レベリア等の諸国に対する制裁措置において，

国連は「対象を絞った制裁」を採用した。(47)

　今後, 経済制裁措置をめぐる法的争点としては,「対象を絞った制裁」の実施段階における「法の適正手続き」に関する問題が主要な争点となっていくであろう。しかしながら, 包括的経済制裁措置自体が違法であるとみなされているわけではないのであるから, 国際の平和と安全の維持にとって包括的経済制裁措置が必要であると安保理が判断するケースが今後, 皆無となることは考えにくく, その採用の可能性を排除することはできないであろう。

　ここで「時間的制限」が重要な要素となってくる。制裁措置が長期にわたって継続された場合には対象国の社会経済的構造に長期的な否定的影響を与える可能性が高い。人道的免除措置が実施されていたとしても, 包括的経済制裁措置の場合には制裁を実施する側の予期しないような原因によってこれが機能しない危険性が高いことも前例で実証済みである。そこで, 制裁に時間的制限を付すことが近年一般的になってきている。シエラレオネ, リベリア, エリトリア・エチオピア等の事例において安保理は制裁に時間的制限を設けている。そのような安保理決議が増加していくことによって, 国際社会が経済制裁における付随的損害としての人道的問題に対して有効な対処をすべきことについて規範意識を有していることがより明確になっていくであろう。

　この他, 経済制裁による付随的人道被害を回避するための方策に関する政策提言としては, 制裁の実施状況を調査するメカニズムの必要性や, 制裁解除後の影響評価の必要性等について指摘がなされてきている。(48)

　今後,「経済制裁措置の合法性を確保するための人道的制限」という基準について, 国際慣習法の結晶化を立証していく必要性があるが, とくに大規模な付随的損害が不可避であるように見える「時間的制限を伴わない包括的経済制裁措置」については, 国家慣行の進展の中でこれを違法とする国際慣習法の結晶化へ導かれる可能性はあると考える。

　経済制裁措置という高度に政治的な措置に関して, 国際慣習法の立証作業は

容易ではないことが予想されるが,国際社会の緊急の課題のひとつと言えるであろう。

マックス・プランク比較法国際法研究所のフロヴァイン教授はかつて対イラク経済制裁措置に関連して「10歳のドイツ人の児童として第二次大戦後,ドイツ国民,特に児童たちに食糧を供給するための努力を見てきた者として,イラクの無実の若い人々に対し同様な努力がなされなければならないという見解を表明したい」と記した。[49]国際協力によって戦後,復興を果たすことができた日本にとっても,経済制裁措置が一般市民に与える付随的損害を極小化するための国際的な努力において中心的な役割を果たすことは,これが「人間の安全保障」に関わる争点として把握されている点[50]を含めて,大変重要な課題であると考える。

(1) The Institute of International Economic Law, Georgetown University Law Center
(2) Barry E. Carter, *International Economic Sanctions*, Cambridge University Press, 1988.
(3) Andreas F. Lowenfeld, *International Economic Law*, Oxford University Press, 2003, pp.698-764.
(4) John H. Jackson, William J. Davey, Alan O. Sykes, Jr., *Legal Problems of International Economic Relations, Case, Materials and Text on the National and International Regulation of Transnational Economic Relations, Fourth Edition*, West Group, 2002, pp. 997-1006.
(5) 松下満雄『国際経済法—国際通商・投資の規制〔第3版〕』(有斐閣,2001年) 194-195頁。
(6) Sarah H. Cleveland, "Human Rights Sanctions and International Trade: A Theory of Compatibility", *Journal of International Economic Law*, vol.5, no.1, 2002, pp.133-189. Carlos Manuel Vazquez, "Trade Sanctons and Human Rights—Past, Present, and Future", *Journal of International Economic Law*, vol.6, no.4, 2003, pp.797-839.
(7) Andreas F. Lowenfeld, *op.cit.,* pp.718-719.
(8) V. Gowlland-Debbas, ed., *United Nations Sanctions and International Law*, Kluwer Law International, 2001.
(9) 中谷和弘「経済制裁の国際法上の機能とその合法性—国際違法行為の法的結果に関する一考察(五)」『国家学会雑誌』第101巻3・4号 (1988年) 287-291頁。
(10) 宮川眞喜雄『経済制裁 日本はそれに耐えられるか』(中公新書,2000年) 134-142頁。

⑾　S/RES/661 (1990).
⑿　S/RES/666 (1990).
⒀　S/RES/687 (1991).
⒁　FAO/WFP Crop and Food Supply Assessment Mission to Iraq, July 1993.
⒂　S/RES/986 (1995).
⒃　筆者は1998年1月より9月まで外務省専門調査員として国際連合日本政府代表部に勤務する機会を得，イラク制裁委員会等も担当したが，当時の国連においては「石油と食糧交換プログラム」の実効性に対する期待感がまだ大きかったと認識している。
⒄　S/RES/1153 (1998).
⒅　S/RES/1284 (1999).
⒆　Report on Programme Manipulation, The Independent Inquiry Committee into the United Nations Oil-for-Food Program, October 2005.
⒇　Gian Luca Burci, " Interpreting the Humanitarian Exceptions through the Sanctions Committees", in V.Gowlland-Debbas, ed., *op.cit.*, pp.143-154.
(21)　John Fawcett and Victor Tanner, "The Internally Displaced People in Iraq," The Brookings Institution, 2002.
(22)　UNICEF survey of 27 August 1999 with updated statistics, at www.unicef.org/.
(23)　The Human Rights Impact of Economic Sanctions on Iraq, Background Paper prepared by the Office of the High Commissioner for Human Rights for the meeting of the Exective Committee on Humanitarian Affairs, 5 September 2000.
(24)　Graf H. C. Sponeck, "Sanctions and Humanitarian Exemptions: A Practitioner's Commentary", *European Journal of International Law*, vol.13, no.1, 2002.
(25)　中谷和弘「現代における経済制裁と交戦・中立法および国際人道法との関係」村瀬信也・真山全編『武力紛争の国際法（石本泰雄先生傘寿記念論文集）』（東信堂，2004年）307-311頁。
(26)　S/RES/1343 (2001), S/RES/1478 (2003).
(27)　S/RES/1379 (2001).
(28)　S/RES/1267 (1999), S/RES/1333 (2000).
(29)　A/RES/51/242 (1997).
(30)　Erika de Wet, *The Chapter VII Powers of the United Nations Security Council*, HART Publishing, 2004, pp.217-255.
(31)　Human Rights Committee, General Comment No.6, The Right to Life (1982).
(32)　Philip Alston, "International Law and the Right to Food", in A. Eide, W. B. Eide, S. Goonatilake, J. Gussow and Omawale, eds., *Food as a Human Right*, United Nations University Press, 1984, pp.162-174.
(33)　General Comment 12, U.N. ESCOR, 19th Sess., U.N. Doc. E/C. 12/1999/5 (1999).
(34)　General Comment 14, U.N. ESCOR, 22th Sess., U.N. Doc. E/C. 12/2000/4 (2000).

(35) A/RES/56/155 (2002).
(36) Larry Minear, et al., Toward More Humane and Effective Sanctions Management: Enhancing the Capacity of the United Nations System, 1997.
(37) M. Reisman and D. Stevick, "The Applicability of International Law Standards to United Nations Economic Sanctions Programmes", *The European Journal of International Law,* Vol.9, 1998, pp.86-141.
(38) Michele Kuhn, "UN Sanctions and ICRC's Mandate", in Vera Gowlland-Debbas, *op.cit.,* pp.211-219.
(39) Mohammed Bennouna, "Les sanctions économiques des Nations Unies", *Recueil des cours,* Volume 300, pp.9-77.
(40) Andrew Clapham, " Sanctions and Economic, Social and Cultural Rights", in Vera Gowlland-Debbas, *op.cit.,* pp.131-141.
(41) Andreas F. Lowenfeld, *op.cit.,* p703.
(42) *Ibid.,* pp711-713.
(43) General Comment 8, U.N. ESCOR, 17th Sess., U.N. Doc. E/C. 12/1997/8 (1997).
(44) Karin Landgren, "UN Sanctions—Dilemmas for UNICEF", in Vera Gowlland-Debbas, *op.cit.,* pp.205-210.
(45) The Adverse Consequences of Economic Sanctions on the Enjoyment of Human Rights, Economic and Social Council, Working paper prepared by Mr.Marc Bossuyt, E/CN. 4/Sub. 2/2000/33 *June 21, 2000.*
(46) A/RES/51/22 (1996).
(47) S/RES/1173 (1998), S/RES/1306 (2000), S/RES/1132 (1997).
(48) Robin Geiss, "Humanitarian Safeguards in Economic Sanctions Regimes: A Call for Automatic Suspension Clauses, Periodic Monitoring, and Follow-Up Assessment of Long-Term Effects", *Harvard Human Rights Journal,* Vol.18, 2005.
(49) Johen A. Frowein, "Opening Remarks: Sanctions and Human Rights Law", in Vera Gowlland-Debbas, *op.cit.,* pp.125-127.
(50) S. Neil MacFarlane and Yuen Foong Khong, *Human Security and the UN-A Critical History,* Indiana University Press, 2006, pp. 181-182.

（西南学院大学法学部教授）

論　説　第1分科会：公法系

TRIPS 協定の解釈をめぐる論争
—— ウィーン条約法条約との関連において ——

山　根　裕　子

I　はじめに
II　WTO 紛争処理機関による対象協定の解釈
　1　WTO 紛争処理と解釈の慣習的規則
　2　VCLT 解釈規則の柔軟性
　3　WTO 紛争処理に特徴的な解釈方法とその批判
III　TRIPS 関連の紛争処理と VCLT
　1　「文脈」の意味
　2　文言解釈の役割
　3　TRIPS 27条1項の無差別原則
IV　加盟国による TRIPS 解釈と VCLT
　1　TRIPS 協定の柔軟解釈
　2　VCLT と今後の TRIPS 解釈

I　はじめに

　知的財産権の貿易関連の側面に関する協定（「TRIPS 協定」）は，WTO 設立協定の付属書 IC として採択され，1995年1月1日に発効した。同協定は，カバーされる知的財産権の保護範囲，取得可能性，保護期間，使用等の権利及びその例外を規定し，一定水準以上の知的財産権保護を加盟国に義務付けることで，WTO 加盟国の国内法制を左右することになった。
　TRIPS 協定の交渉において，合意が十分でなかったいくつかの課題は，ビルト・イン・アジェンダ[(1)]として議論が続けられ，また，規定の解釈余地につい

ては紛争処理において明確化されることが期待された。その後、同協定の解釈は、WTOの紛争処理において、あるいは加盟国間において、自国産業の将来をかけた論争となっていった。

本稿は、WTOの紛争処理及び加盟国間におけるTRIPS協定の解釈に関する議論を検討する。その上で、いくつかの途上国政府が提唱する同協定の「柔軟な解釈」が、今後、グローバルな知的財産権保護制度にもたらす影響を考えてみる。

II WTO紛争処理機関による対象協定の解釈

1 WTO紛争処理と解釈の慣習的規則

WTO紛争解決了解(「DSU」)3条2項によれば、WTOの紛争処理制度は、「対象協定に基づく加盟国の権利及び義務を維持し、解釈に関する国際法上の慣習的規則に従って対象協定の現行規定の解釈を明らかにする」。対象協定とは、DSUの付属書Iに掲げられるWTO諸協定で、TRIPS協定を含む。

WTOの紛争解決処理においては、ウィーン条約法条約(「VCLT」[2])の解釈規定(おもに31条・32条)が、DSU3条2項にいう「解釈に関する国際法上の慣習的規則」を示すものとして頻繁に引用されてきた。紛争処理にはその他の慣習法も参照されたが、「慣習的規則」の確認基準[3]は明らかにされていない[4]。

他方、VCLTに明記のない慣習法や手続法の一般原則も用いられた[5]。最も頻繁に引用されるのは、条約の有効解釈原理である[6]。この原理は、条約の構造を考え、ある規定の解釈が、他の規定を重複あるいは無駄にさせないよう、誠実に解釈することである。VCLTの現行31条1項と重複するとの理由で、国連国際法委員会(「ILC」)草案から削除される結果とはなったが、条約解釈の基本として、今なお多くの紛争処理に用いられている。

2 VCLT 解釈規則の柔軟性

　VCLT31条,32条の原案は,条約解釈に関して諸説が対立するなかで,ILCにより考案された。これら諸説とは,①締約国がいかなる意図のもとにその条約を締結したかを重視し,条約の準備作業に依拠する当事者意思主義,②条約の言葉や表現を重視するテキスト主義,③解釈時に,解釈者が重視する条約目的によって解釈を補完する目的主義である[7]。

　VCLT の解釈規則は,上記①,②,③説のいずれでもなく,②及び③の妥協の産物である。①は ILC における議論の流れのなかで重要性を失った。その結果,準備作業や条約の締結の際の事情は,31条が規定する方法により得られた用語の意味を確認するため,あるいはその意味が不明確等である場合に,補助手段として参照されるものと位置づけられた。

　VCLT の解釈規則は,以下のような柔軟性を有する[9]。

　VCLT31条 1 項によれば,条約は「文脈」及び「条約の趣旨及び目的」に照らし合わせて判定される「用語の通常の意味」の探索にもとづき,誠実に解釈される[8]。VCLT31条は,その 2 項(a)(b)により「文脈」の範囲を特定の文書や合意に限定する一方[10],「条約の趣旨と目的」の定義はせず,解釈者に任せている[11]。1966年の ILC 報告まで,「条約の趣旨と目的」の概念は,用語の通常の意味を判定するための「条約全体の構造」を意味し,この条項が有効解釈原理に類似していたことは前述のとおりである。これに対し,解釈者が思索する条約目的は,解釈の補助的手段として,用語の意味が曖昧あるいは決定的でない場合にのみ,参照される仕組になっていた[12]。

　このほか,VCLT31条 3 項は「文脈とともに考慮できる合意や関係文書」[13]を示しているが,それに含まれる慣行,合意や文書の範囲は非常に広い。31条3 項(b)の草案は,「条約の適用につき条約締結後に[すべての当事国間に]生まれた慣行であって,[明らかに]条約の解釈について[すべての]当事国の合意を確立するもの」としていた。ところが,その後,ILC 草案から [ ]

の限定が削除された。すべての国が積極的に実行しなくても，消極的であれ，受け入れていればよいとの見解からであったが，これにより，条約締結後，解釈のために考慮できる国家慣行の範囲が広くなった。[14]

また，現行31条3項(c)となった1964年VCLT草案69条(b)は，[条約締結時に効力を有する]国際法上の一般規則も解釈の参考にするとしていたが[15]，条約締結時から，その条約の解釈時までに生じた国際法の変化をいかに扱うかの問題が解決されず，[ ]部分は削除された[16]。領域，人権，環境や科学技術などに係わる紛争においては，条約締結時ではなく，解釈時点での用語の意味や判断基準が必要な場合もある[17]。VCLT31条3項(c)の草案から以上の制限が外されたことにより，条約締結時ではなく，解釈時の基準をもって用語の通常の意味を判定したり，他の多くの国際条約を参照するいわゆる「発展的な」解釈も可能になった[18]。

3 WTO紛争処理に特徴的な解釈方法とその批判

WTOにおいては，この国際機関の紛争処理を特徴づける解釈伝統が次第に定着した。上級委は，EC-コンピュータ関税分類ケースにおいて，VCLT31条に基づく解釈の目的は，特定当事国の一方的な期待の探索ではなく，締約国の「共通の意思」を確定することにあるとした[19]。

パネルも上級委も，「用語の通常の意味」に焦点をあて，まずはその意味を辞書に求めた。EC-ホルモン牛肉措置において上級委は，「条約解釈の基本は，解釈者が使って欲しかった用語ではなく，条約に実際用いられている用語を解読することにある」と述べている[20]。DSU3条2項に鑑み[21]，解釈を通した準立法化を避けるためでもあろう。

前述の，VCLT31条3項(b)及び同項(c)に関しても，上級委はVCLT明示の規定より厳しいコンセンサス要件を課し，現存の権利・義務を保持するよう，慎重な解釈方法を用いてきた。WTOの紛争処理において，31条3項(b)にいう

条約締結後の慣行とは「調和的，共通かつ一貫した反復行為あるいは宣言であって，認知可能なパターンを確立するに十分なもの」とされ，加盟国に「共通」であることなどが，加えられている。EC‑GMO ケース（注(4)）でパネルは，VCLT31条3項(c)にいう「国際法の関連規則」として参照できるのは，「すべての」WTO 加盟国が参加している条約のみであるとした。

　紛争処理機関のこの慎重な解釈方法は，以下の点で批判を呼んだ。①辞書への過度の依拠，②「文脈」の硬直的な解釈，③条約全体の構造への無関心，④条約の「趣旨及び目的」の軽視。以上はいずれも VCLT31条の形式的な適用を問題視しているが，逆に，VCLT31条の解釈手順が踏まれずに，準備作業が参照されたことへの批判もあった。

III　TRIPS 関連の紛争処理と VCLT

1　「文脈」の意味

　TRIPS 協定は，文学的及び美術的著作物の保護に関するベルヌ条約及び工業所有権の保護に関するパリ条約の一部を組み入れたが，その正確な範囲は明らかでない。TRIPS 協定の交渉記録は殆ど存在しない上，条約の準備作業は，VCLT32条によれば，VCLT31条が規定する解釈手順を経た後，補助的に参照される。TRIPS 規定の解釈には，結局，先行の知的財産権条約規定とその準備作業などが「文脈」として参照された。その際，VCLT31条2項にいう，「条約締結に関連してすべての当事国間でなされた合意」等には該当しない文書も文脈として扱われることになった。

　米国著作権法110条(5)(A)(B)は，音楽放送の演奏について事業者例外及び家庭例外を規定している。米国‑著作権法110条ケースにおいては，この米国法規定が，著作権及び関連する権利の「制限と例外」に関する TRIPS 協定の13条に整合的であるか否かが焦点であった。TRIPS 協定13条は，どの著作物についての例外か特定していない。パネルは，上記米国法規定は，TRIPS 協定9条

1項によって組み込まれたベルヌ条約11条の2(1)(iii)（放送された著作物の拡声器等による公の伝達）及び11条(1)(ii)（著作物の演奏等の公の伝達）の例外を規定するとした。このとき，ベルヌ条約の一般原則とされる minor exception 原則は，TRIPS 協定13条といかなる関係があるのかが議論された。Minor exception 原則とは，ベルヌ条約に例外として明記されていなくても，同条約11条（上演権・演奏権等），11条の2（放送権等），あるいはその他の排他的権利（翻訳権など）について，加盟国が些少な例外規定を設けることができる可能性を意味する。この原則は，ブラッセル（1967）及びストックホルム外交会議（1971）の一般報告書により提案され，1971年の改正条約に至った。この報告書は事務局によって作成されたものであり，締約国間の合意文書とは必ずしもいえない。とはいえパネルは，この原則が改正条約の締結に関連してすべての当事国の間でなされた関係合意であり，ベルヌ条約の上記規定にとって VCLT31条2項(a)にいう文脈であるとした。

　パネルは，VCLT の「文脈」概念を用い，TRIPS 規定と他の知的財産権条約とを以下のように関連づけた。Minor exception 原則は，ベルヌ条約の acquis である。TRIPS 協定にはベルヌ条約1-21条のみならず，これに関するベルヌ acquis すべてが組み込まれ，解釈上の「文脈」をなしている。そのことは，TRIPS 協定9条1項の文言には反映されていないが[33]，ベルヌ acquis が除外されていたなら，明記されていたはずである[34]。また，殆どの WTO 加盟国がベルヌ条約の締約国であり，これらの条約は，多国間条約による保護の枠組を形成している。こういった枠内にある TRIPS 協定とベルヌ条約は，解釈の一般原則により，特段の規定がない限り，矛盾のないよう解釈されなければならない[35]。1996年の WCT 条約（WIPO インターネット著作権条約）と，TRIPS 協定とは，VCLT30条にいう「同一事項に関する相前後する条約[36]」としては解釈できず，例外に関する WCT 10条(2)は，TRIPS 協定について VCLT31条3項(b)にいう「当事国の合意を確立する，条約適用後に生じた慣行」にも該当

しない。ゆえにVCLTの観点からの重要性は低いが，WTOでTRIPS協定に署名した127カ国はWCT外交会議にも参加しており[37]，解釈上，TRIPS協定とWCTが矛盾なく解釈されるべきとの，文脈上の指針を与えている[38]。

TRIPS協定の解釈には，このような「システム」を構成する知的財産権関連条約の交渉史から解釈指針を得ることが必要であり，VCLT31条は，WTO紛争処理機関がそれを参照するための枠組を与えた。カナダ-医薬品特許保護において，パネルは，ベルヌ条約9条(2)[39]を「文脈とともに考慮する規則」（VCLT31条3項(c)）であるとし，パリ条約の交渉史をTRIPS協定の「拡大された文脈」と呼んでいる[40]。

2 文言解釈の役割

さきの米国-著作権法110条ケースでは，複製権の制限・例外を定めるTRIPS13条の下に，カナダ-医薬品特許保護においては，特許により与えられる排他権の例外に関するTRIPS協定30条をめぐって，国内法規定のTRIPS整合性が争われた。

TRIPS協定30条によれば，「加盟国は，第三者の正当な利益を考慮し，特許により与えられる排他的権利について限定的な例外を定めることができる。ただし，特許の通常の実施を不当に妨げず，かつ，特許権者の正当な利益を不当に害さないことを条件とする」。これに対し，TRIPS協定13条は，「加盟国は，排他的権利の制限又は例外を著作物の通常の利用を妨げず，かつ，権利者の正当な利益を不当に害しない特別な場合に限定する」と規定する。

TRIPS協定30条の交渉過程においては，特許の排他的権利の例外として，販売承認を受けるための臨床試験例外（商業目的），試験・研究例外，先使用を例として挙げることが提唱されたが，合意は成立しなかった。そのときTRIPS協定13条及びベルヌ条約9条(2)が参照され，類似の規定が成立したが，TRIPS協定30条には，「限定的な例外」及び「第三者の正当な利益を考慮

し」という，TRIPS協定13条にも，ベルヌ条約9条(2)にもない規定がある。この2つのケースは，特許と著作権に関する規定における公共政策及び「権利者による許諾なしの実施」（強制実施等）の位置づけの相違についても示唆を与えることになった。

カナダ-医薬品特許保護ケースは，カナダの特許法上の規制上の審査例外及び貯蔵例外に関する規定が，特許権の効力例外に関するTRIPS協定30条により許容されるか否かに関わっていた。パネルは，関連規定の文言に焦点をあて，以下のような解釈をした。30条の文言は，「排他的権利の例外」としているので，この例外は，法的権利の制限を意味する。カナダは，権利の例外が「限定的」であるか否かの判断は，TRIPS協定28条が列挙する生産，使用，販売など5つの排他権のうち，販売について権利者が排他権を奪われるか否かに拠るとしたが，販売のみが重要であれば，28条に5つの権利が明記される意味がない。カナダ特許法の審査例外は，特許権者の許諾なしに許容される行為の範囲を狭く限定しているので「限定的」といえるが，在庫形成例外は，生産及び使用できる数量に対しなんら限定を与えておらず，これに該当しない。

他方，「正当な利益」を，ECは法的利益であるとしたが，パネルはより広く，「関連する公共政策あるいは他の社会規範によって裏付けられる限りにおいて正当化できる利益」であるとし，経済的観点も含まれるとした。「第三者」はそもそも法的権利を有しておらず，もし第3文が法的権利より広い利益を規定していないなら，法的利益について規定する第1文が重複するのでこれに限定されないとの理由からである。パネルによれば，TRIPS協定30条は，「正当な利益」の概念により，加盟国政府が，公共政策や社会規範の観点から，「利益の均衡」を考慮する可能性を示唆している。

ところがこのケースにおいて，パネルは，問題の措置により権利者の「正当な利益」が害されるか否かの市場分析をしておらず，「利益の均衡」についても判断基準を示していない。パネルは，結局，当事者が争点とした特許保護期

間の延長制度についてのみ判断し[43], それが正当化できない理由を以下のように述べた。このような延長制度は, 広く認められた政策規範に基づいておらず, 国際的な収斂もみられない[44]。そのような状況である以上, 紛争処理機関は, 解釈によって, 未解決の政策的な議論について決定すべきではない。

これに対し, 米国-著作権法110条ケースでは, TRIPS規定の抽象概念の整理に終わらず, 問題の米国法規定の「通常の利用」及び「権利者の正当な利益」への経済インパクトが分析された[45]。一方, 公共政策の次元が議論されなかったのは, TRIPS協定13条の文言によるところが大きい。TRIPS協定13条の「特別な場合」は,「特別な目的」ではなく, 規範的な政策の意味での正当性（公共政策, 特別な状況等）には言及していない。したがって, TRIPS協定において, 著作権の公共政策例外は, "minor exception" の範囲を超えることはできず, また許諾のない使用は, 権利者の「通常の利用」を妨げない限りにおいてのみ可能という解釈が可能である。無論,「特別な目的」も「特別な場合」に含まれ, 同協定13条が公共政策の次元を有していると解釈することも可能であろう[46]。

3 TRIPS 27条1項の無差別原則

TRIPS協定は, 発明の定義に踏み込んでおらず, 27条1項において, 特許は, 新規性, 進歩性（非自明性）及び産業上の利用可能性（有用性）のあるすべての技術分野の発明について与えられること, 特許の付与と享受について発明地, 技術分野あるいは輸入であるか否かに基づく差別を禁止すること, を規定している。さきのカナダ-医薬品特許保護ケースにおいて, パネルは, 同協定27条1項の差別禁止原則は, 30条にも, 31条にも適用されるとした[47]。その理由は, 30条が, 特許権の「排他的権利の例外」と明記し, 無差別ルールからの例外とはしていないことである。また31条は, 30条に規定される以外の「特許権者の許諾なしの使用」について規定しているので, 30条と同様なことが言える。

例外にも無差別原則が適用されるとのこのパネル解釈に対しては，文言の形式的な分析にすぎないとの批判があった。[48]例外規定には無差別原則を適用しないほうがイノベーションの目的達成に適切な場合があるとの観点からである。当時，米国においては，バイオ技術分野におけるイノベーション奨励のため，タンパク質の立体構造の座標データなど，試験・研究ツールに特許を付与すべきでないとの意見がアカデミアにあった。[49]技術分野によって，当業者の技術常識による非自明性の判断基準は非常に異なることに着目し，バイオ技術分野に関しては，非自明性要件を高くし，記載要件を緩くすることにより，特許権者が広い権利を有することがイノベーション奨励に望ましいとの見解もある。[50]

実際，無差別原則の適用範囲については，TRIPS協定の抽象的な規定の文言解釈だけでは片付けられない，実体法上の多くの問題がある。規制の遅延による特許保護期間の延長制度など技術分野に特有の規制[51]や，医薬・バイオやソフトウェアといった分野の審査ガイドラインも存在する。近年は，遺伝子特許など新分野における進歩性（非自明性）の判断基準等についても議論が多い。フランス，ドイツ，ルクセンブルグにおいては，遺伝子配列には機能限定がある場合にのみ特許が付与されるとの，他の化学物質にはない規定が導入された。[52]

他方，特定分野における国内法規が，TRIPS協定27条1項に違反するか否かについて，途上国においても議論が起こっている。2005年に改正されたインド特許法3条(d)[53]，ブラジル特許法229条[54]はその例である。TRIPS協定の実施法制において，形式上は同協定の違反にならなくても，その基準などにより権利範囲が狭く設定され，知的財産権保護の実効性が失われる可能性も増加している。

Ⅳ 加盟国によるTRIPS解釈とVCLT

1 TRIPS協定の柔軟解釈

TRIPS協定交渉時以来，途上国においては，TRIPS協定7条及び8条1項[55]が，同協定の「趣旨及び目的」であるとの見解があった。8条1項は，公衆

の健康など，公共の利益を促進するための措置に言及しているが，そのような措置は「この協定に適合する限りにおいて採ることができる」とある。カナダ-医薬品特許保護ケースにおいて，カナダは，TRIPS協定7条及び8条の規定をもってTRIPS協定の目的論的解釈を主張したが，ECは，そのような解釈は，同協定の再交渉になるとした。

この問題についてパネルは，VCLT31条に従い，以下のように解釈した。TRIPS協定7条は，同協定の目的ではなく，同協定が前提とする知的財産権制度の目的に言及しており，「条約の趣旨及び目的」は他の規定からも判断される。TRIPS協定30条の例外は，28条が掲げる排他権に多少の制限を加えることになっても，それが同協定の権利・義務の基本的なバランスを変えるものであってはならない。

しかしその後，カナダや途上国の解釈方法は，「TRIPS協定と公衆衛生に関するドーハ閣僚宣言」（2001年11月14日採択，「ドーハ宣言」）に影響を与えることになった。

ドーハ宣言4節は，WTO加盟国が，公衆衛生の目的で，強制実施や並行輸入等，同協定の柔軟性を最大限に用いる権利を有することを「再確認」している。5節(a)は，4節に鑑みて，TRIPS協定の柔軟性には「解釈に関する国際法上の慣習的規則を運用する際に，各規定は，特に右協定の目的と原則に表現されたような協定の目的に照らして解される」ことが含まれるとする。この宣言の採択にあたり，途上国政府は，TRIPS協定の各規定が同協定7条，8条に照らし合わせて解釈されるよう提唱したが，ECにより緩和され，5節(a)は，以上のような表現になった。

ドーハ宣言5節(a)にいう解釈方法は，紛争処理にどれだけ影響を与えるのか。同宣言5節(a)の文言は，VCLT31条1項規定とさほど変わらない。しかし公衆衛生に関わる知的財産権の紛争であれば，カナダ-医薬品特許保護ケースにおいてより，TRIPS協定7条，8条の重みが政治的に考慮されることになろ

う。公衆衛生が関わらない場合はどうか。この宣言後に採択されたTRIPS関連の紛争はEC-地理的表示ケースの1件にとどまる。このパネル報告は，TRIPS協定7条，8条を条約目的とも，考慮要素ともせず，同協定に規定された知的財産権は公共政策に影響を与える性格のものではないとしている。ドーハ宣言の効果は，その文言にも明らかなように，公衆衛生が関わる分野に限定されており，紛争処理ケースにおいて，TRIPS規定の解釈はこの分野において，多少異なったものになるであろうと思われる。

2　VCLTと今後のTRIPS解釈

　TRIPS協定の解釈が加盟国により見直されつつあるこのような状況の中，UNCTADなど，途上国の世論形成に貢献する機関は，すべてのTRIPS規定に関し，柔軟な解釈をすることを呼びかけるようになった。その方法として，①TRIPS協定7条及び8条を「条約の趣旨及び目的」とし，同条約の各規定を目的論的に解釈すること，②締結時ではなく，解釈時の基準を適用し，TRIPS協定を「発展的」に解釈すること，③CBD，FAOの「食物・農業のための植物遺伝資源に関する国際条約」(ITPGRFA)，ユネスコ文化多様性条約などを，VCLT31条3項にいう関連国際法規則として参照し，開発目的論的な観点からTRIPS協定に優先させて解釈すること，④特許出願の審査にあたり，進歩性（非自明性）の判断基準を上げること，などが唱えられている。上記①，②，③のような解釈方法をVCLT31条が許容していることは前述のとおりである。TRIPS協定の柔軟解釈は，特許を付与しにくくし，グレイゾーンを大幅に広げ，保護レベルを実質的に下げる効果をもつ。加盟国によるTRIPS協定の解釈は，南北対立を反映させ，保護水準を下げるものとなりつつある。UNCTADの推進するこの解釈と，WTO紛争処理機関の解釈方法への批判（前掲139頁）のいくつかには，目的論的解釈の奨励など，共通点もある。

　WTOの紛争処理機関は，VCLT31条を文言の重要性を示す解釈方法として，

加盟国間のコンセンサス確保を重んじながら，対象協定の解釈にあたった。形式に依拠しすぎる傾向はあっても，文言主義的な方法によってこそ，付託された紛争は効果的な解決へと導かれた。カナダ-医薬品特許保護ケースでは，抽象的な概念を整理するに止めることで，果てしない政治論議を避けたともいえ，文言主義のメリットが反映された。

WTO紛争処理機関においては，VCLTの草稿者の予想を超えて，形式的又は画一的な解釈規律が生まれた。その改善は必要であろうが，文言主義のメリットや，コンセンサスの重要性を再確認し，その上で，個々のケースの特性に対応すべく，国際慣習的規則が探求されるべきであろう。

(1) TRIPS理事会が再検討すべき課題として①地理的表示に関するTRIPS協定23条4項および24条2項，②動植物および植物品種の保護に関する27条3項(b)，③非違反申立(64条2項・3項) が盛り込まれた。

(2) Vienna Convention on the Law of Treaties, 1969年5月23日採択，1980年1月27日発効。当事国107カ国（2006年5月25日現在）。米国，ブラジル，フランスなどは参加していない。

(3) 国際慣習法の確認要件については，長期間の一貫した慣行であることに加え，法的義務であるとの確信も必須とするかなどについて諸説がある。国際司法裁判所（「ICJ」）は，以下の事件においてVCLT31条，32条を慣習法解釈規則として認めた。ギネビサウ・セネガル 48節；エルサルバドル・ホンジュラス373, 380節；リビア・チャド 41節；カタール・バーレイン 33節；核兵器使用の合法性19-22節。

(4) EC-ホルモン牛肉WT/DS26, 48/AB/R, 1998.2.13で上級委は予防原則が慣習法か否か認定しなかった。EC-GMO認可・販売措置 WT/DS291-293/R, 2006.9.29において予防原則が国際法の一般原則なのかについて議論された際，パネルは，「上級委はこの重要かつ抽象的な問題に解答を与えることに慎重であった。当パネルも予防原則の国際法上の地位について判断しない」とした（7.89節）。

(5) 岩沢雄司「WTO法と非WTO法の交錯」『ジュリスト』（No.1254）2003年10月15日。

(6) 米国-ガソリン規制 WT/DS2/AB/R, 1996.5.20, p.23；日本-酒税格差 WT/DS8/AB/R, 1996.11.1, pp.12-14；アルゼンチン-履物セーフガード WT/DS121/AB/R, 2000.1.12, 89節；カナダ-特許保護期間 WT/DS170/R, 2000.10.12, 6.49節；米国-オムニバス法211条 WT/DS176/AB/R, 2002.2.11, 161, 335節など。

(7) Jacobs, Varieties of Approach to Treaty Interpretation, ICLQ vol.18, No.2, 1969.

(8) 信義誠実についてはVCLT25条が規定している。

(9) VCLT前文8節には「この条約により規律されない問題については，引き続き国際慣習法の諸規則により規律されることを確認して」採択されたとある。

(10) 31条2項によれば，条約の解釈上，文脈というときは，当該条約文（前文及び附属書）のほかに，(a)条約の締結に関連してすべての当事国の間でされた条約の関係合意，(b)条約の締結に関連して当事国の一又は二以上が作成した文書であって，これらの当事国以外の当事国が条約の関係文書として認めたものが含まれる。

(11) 「条約の趣旨及び目的」の概念はVCLT18条；19条(c)；20条(2)；31条；41条1項(b)(ii)；60条3項(b)において言及されている。Klabbers, Some Problems Regarding the Object and Purpose of Treaties, FYIL, 1999；Buffard and Zemarek, The Object and Purpose of a Treaty, ARIEL, 1998.

(12) 「解釈の一般ルール」に関する31条1項にあたる草案70条1項によれば，用語の通常の意味は
(a) in its context and in the context of the treaty as a whole,
(b) in the context of the rules of international law in force at the time of the conclusion
により判定するとしていた。VCLT31条における「条約の趣旨および目的」の位置づけについては拙稿「ウィーン条約法条約とTRIPS協定の解釈」，松井芳郎他編『グローバル化する世界と法の課題―平和・人権・経済を手がかりに』（東信堂，2006年）47頁以下。

(13) 31条3項によれば，文脈とともに以下のものが考慮される。
(a) 条約の解釈又は適用につき当事国の間で後にされた合意，
(b) 条約の適用につき後に生じた慣行で，解釈についての当事国の合意を確立するもの，
(c) 当事国の間の関係において適用される国際法の関連規則。

(14) Waldock Report, Yearbook of the ILC,1966 vol.II, p.222.

(15) Waldock, 同上 p.105.

(16) Island of Palmas (Max Huber, International Arbitration Awards, 831, 845) において，権利の成立に関しては，条約締結時に有効な国際関連規則，当該権利の効力維持には，その後形成された国際法上の一般規則（解釈時）の考慮が必要とされた。ILCは，時間的要素の問題は「誠実」原則の一環と判断し，「条約締結時の」を削除した。ただし法的安定性の問題が懸念され「合意は第三者を益しも害しもしない」原則が前提であることが確認された（VCLT38条，34-37条）。

(17) 欧州人権規約の発展的解釈について Higgins, Time and the Law, ICLQ vol.46, 1997；坂元茂樹「人権条約の解釈の発展とその陥穽」『講座国際人権法』（信山社，2006年）。WTOにおいては，えびⅠケースで上級委は，WTO設立協定の前文が反映するWTO交渉者の意図（環境政策の正統性）を考慮し，そのもとで，ガットXX条(g)にいう「天然資源」の発展的解釈をしたが，このような解釈は，WTOの紛争処理においては，例外的である。

⒅ 「発展的解釈」は，ナミビア（1971），エーゲ海大陸棚（1978），ガブチコボ・ナジマロッシュ計画（1998）事件において ICJ も採択した。
⒆ WT/DS62, 67, 68/AB/R, 1998.6.22, 84節。
⒇ EC-ホルモン牛肉 WT/DS26, 48/AB/R, 181節。
(21) DSU 3 条 2 項によれば，「紛争解決機関の勧告及び裁定は，対象協定に定める権利及び義務に新たな権利及び義務を追加し，又は対象協定に定める権利及び義務を減ずることはできない」。
(22) 日本-酒税格差 WT/DS8/AB/R, p.13。
(23) WTO では，えび亀 I ケースで上級委が，ウィーン条約31条 3 項(c)に言及し，「適切と思われる場合には，国際法の一般原則からの解釈上の指針を加えてガット XX 条の柱書を解釈することが任務であるとし，CITES, CBD, 米州海亀条約を参照して「有限の天然資源」の意味を探索した。ILC スタディー・グループの報告書 "Fragmentation of International Law" (A.CN.4/L.702, 2006.7.18) によれば，VCLT31条 3 項(c)による解釈ルールにもとづき，①条約締結時あるいは解釈時の国際法関連規則を参照すること（426節(d)），②すべての国が参加していなくても，共通の意図を表している限り，現状を反映する多国間条約を国際法の関連規則として参照すること（472節），が可能である。
(24) Norn and Weiler, EC-Trade Description of Sardines, Horn & Mavroidis (eds), *The WTO Case Law of 2002*, Cambridge, 2005.
(25) Valles, Six Annual WTO Conference, London, 2006.5.23. VCLT31条 2 項にいう「合意」が譲許表の理解にどこまで貢献できるかの問題を提起し，EC -冷凍骨なし鶏肉関税分類 WT/DS269, 286/AB/R, 2005.9.27において上級委が，「風味，触感，その他物理的特性」の解釈にパネルが事実上の文脈を検討したことを間違いとしなかった（176節）姿勢を VCLT の柔軟な解釈として支持している。
(26) Ortino, Treaty Interpretation and the WTO AB Report in US-Gambling, JIEL 9(1), 2006.
(27) Shanker, The Vienna Convention on the Law of Treaties, JWT 36(4), 2002.
(28) Scheonbaum *et al.*, WTO: Law, Practice, and Policy (2nd), Oxford, 2006, p.52. 著者によれば，"The panel report on *Canada-Pharmaceutical Patents* is a good example of what the panel should not do.... the panel, instead of examining the term in accordance with the sequence provided for in the VCLT, moved immediately to the preparatory work of Art. 30 TRIPs".
(29) TRIPS 2 条 1 項は，WTO 加盟国が，1967年パリ条約の 1 条から12条まで，および19条の規定を遵守すること，9 条 1 項は，1971年ベルヌ条約 1 条から21条までおよび附属書の規定を遵守すること，を規定している。
(30) 米国-オムニバス法211条（上記注(6)）においては，パリ条約 6 条の 5 が規定する「パリ同盟国は，他の加盟国において，認められた商標の効力をそのまま認める」の「そのまま」の解釈が焦点であった。上級委はその時，パリ条約の交渉史を VCLT32条の意

味で，用語の意味を「確認するため」参照したとするが（上級委報告332, 334節），同時にこれを パリ条約6条の5の「文脈」であり，文脈上の補助を得たとしている（同139節）。

(31) 米国-著作権法110条 WT/DS160/R, 2000.7.27.

(32) これらの規定はすべて同時に発効したので，同一事項に関する相前後する条約の適用にかかわる VCLT30条の対象ではないとパネルは判断した。

(33) ECは，TRIPS13条は同協定に新たに導入された権利にのみ適用され，13条の文言からも，文脈からもベルヌ *acquis* が TRIPS協定に組み込まれたとはいえないこと，TRIPS13条とベルヌ条約11条1項(ii)および11条の2は異なる基準を規定していること，を主張した。

(34) TRIPS9条1項の準備作業文書は「1971年ベルヌ条約の実質的規定」とのみ記している。米国-著作権法110条（上記注(31)）6.62節。しかし条約の *acquis* が何かは，明記されるのが通常であろう。

(35) 同上6.66節。インドネシア-自動車関連措置 WT/DS54/R, 1998.7.23, 14.49節。WTO協定間の対立の意味は，ひとつの協定規定を遵守すれば，他方の規定の違反になる場合である（グアテマラ-ポートランドセメント輸入AD調査 WT/DS60/AB/R, 1998.11.25, 65節）。

(36) VCLT30条3項は，「同一事項に関する相前後する条約の適用」について後法優先の原則を示しており，ECはこの規定を引用した。条約規定が「同一事項」に関するか否かの判断は難しく，結局は，解釈問題に帰する。Vierdag, The Time of the 'Conclusion' of a Multilateral Treaty, BYBIL, vol.59, 1988；薬師寺公夫「同一の事項に関する相前後する条約の適用(一)」『立命館国際研究』6巻4号（1994）。

(37) WT/DS160/R, 6.66節。ECは，3ステップ・テストを組み入れたWCT10条(2)がTRIPS13条の「後の慣行」であると主張した。

(38) 同上6.69-6.70節。

(39) ベルヌ条約9条(2)は，9条(1)に定められる複製権につき，「特別の場合について第1項の著作物の複製を認める権能は，同盟国の立法に留保される。ただし，そのような複製が当該著作物の通常の利用を妨げず，かつ，その著作者の正当な利益を不当に害しないことを条件とする」と規定している。

(40) カナダ-医薬品特許保護 WT/DS114/R, 2000.4.7, 7.15節。

(41) パネルは，「通常の実施」とは，権利者が28条にいう排他権を用い，市場での競争を排除することによって経済利益を得る商業活動であるとし，例外が「限定的」であるか否かによる経済的なインパクトは重大であろうと述べたが，いかに重大かについては検討しなかった。

(42) パネルによれば，「正当な利益」は，経済的価値を基準として測ることができるが，それに限定されるわけではなく，政策的考慮の余地があり，潜在的な利益も含む。

(43) ECは，規制当局による販売承認の遅延による特許保護期間の侵食に対応した特許保

(44) カナダ-医薬品特許保護 WT/DS114/R, 7.77節。米国，日本，オーストラリア，イスラエル，EU，スイス等の例が検討された。
(45) 米国-著作権110条ケースで「通常の利用」は，この免除規定がなければ得られるはずの使用料の分析によって判断された。「権利者の正当な利益」は，現在および近い将来の市場における商業的・技術的条件にもとづき，著作者が得られるはずの経済的価値（潜在的な利益も含む）が権利例外によりどれだけ失われるかの数量的分析に依拠した。
(46) パネルによれば，TRIPS13条は，特別な目的を有する政策を考慮することを可能にしている（WT/DS160/R, 6.112節）。
(47) カナダ-医薬品特許保護 WT/DS114/R, 7.91節。パネルは，GATT および WTO における「差別」の意味を検討した後，一般概念を定義するのは不可能であるとし，本件における解決に必要な限りにおいて回答したことを強調した。
(48) Dreyfuss and Lowenfeld, Two Achievements of the Uruguay Round, 37 Va. J. Int'l L.275, 1997.
(49) 例えば Barton, US Law of Genomic and Post-Genomic Patents, Int'l R. Ind. Property & Copyright Law,2002. 2002年には日米欧三極特許庁による比較研究（http://www.trilateral.net/projects/biotechnology/protein_3d/）が比較的厳しい見解を出したこともあり，こういった議論はその後終息している。
(50) Burk and Lemley, Is Patent Law Technology-Specific? Berkeley Tech. L. J., Vol.17, 2002.
(51) 米国は特許法に医薬等について規定しており，EC は，医薬品と農業化学品に限った規定を設けている。日本の特許法67条2項は技術分野を特定していないが政令により，医薬，農薬，動物用医薬のみを指定している。1998年12月，カナダは，EC の医薬品と農業製品の特許保護について協議を求め（WT/DS153），米国，豪州，スイスが第三国参加したが進展はなかった。
(52) フランス特許法 L.613-2-1（2004）によれば，遺伝子配列のクレーム範囲は，明細書に具体的に開示された特定の機能に直接関連のある部分に限定される。遺伝子配列を含む特許の効力は，L.611-18の条件を満たすその後の他の特許に及ばない。ドイツ特許法1条(a)(3)（2004）は，遺伝子の配列または部分配列の有用性は，出願書に，配列または部分配列が果たす機能を具体的に記述する義務を課していると規定する。
(53) 2005年1月1日発効のインド特許法は3条において「発明でないもの」を規定し，3条(d)において，用途の特許を禁じ，既知化合物の新たな形態は，効用面で著しく特性が異なることがない限り，発明でないとし，さらに，3条(d)の補足説明は，塩，結晶多形，代謝生成物，光学異性体など，既知化合物の誘導体は，効用面で著しく特性が異なる場合を除き，この委員会の同一物質とみなされると規定する。この補足説明にいう化合物は，医薬品・化学・バイオ技術分野にのみ関連しているので，技術分野による差別であるとの見解があり，立法過程の際，インド政府が国内専門家委員会を設置した。報告書

(2006年12月)は，3条(d)規定がTRIPS協定に不整合であるとしたが，剽窃の問題が起こり，政府は報告書を受理しなかった。

TRIPS協定は発明の定義に踏み込んでいない。また27条1項において，「特許は，新規性，進歩性及び産業上の利用可能性のあるすべての技術分野の発明について与えられる」としており，この三つの判断基準について何ら規定していない。したがってTRIPS協定に整合的である限り，加盟国は，分野別の審査基準を採択することが可能である。しかし，特許法3条(d)が，TRIPS協定27条1項が規定する3つの基準に加え，独立した基準として用いられ，これにもとづき，拒絶査定を受ける特許出願の数が多く，特定の技術分野においてのみ拒絶がなされれば，TRIPS協定27条1項と不整合とも考えられる。

慢性骨髄性白血病治療薬グリーベック（メシル酸イマチニブ）の出願に対し，拒絶査定を受けたノバルティス社は，①拒絶査定（2006.1.25）の取消訴訟，および②インド特許法3条(d)の違憲訴訟をインドの高裁に提起した。同社のおもな主張は，3条(d)が，TRIPS協定27条1項にいう「新規性」とは異なる基準であり，また「発明を実施するための最良の形態を示す」義務（TRIPS協定29条）なしに，抽象的に規定されているので，これらを特許性の要件に追加すべきでないこと，3条(d)にいう「著しい効能」の意味は，恣意的，非論理的かつ曖昧であり，権利における平等を保障するインド憲法14条に反することである。

②の違憲訴訟に関し，マドラス高裁は，2007年8月6日，(i)TRIPS協定自体に紛争処理の制度と手続が定められており，当裁判所は判断しないこと，(ii)経済規制上の行政判断は，基本的な権利の問題ではないこと，法律の条文は，往々にして抽象的であり，十分明確でないからといって無効にはならず，明確化のために司法審査の可能性が与えられていること，行政判断は，他の指針や資料によっても導かれること，などを理由に訴えを却下した。

(54) ブラジル特許法229条は，医薬品の特許出願に，特許庁だけでなく，ブラジル厚生省の認可を必要としている。TRIPS協定27条1項には，ひとつの機関が新規性，進歩性，産業上の利用可能性について判断すべきとは書かれていないので，技術分野を差別していることにならない，というのがブラジル政府の主張であるが，特定の案件には，審査に非常に長期間が費やされている。

(55) 「目的」と題するTRIPS7条は，「知的所有権の保護及び行使は，技術的知見の創作者及び使用者の相互の利益となるような並びに社会的及び経済的福祉の向上に役立つ方法による技術革新の促進並びに技術の移転及び普及に資するべきであり，並びに権利と義務との間の均衡に資するべきである」としている。

(56) ドーハ宣言5節(a)は，WTO設立協定9条2項が規定する解釈了解の採択手続を経て採択されたものではないが，公衆衛生に関わる紛争処理案件があれば，TRIPS協定の解釈に何らかの影響を与えることになろう。ただしTRIPS8条1項が「この協定に適合する限りにおいて」公共政策をとることができるとしていることに変わりはない。

(57) この報告書によれば，TRIPS協定の目的は，9条から62条まで，および70条と前文に反映されているように，知的財産権の取得可能性，範囲及び使用に関する十分な基準と原則を規定することであり，公共政策達成のための多くの政府措置は，知的財産権の範囲外にあり，TRIPS協定上の例外規定を要さない（米国を申立国とするパネル報告 WT/DS174/R, 7.209-7.210節；豪州を申立国とするパネル報告 WT/DS290/R, 7.245-7.246節）。
(58) 27条1項の技術分野による無差別原則との関わりについては議論の余地がある。
(59) 2006年，154加盟国のうち日本を含む148カ国が賛成し採択された。反対は米国とイスラエルの2ヵ国。4カ国が棄権。
(60) Resource Book on TRIPS and Development, UNCTAD-ICTSD Project on IPRs and Sustainable Development, Cambridge U. Press, 2005; Guidelines for the examination of pharmaceutical patents, ICTSD－UNCTAD－WHO, 2007.

（政策研究大学院大学研究科教授）

論　説　第2分科会：私法系

EUにおける競争法違反行為に係る民事的救済制度の新たな展開
—— 我が国の独占禁止法・景品表示法への団体訴訟制度の導入について ——

宗　田　貴　行

I　問題の所在
II　請求権の種類
III　対象行為
IV　団体の種類

I　問題の所在

　第一に，独占禁止法が定める不当な取引制限行為（同法3条後段・2条6項），独占禁止法及び景品表示法の定める不当表示行為（同法19条・2条9項3号・一般指定8項，景品表示法4条），景品行為（同法19条・2条9項3号・一般指定9項・景品表示法3条）等といった行為による被害は，多数の消費者に拡散して生じる性格を有するものであり，個々の被害者は，被害が少額であることから，訴訟に係る費用等を考慮して通常自ら提訴しないといえる。また，被害者たる消費者は提訴のための十分な法的知識や資力を有さないことが多いものである。今日において，独占禁止法・景品表示法違反行為について消費者からの差止請求訴訟や損害賠償請求訴訟の事例は，民法上の不法行為による場合も含め極めて僅かであり，公正取引委員会による排除措置命令や警告等が行われるに過ぎない。

　第二に，例えば再販売価格維持行為（独占禁止法19条・2条9項・一般指定12

項)や優越的地位の濫用行為(独占禁止法19条・2条9項・一般指定14項)により複数の事業者に被害が生じるところ、被害事業者は通常違反行為者と取引関係にあり、経済的に依存した関係にあることが多いといえる。このため、被害事業者自らが、違反行為による被害について提訴することは通常ないのであり、従来、こういった被害の救済は、公正取引委員会による排除措置命令による効果を期待するに過ぎないといってもよい。

第三に、民事訴訟法上の選定当事者制度(同法30条)は、鶴岡灯油事件訴訟[3]で利用されたが、選定の手間、通知の方法や費用、個々人の請求の額が明確であることが要されることといった点から、これによる被害者の救済には限界があるといえる。また、特に違反行為者と取引関係にある事業者は、独占禁止法違反行為により被害を受けた場合に、違反行為者との経済的依存関係に鑑み、通常これを利用しないといえる。

このようなことから、独占禁止法・景品表示法違反行為による被害の救済は、現行法上の制度では十分であるとは言い難い。

これに対し、EU諸国においては、我が国の独占禁止法・景品表示法に相当する諸法違反行為について団体訴訟制度が整備され活用されている。この点が、今日における我が国とEU諸国との大きな重要な差異であるといえるのである。

我が国では、消費者団体訴訟制度は既に消費者契約法へ導入されており(平成18年6月7日法律第56号、平成19年6月7日施行)、独占禁止法・景品表示法についても同法平成12年改正附帯決議、司法制度改革促進計画(平成14年3月19日閣議決定)、消費者基本計画(平成17年4月8日閣議決定)、独占禁止法平成17年改正附帯決議、消費者契約法平成18年改正附帯決議等において、団体訴訟制度の導入の検討が課題とされている。

この点の検討にあたっては、まず、EU諸国(ドイツ・イギリス・フランス)について述べることが必要である[4]。次に、我が国への団体訴訟制度導入の諸論

点として，我が国の独占禁止法・景品表示法上の団体訴訟の必要性及び合理性，団体の実体法上の請求権のための基本的要件及び適格要件について検討する必要がある。これらについては，すでに公表した論文及び著書で検討している。そこにおいて検討したように，我が国の独占禁止法・景品表示法上団体訴訟制度を導入すべきであると考えられるため，さらに，団体に認められるべき請求権の種類，対象行為，実体法上の請求権などを付与される団体の種類について検討する必要がある。このため，本稿においては，これらについて検討を行う。

II 請求権の種類

EU諸国において，我が国の独占禁止法・景品表示法に相当する各国の法律において，団体には差止請求権だけではなく，フランスでは損害賠償請求権（消費法典421-1条，商法典470-7条）が，ドイツにおいては利益剥奪請求権（不正競争防止法〔以下，UWGという〕10条，競争制限防止法〔以下，GWBという〕34a条）が認められている。

将来に向かって違反行為を差し止めることを基本とする差止請求権と，過去において生じた損害の補塡を行う損害賠償請求権ならびに過去において獲得された利益の徴収を行う利益剥奪請求権とは，相互に補完する関係に立つものである。このため，差止請求権と損害賠償請求権（または利益剥奪請求権）のいずれかとすることは妥当ではなく，差止請求権及び損害賠償請求権（または利益剥奪請求権）の両方について導入を検討する必要がある。

まず，損害賠償請求権または利益剥奪請求権の必要性として，以下の諸点が考えられる。

第一に，従来，我が国においては，いわゆる灯油事件訴訟やカラーテレビ再販の事例など，多数の消費者が，不当な取引制限行為や再販売価格維持行為により被害を受けたとして損害賠償請求訴訟を提起する事例がみられたことである。

第二に，従来，課徴金は，不当な取引制限については消費者への拡散被害の犠牲の下に違反者が獲得した利益を吐き出させるものであり，あまり利用されない独占禁止法25条訴訟を含めた独占禁止法違反行為に係る民事訴訟の機能を補う役割を果たしていた[13]といえるが，公正取引委員会には人員・予算の限界があり，また，適用範囲が限定されているという問題がある。また，個人による提訴や選定当事者制度（民事訴訟法30条）は，前述のように独占禁止法違反行為に係る事例では利用されにくい場合が多いものである。このため，不当表示行為等の消費者への拡散被害を生じさせる行為については，私訴によっても課徴金納付命令によっても係る利益を吐き出させることが行われないという問題があったといえるのである。

　第三に，私人である団体には違反の立証が容易ではない不当な取引制限行為等については，公正取引委員会の行政処分後に団体が提訴するのが通常であると想定されるため，これらの違反行為については，消費者団体等に必要とされるのは差止請求権ではなく，利益剥奪請求権または損害賠償請求権であるといえる点である[14]。

　次に，団体の損害賠償請求権と利益剥奪請求権に共通したメリットとして，以下の諸点がある。

　第一に，違反行為者が違反行為により獲得した利益を吐き出させることに大いに資する点である。

　第二に，個々の被害者の損害の発生の認定が不要であることである。これにより，個々人の損害が発生していないとして原告の請求が棄却されることはないのであり，事案の処理の早期化や規制の強化が行われうるといえる。

　第三に，後述する訴訟担当型の団体訴訟との比較においては，個々の消費者から授権を受けることなく団体は自らの判断で提訴しうることである。

　第四に，選定当事者制度や後述する訴訟担当型の団体訴訟制度におけるような提訴等に係る通知の問題を回避しうることである。

第五に，差止請求権だけではなく，利益剥奪請求権または損害賠償請求権が団体に認められれば，団体は，差止請求権のみを有するよりも，比較的に強い圧力をもって提訴前の警告活動等を行いうるのであり，違反行為の抑止により資することとなり，少額多数被害の対応策としては効果が大きいことが挙げられる。

　第六に，賠償金などの金銭を団体に納めることとする場合には，提訴のためのインセンティブになる点である。

　さらに，団体の損害賠償請求権については，たしかに，理論上団体に賠償金が支払われることとし易いため，提訴のためのインセンティブになるというメリットがある。

　しかし，団体の損害賠償請求権には，以下の問題がある。

　第一に，団体に金銭が支払われることとする場合には，濫用的提訴につながりかねないという点である。第二に，個別的な損害でもなく，公の利益の侵害でもない集団的利益の侵害に基づく団体の損害を観念し，それを前提に損害賠償請求をすることができると解することの是非の問題である。第三に，集団的利益の侵害に基づく団体の損害を認める場合，損害額の算定方法が問題となる。第四に，団体の獲得した金銭の行方についての問題（国庫に入れるかという問題）がある。第五に，かかる金銭を各被害者に分配するのか，分配する場合にはその方法についての問題等がある。[15]しかし，損害は団体に生じたものであり，各消費者へ分配する根拠が不明といえる。

　このように団体の損害賠償請求権は，多くの問題を有するといえる。

　次に，団体の利益剥奪請求権については，メリットとして，前述した点の他に，以下の諸点が挙げられる。

　第一に，団体の損害賠償請求権における損害に係る諸問題を回避しうる点である。

　第二に，理論的には国庫に利益が納められるとし易いため，それにより濫用

を防止し易い点である。

　そして，団体の利益剥奪請求権を我が国の独占禁止法・景品表示法へ導入する可能性に関しては，以下の諸点が挙げられる。すなわち，我が国の独占禁止法上は，違反行為による不当な利得の徴収制度が課徴金制度としてすでに存在したのであり，ドイツにおいて見られる違反行為により違反行為者が獲得した利益を剥奪するという利益剥奪請求権の発想は，受け入れられ易いといえる。また，談合に係る損害賠償請求訴訟の事例では，我が国では既に損害額の算定を民事訴訟法248条に基づき裁判所が認定する際に，違反行為者が違反行為により獲得した利益を算出する基準である従来の課徴金の算定率を参考にしている。[16]

　しかし，利益剥奪請求権という全く新しい請求権は，我が国にとってはまだ馴染みのないものであり，今日において我が国に導入することは時期尚早であるといえ，将来的課題といえる。[17]

　したがって，今日においては，独占禁止法・景品表示法に団体の差止請求権のみを導入することが妥当であると考えられるのである。このように，団体の差止請求権のみを導入することについては，少額多数被害の対応策として十分ではないという批判が考えられる。このため，今後，団体の金銭的請求に係る団体訴訟制度について，引き続き検討する必要があるといえる。例えば，価格カルテル等といった不当な取引制限行為によって多数の消費者に拡散して被害が生じた場合に，違反行為により違反行為者は多くの利益を不当に獲得していることから，将来的には，不当な取引制限行為も含めた独占禁止法・景品表示法違反行為を対象として，消費者団体に利益剥奪請求権または損害賠償請求権を認めることや消費者個人が金銭的請求権を消費者団体に譲渡するまたは，係る請求権について訴訟担当のための授権をする制度の導入を検討する必要がある。

　前述したように，団体の損害賠償請求権については理論的に困難な問題があ

るため，将来，我が国の独占禁止法・景品表示法へ利益剥奪請求権を導入する場合に検討すべき点を以下において指摘してみたい。

第一に，利益剥奪請求権は，経済への過剰な負担を防止するために，故意ある違反行為のみを対象とするか否かについてである。故意ある違反行為に限定する場合，対象となる行為は，典型的には，いわゆるハードコアカルテルの場合が多いといえることから，我が国の独占禁止法・景品表示法への導入を考える場合，この請求権の対象に不当な取引制限行為を含ませる必要がある。

第二に，ドイツでは，カルテル庁の利益剥奪権限（GWB34条）があり，その補完的なものとして団体の利益剥奪請求権（GWB34a条）があることと同様，我が国においても，公正取引委員会の課徴金が第一義的なものであり，それが行使されない場合に，団体の利益剥奪請求権が主張されるべきか否かについてである。これについては，そもそもカルテル庁の利益剥奪権限（GWB34条）と我が国の公正取引委員会の課徴金は同様のものではなく，後者はカルテル庁の過料（GWB81条）に相当するものであることも含めて議論する必要がある。

第三に，すでに罰金，課徴金，損害賠償請求により利益が支払われている場合には，その金額は利益剥奪請求権の額から控除されるべき点である。なぜなら，違反により儲かることのないようにするといった利益剥奪請求権の目的はこれらにより支払われることによっても果たされうるからである。

第四に，課徴金とは異なり，団体の利益剥奪請求権は，多数の者への拡散被害の事例に限定されたものとすべきか否かについてである。競争政策の実施を中心的に捉えるのが課徴金であり，消費者への拡散被害の救済を中心に考えるのが，——それにより同時に競争秩序の維持・回復がなされるとしても——団体による利益剥奪請求権であると考えれば，これを肯定することになる。

第五に，濫用的提訴等を防止するために，利益は国庫等団体とは別の機関に支払われることとすべきであるか否かについてである。不当な取引制限行為（独占禁止法3条後段）に関して，特に入札談合については，国家予算の無駄な

支出が生じているのであり，このことは，利益剝奪請求権により徴収された金銭が国庫に入ることを正当化する方向に作用するといえる。

ところで，前述したように，将来的には，団体の損害賠償請求権または利益剝奪請求権を導入する必要があるといえるが，これらに共通して，金銭が団体や国庫に支払われることから，個々の被害者の損害の補塡等にはならないという限界がある。

このため，独占禁止法・景品表示法違反行為により個々人に生じた金銭的被害の救済のために，EU諸国におけるように，被害者個人が損害賠償請求権等を団体に譲渡するまたは，係る請求権について訴訟担当のための授権をする制度の導入も，今後は検討すべきといえるのである。[18]

このうち訴訟担当型の団体訴訟については，選定当事者制度（民事訴訟法30条）と同様に，問題点として，①授権の手間，②通知の方法や費用，③個々の請求額が明確であることが要されることが挙げられ，これらの問題点の改善が要されるといえる。[19]しかし，選定当事者制度とは異なり，以下の利点がある。

第一に，選定当事者制度は任意的訴訟担当の一つとして理解されるものであるが，同制度においては，実体法上の請求権を有する者が選定当事者として選定されるのに対し，訴訟担当型の団体訴訟においては，消費者被害が拡大する我が国で，個々の請求権者以外の者である民間の団体に訴訟担当者の地位を与える意味で，訴訟担当の主体の拡大が行われうる点である。

第二に，団体は従前から消費者利益の保護のために活動しているため，提訴について広告し，授権を募ることが個人の場合に比し容易といえる点がある。

次に，同一の違反行為により被害を受けた複数の被害者が同一の弁護士に委任する場合との比較における利点には，以下の点がある。

第一に，この訴訟担当型の団体訴訟は，消費者被害が拡大し，その法的救済の必要性が増加している今日の我が国において，法律の専門家である弁護士に各被害者が委任する方法の他に，消費者団体に消費者被害に係る金銭債権の回

収業務を行うことを可能とする点である。

　第二に，民事訴訟法の改正により当事者尋問の補充性の原則は若干緩和されているとはいえ，訴訟担当型の団体訴訟の場合には，被害者本人は，訴訟において当事者ではなく証人となる点である。

　前述のように，違反行為者が違反行為により獲得した全ての利益を訴訟担当型の団体訴訟により吐き出させることは通常不可能である半面，団体の利益剥奪請求権や損害賠償請求権は，金銭の支払い先を団体や国庫とすることから，個々人の被害者の損害を補填することはできないのであり，訴訟担当型の団体訴訟と団体の利益剥奪請求権（または損害賠償請求権）は相互に補完する関係にあるといえる。このため，団体の利益剥奪請求権または損害賠償請求権と共に，訴訟担当型の団体訴訟の導入も，今後検討されるべきといえるのである[20]。また，事業者団体が個々の被害事業者の請求権を訴訟担当する方法は，個々の事業者は取引関係にある違反行為者からの報復を恐れるため，あまり利用されないといえる。したがって，事業者団体には利益剥奪請求権または損害賠償請求権が必要とされるといえる。

III　対象行為

　団体の差止請求権の対象行為に関しては，現時における立法論としては，以下のように考えられる。すなわち，まず，独占禁止法・景品表示法違反行為全般を対象とする場合，民事的救済制度の整備による競争政策の強化に資するといえるが，以下の問題がある。第一に，独占禁止法24条が不公正な取引方法等に対象行為を限定していることである。第二に，内閣府における消費者契約法についての検討とは別の競争政策上の広い観点からの検討が要されること等である。

　次に，団体訴訟の対象となる行為については，現時における立法論としては，司法制度改革促進計画を踏まえた，内閣府の検討の方向に鑑みれば，景品表示

法違反行為に限定することが妥当ともいえる。[21]

しかし，これについては，以下の問題もある。

第一に，景品表示法は，独占禁止法の特例法であり，従来，損害賠償請求権については独占禁止法25条・26条を読み替える規定（景品表示法6条2項）が置かれるに過ぎなかったのであり，請求権に係るような実体規定を景品表示法に規定することは困難ではないかという法制的な問題がある。もっとも，同法上，公正取引委員会や都道府県知事の規制権限は規定されており（同法6条1項・7条），この点は決定的な問題とはいえないともいえる。

第二に，消費者の利益保護には資するものの，対象行為が限定されていることから，不十分であるという批判が考えられる。第三に，公正取引委員会の所管する法律のうち，景品表示法のみに団体訴訟制度を導入する理由を論理必然的に説明することは難しいと思われることである。

そこで，対象行為を独占禁止法19条違反（事業者団体の行為に関する8条違反も含む）及び独占禁止法3条違反とすることについては，以下のように考えられる。すなわち，損害賠償請求権等に関しては，前述のように，今後検討すべき問題が多いことから，今回の改正により団体に認められるのは差止請求権のみとするのが妥当と考えられるが，独占禁止法3条違反については団体にとって立証困難であり，同違反行為について団体には金銭的請求権や被害者個人の金銭的請求権を訴訟担当する権限等の方がより必要である。また，現在，独占禁止法24条の定める差止請求権の対象は不公正な取引方法（事業者団体の行為に関する同法8条違反行為も含む）に限定されている。このため，団体訴訟の対象行為を独占禁止法19条違反（不公正な取引方法・事業者団体の行為に関する同法8条違反行為）及び3条違反行為（私的独占・不当な取引制限）とすることは，現時における立法論としては，あまり現実的ではないと考えられるのである。

以上を踏まえると，対象行為はさしあたり不公正な取引方法（事業者団体の行為に関する独占禁止法8条違反行為も含む）に限定することが妥当と考えられる。[22]

独占禁止法平成17年改正附帯決議においては，「不公正な取引方法の差止請求について文書提出命令，団体訴権など一層効果的な措置を講ずることができる方策について早急に検討すること。」とされているところである。

もっとも，EU諸国における団体訴訟制度の展開を踏まえると，対象行為の問題については，多様な独占禁止法・景品表示法違反行為の立証の難易度が重要な意味を有すると考えられる。すなわち，通常，違反の立証が比較的容易な行為類型（不当表示行為・不当な利益供与による顧客誘引行為）とそうではない行為類型（不当表示行為・不当な利益供与による顧客誘引行為以外の不公正な取引方法及び3条違反行為）に分けて考察しうるのである。このうち後者については，私人である消費者団体等に差止請求権を認めても利用しにくいといえる。このため，これについては，前述した団体の損害賠償請求権または利益剥奪請求権や団体が消費者個人の金銭に係る請求権を訴訟担当等する制度がより必要であるといえる。対象行為の問題については，この点も含め，今後さらに検討を行いたい。

Ⅳ　団体の種類

最後に，差止請求権が認められる団体は，消費者団体のみであるのか，消費者団体及び事業者団体であるのかという点について，団体訴訟の対象となる行為及び団体に認められる請求権の種類と関連し，以下のように考えられる。

イギリスにおいては，誤認惹起広告について消費者団体には差止請求権が認められているのに対し，事業者団体訴訟は認められておらず，EC条約81条・82条及び1998年競争法違反について消費者団体及び事業者団体の差止請求権は認められていない。フランスにおいては，様々な独占禁止法違反行為について事業者団体の差止請求権及び損害賠償請求権が認められているが，実際に利用されていないのに対し，誤認惹起広告，景品行為，抱き合わせ行為等について認められている消費者団体の差止請求権及び損害賠償請求権は活発に利用され

ており，かつ，判例上，事業者団体にも誤認惹起広告についての差止請求権および損害賠償請求権が認められている。ドイツにおいては，不当表示等といったUWG違反行為について，事業者団体訴訟及び消費者団体訴訟の活発な利用が見られるのに対し，カルテル協定や相互協調行為や支配的地位の濫用行為といった我が国の独占禁止法3条違反行為に相当する行為や，不当表示行為等以外の不公正な取引方法（不当妨害行為，差別的取扱い行為，再販売価格維持行為，不当廉売行為等）に相当する行為については，GWB上事業者団体訴訟のみが認められているが，以下の理由により，あまり利用されていない。第一に，カルテル庁の処分があること，第二に，違反行為の立証が困難であること，第三に，カルテルについては経済の内部浄化作用が期待されえないことから消費者団体訴訟が効果的であるにもかかわらずGWB上消費者団体訴訟が認められていないこと等である。このように，GWB上消費者団体訴訟は認められていないが，UWG上の一般条項（同法3条）違反を構成する不当廉売行為，妨害行為，ボイコット，差別行為，抱き合わせ行為等については，事業者団体訴訟だけではなく，消費者団体訴訟も認められている。

EU諸国においては，歴史的に見て，ドイツにおける状況から明らかなように，団体訴訟制度は，事業者団体訴訟から端を発し，これが中心的である。そして，ドイツにおいては1960年代から，フランスにおいては1970年代から，消費者保護の認識の高まりと共に，消費者団体訴訟が導入されたのである。例えばドイツにおいて不当表示等のUWG違反行為は，事業者間の競争への影響如何が関係する行為であるために，被害が複数の競争業者に及ぶものであるところ，個々の被害者は提訴にかかる費用等を考慮して自ら提訴することを望まないこと等から，事業者団体訴訟が必要であるため，これが認められている。また，その行為自体が消費者に向けられていることから，通常多くの消費者に被害が生じるものであるところ，仮にUWG上消費者個人にUWG違反行為に対する差止請求権が認められたとしても，個々の被害者は被害が僅かである

ことから，提訴にかかる費用等を考慮して自ら提訴することは現実的ではない。これに加え，消費者は提訴のための十分な資力や法的知識を有さないこと，個々人に分断された個別的な損害を前提とする個々人の請求権による救済ではこの手の集団的被害の救済としては遅すぎる結果となることという問題がある。これらの点に基づき，UWG 上消費者団体訴訟が認められているのである。

このように考えられるため，そもそも我が国の独占禁止法・景品表示法に相当する EU 諸国における諸法違反行為に対しては，消費者団体訴訟及び事業者団体訴訟の両方が必要とされるものであるといえるのである。

先に見た我が国の団体訴訟制度の導入の議論の流れからすると，消費者団体訴訟のみを導入することが穏当と考えられるが，我が国において，不公正な取引方法に関し，事業者団体訴訟も以下の点に基づき必要であるといえる。

独占禁止法は，複数の市場参加者が行う競争を対象とするものであり，同法違反行為は複数の事業者に被害を生じさせるという性格を有するものである。このため，同法の定める不公正な取引方法には，第一に，不当表示行為や不当廉売行為等のように，複数の競争業者への被害が生じる行為があり，個々の被害事業者は被害が僅かであることや提訴のための費用等を考慮して自ら提訴することは通常ないことに基づき，これについて事業者団体訴訟が必要であるといえるのである。このことは，ドイツにおいては，まさに UWG 上の事業者団体訴訟の趣旨とされている点であり，同訴訟は，古くから非常に活発に利用されているのである[25]。

第二に，不公正な取引方法には，再販売価格維持行為や優越的地位の濫用行為等のように，複数の取引の相手方への被害が生じる行為があり，これについては，違反行為者に対する被害者の経済的依存関係の点に鑑み，事業者団体訴訟が必要であると考えられるのである。このことは，ドイツにおける GWB 上の事業者団体訴訟の趣旨とされている点である。事業者団体訴訟の審理において，たしかに，違反行為の認定のために被害を受ける事業者らが明らかとさ

れるが，事業者団体に通報した事業者がこのうちどの事業者であるのかは，通常，明らかとされない。

こういった点に加え，従来から我が国では，不公正な取引方法の違法性の判断において，違反行為の相手方が，違反行為者と経済的に依存した関係にあるという事実に，重要な意味合いが与えられていること[26]や，下請法が存在し，近時，その適用範囲を拡大する改正が行われていること，また，大型小売店による優越的地位の濫用の事例が，近時多く問題とされていることなどに鑑みれば，この経済的依存関係の存在の点に照らし，我が国においては，事業者団体訴訟を導入することの必要性が，より強く認められるように思われるのである。

また，我が国では，インサイダーによるアウトサイダー排除の手段として事業者団体訴訟が悪用されることも指摘されている[27]。しかし，ドイツにおいてはこのような議論はなく，また，アウトサイダーには今日において独占禁止法24条に基づく差止請求訴訟の提起が対抗手段として存在しており，これは決定的な問題ではないように思われる。

前述のように，我が国において今日導入すべきであるのは，団体の差止請求権であり，その対象となる行為は，不公正な取引方法（事業者団体の行為に関する独占禁止法8条違反行為を含む）とすることが妥当であると考えられるが，今後さらに検討を行う予定である。また，このように消費者団体訴訟だけではなく，事業者団体訴訟の必要性も感じられるところであり，消費者団体訴訟のみを導入することが妥当であるか否かについては，今後，検討を行いたい[28]。

(1) 東京高判平成16年10月19日判時1904号128頁。本件評釈に，岡田外司博「景表法の不当な価格表示と損害賠償請求」ジュリスト1308号（2006年）205頁以下がある。
(2) また，不当な取引制限については，排除措置命令の他に課徴金納付命令もある。しかし，これらの行政規制は行政庁の人員・予算の限界という問題がある。また，課徴金制度は対象行為が限定されており，不当表示行為等といった不公正な取引方法（独占禁止法19条・2条9項・一般指定各号）は対象とならないのである。また，不公正な取引方法には，刑事罰も科されない。

(3) 鶴岡灯油事件・最判平元・12・8民集43巻11号1259頁。
(4) これについては、拙稿「EUにおける競争法違反行為に係る民事的救済制度の新たな展開―我が国の独占禁止法・景品表示法への団体訴訟制度の導入についての示唆―」（奈良法学会雑誌第18巻第1・2号〔2005年〕1頁以下）で検討した。
(5) これらについては、拙稿「団体訴訟における原告適格」（奈良法学会雑誌第17巻〔2005年〕第3・4号1頁以下），拙稿「独占禁止法への団体訴訟制度の導入について」（日本経済法学会年報第26号〔2005年〕131頁以下，有斐閣），拙著『団体訴訟の新展開』（慶應義塾大学出版会，191頁以下，2006年）等で検討した。
(6) ドイツにおいては、UWG 8条3項が誤認惹起広告行為、比較広告、迷惑行為、景品行為、懸賞行為の他、一般規定（同法3条）に違反する妨害行為、差別行為、取引拒絶行為、不当廉売行為、抱き合わせ行為等のUWG違反行為に対する事業者団体及び消費者団体の差止請求権を定め、GWB33条2項は、事業者間の協定、事業者団体の決議、相互協調行為、再販売価格維持行為、市場支配的地位の濫用行為、不当廉売、妨害行為、差別行為、ボイコット等のGWB違反行為に対する事業者団体の差止請求権を規定する。フランスにおいては、消費法典421-2条により誤認惹起広告行為等に対する消費者団体の差止請求権が認められ、商法典470-7条により共同行為及び市場支配的地位の濫用行為に対する事業者団体の差止請求権が認められている。イギリスにおいては、事業法（Enterprise Act of 2002, 2002 c.40）212条1項、211条1項、213条4項、215条3項が、誤認惹起広告行為に対する一定の消費者団体の差止請求権を定めている。
(7) Code de la Consummation, J. O. du 27. 1. 1993, 10538.
(8) Code de la Commerce, Ordonance n° 2000-912 du 18 Septembre 2000.
(9) Gesetz gegen den unlauteren Wettbewerb, BGBl. I 2004, 1414.
(10) Gesetz gegen den Wettbewerbsbeschränkungen, BGBl. I 2005, 1954.
(11) 鶴岡灯油事件・最判平元・12・8民集43巻11号1259頁。
(12) 松下電器カラーテレビ事件・東京高判昭52・9・19判時863号20頁。
(13) 根岸＝舟田『独占禁止法概説（第3版）』有斐閣，2006年，24頁。
(14) この場合には、公正取引委員会の行政処分（排除措置命令等）による違反行為の存在に係る推定効が、原告の立証困難の容易化に重要な役割を果たすといえる。
(15) アメリカの連邦取引委員会法第19条のように、連邦取引委員会が消費者救済を求めて訴訟提起し、裁判所が定める計画に基づき獲得された賠償金を被害者に分配するという方法もある。以上、筆者が参加した公正取引委員会における団体訴権導入に係る検討会での議論を参考にしてまとめた。
(16) 例えば、奈良県上水道談合住民訴訟事件・大阪高判平13・3・8（審決集7巻748頁）がある。
(17) 消費者契約法への消費者団体訴訟の導入に関し、この点につき、同旨・鹿野菜穂子「消費者団体訴訟の立法的課題―団体訴権の内容を中心に―」NBL790号（2004年）58頁・68頁。内閣府国民生活局消費者団体訴訟制度検討委員会『消費者団体訴訟制度の在

り方について』(2005年6月23日) 4頁の注4は,消費者契約法に導入する消費者団体の利益剥奪請求権について,「我が国において,一般的ではなく,慎重な検討が必要と考えられる」とする。

(18) ドイツにおいては,法律相談法 (Rechtsberatungsgesetz, BGBl. 2002 I, S.2010) 1条3項8号により,消費者団体が消費者保護のために,消費者の金銭的請求権について訴訟担当するまたは債権を譲り受け提訴することが認められており,これは,民法 (BGB) 違反行為やGWB違反行為にかかる消費者の損害賠償請求権等について利用されうるものである。フランスでは,消費法典422-1条が,誤認惹起広告や景品行為,抱き合わせ行為等について消費者団体が二人以上の消費者からの書面による委任がある場合に消費者の損害賠償請求権を訴訟上代理行使する「共同代理訴訟制度」を規定している。イギリスにおいては,共同行為及び市場支配的地位の濫用行為に対する消費者の損害賠償請求権を消費者団体が訴訟上代理する「消費者代理請求制度」が1998年競争法47B条により認められている。

(19) 宗田貴行「消費者団体訴訟と損害賠償請求」小島武司先生古稀記念論文集,商事法務,2007年掲載予定。

(20) 宗田貴行「消費者団体訴訟と損害賠償請求」小島武司先生古稀記念論文集,商事法務,2007年掲載予定。

(21) 同旨,別冊NBL44号『競争環境整備のための民事的救済』1997年,57頁。松本恒雄「消費者保護行政の新たな展開」公正取引625号(2002年)2頁以下は,景表法への団体訴訟制度の導入を提言する。

(22) なお,団体の請求権の対象となる行為をどの範囲にするのかという問題については,我が国の独占禁止法上の差止請求権の対象行為は,二重の限定がなされているという問題も指摘しうる。すなわち,そもそも違反行為として規定されている行為が限定され,かつそのように限定された行為のうち,不公正な取引方法に限定して差止の対象とされているのである。なお,景品表示法違反について独占禁止法24条は対象行為としていないが,景品表示法に違反する行為を独占禁止法19条違反として構成することにより,独占禁止法24条の差止請求の対象としうるところ,団体の差止請求権の対象行為の議論においても,この点は同様であり,独占禁止法19条違反行為を団体の差止請求権の対象とする以上,景品表示法違反について別途議論する実益は乏しい。

(23) 破棄院刑事部1979年1月23日判決 (Cass. crim., 23. 1. 1979, D. 1979, IR. 552)。

(24) なお,GWB2005年第7次改正の改正作業の最終段階まで消費者団体訴訟制度の導入が予定されていたが,経済界の反対により導入は見送られた。

(25) ここで生じる各事業者の被害は,わずかであったり,抽象的であったりすることが多いかもしれないが(これは,不正競争防止法違反行為についても同様にいえる点であり,これにより同法上の差止請求権が限定的にしか利用されていない現状に鑑み,渋谷達紀『知的財産法講義Ⅲ』有斐閣,2005年,9～10頁は,不正競争防止法へ消費者団体訴訟のみならず,事業者団体訴訟の導入の検討の必要性を指摘される),これは,団体訴訟

のために必要とされている被害者の集団的利益の侵害としては十分である。ドイツにおけるUWG上の事業者団体訴訟は，同一市場の事業者の集団的利益を救済するものであると考えられている。

(26) 正田彬『全訂独占禁止法Ⅰ』日本評論社，1980年，291頁以下等。
(27) 前掲・別冊NBL44号58頁，満田重昭「ドイツ不正競争防止法における軌道修正」『知的財産をめぐる諸問題』田倉整先生古稀記念，発明協会，1996年，753頁・762頁。
(28) 不正競争防止法への団体訴訟制度の導入については，宗田貴行「不正競争防止法への団体訴訟制度の導入について」『知的財産権法と競争法の現代的展開』紋谷暢男先生古稀記念論文集，発明協会，2006年，1097頁参照。

【付記】 本稿は，民事紛争処理研究基金平成18年度研究助成金の一部に基づくものである。学会報告の機会を与えて下さった紋谷暢男先生及び，司会の労を賜った岡田外司博先生をはじめ，お世話になった先輩方に，この場をお借りして，御礼を申し上げる。

(獨協大学法学部准教授)

論　説　第2分科会：私法系

取り消された仲裁判断の承認執行
―― 近時の国際商事仲裁をとりまく状況の変化の中での再検討 ――

小 川 和 茂

I　はじめに
II　取り消された仲裁判断の承認執行
　1　問題発生の原因
　2　裁判例と学説
III　近年における国際商事仲裁を取り巻く状況の変化
　1　国際商事仲裁を取り巻く状況の変化
　2　揺らぐ仲裁制度への信頼
IV　仲裁法及び模範法における取り消された仲裁判断の承認執行
V　結語

I　はじめに

　筆者は，過去に仲裁地国裁判所により取り消された仲裁判断（以下，単に「取り消された仲裁判断」という）の承認執行に関し論じたことがある[1]。取り消された仲裁判断の承認執行という問題は，仲裁地国において仲裁判断が取り消されたにもかかわらず，なお第三国においてその承認執行が可能か否かという問題である[2]。この問題は，理論上はその存在が認識されていたものの，フランスでの Hilmarton 判決[3]，及び米国における Chromalloy 判決[4]が現れたことにより問題が顕在化し，国際商事仲裁にかかわる学者・実務家の間で盛んに議論がなされた[5]。

　しかし，国際商事仲裁をとりまく状況は，上記議論が行われた当時から今日

に至るまで，大きく変容をしている，あるいはしつつあるように思われる。詳細については以下Ⅲで述べるが，国際商事仲裁を利用する当事者として，発展途上国及び発展途上国企業の数が増加したことを原因として，発展途上国による仲裁に対する干渉という現象が発生し始めているのである。

筆者はかつての論考の中で，取り消された仲裁判断の承認執行に関する諸学説及びニューヨーク条約の起草過程を検討のうえ，我が国における取り消された仲裁判断の承認執行の可否について一応の結論を示した。

しかし，近年における国際商事仲裁を取り巻く状況の変化を考えると，取り消された仲裁判断の承認執行という問題に関する認識が変化するように思われる。すなわち，取り消された仲裁判断であっても，発展途上国による仲裁に対する介入を排除するための手段として承認執行しても良い場合があるのではないかという状況が現れてきているのである。

そのため，前述の拙稿における新仲裁法に関する結論について今一度検討を行う必要があると考えた。すなわち，我が国仲裁法が承認執行拒絶事由の存在する仲裁判断を承認執行する余地を残しているのかどうかという問題の再検討である。

以下本稿では，Ⅱにおいて，取り消された仲裁判断の承認執行という問題を概観する。続くⅢにおいて近年における国際商事仲裁を取り巻く状況の変化について述べたのちに，Ⅳにおいてわが国における取り消された仲裁判断の承認執行の可否について再検討を行うこととしたい。

Ⅱ 取り消された仲裁判断の承認執行

1 問題発生の原因

取り消された仲裁判断の承認執行という問題が発生してしまう原因は，ニューヨーク条約の文言に起因する2つの点にある（同条約を基本的に踏襲した模範法にも同様の問題が存在している）。

具体的には，承認執行拒絶事由を定めている同条約 5 条 1 項が許容的な表現である「拒否することができる（may be refused）」という文言を使用しているために，拒絶事由の一つとして(e)に規定されている仲裁地国裁判所により仲裁判断が取り消されたことという要件が満たされたとしても承認執行をすることができる，すなわち，取り消された仲裁判断であってもその承認執行をすることができると解釈可能であることが一つある。

もう一つは，同条約 7 条 1 項が「この条約の規定は，締約国が締結する仲裁判断の承認及び執行に関する多数国間又は二国間の合意の効力に影響を及ぼすものではなく，また仲裁判断が援用される国の法令又は条約により認められる方法及び限度で関係当事者が仲裁判断を利用するいかなる権利をも奪うものではない。」と規定していることから，執行を求められた国の仲裁法が許容する限りにおいて，取り消された仲裁判断であったとしても，承認執行が可能であるという点にある。
(9)

2 裁判例と学説

(1) 裁判例　取り消された仲裁判断の承認執行が認められた裁判例は，フランスと米国に存在している。

フランスでは，Hilmarton 判決を契機として，その後の Chromalloy 判決[10]，ごく最近の事例である Bechtel 判決[11]が，取り消された仲裁判断の承認執行を認めた[12]。フランスの判例の立場は，ニューヨーク条約 5 条の解釈として同条は裁判所に承認執行の可否につき裁量権を与えず承認拒絶事由がある仲裁判断の承認執行は認められないとするものの[13]，他方でニューヨーク条約 7 条により，内国法（この場合はフランス仲裁法）による仲裁判断の承認執行が何ら妨げられるわけではないため，当該仲裁判断が内国法に基づき承認執行可能である場合にそれを承認執行することが可能となるという論理である。

米国では，取り消された仲裁判断の承認執行が行われた事例は Chromalloy

判決の1件のみである[14]。この判決によれば，ニューヨーク条約5条は，裁判所に裁量権を与えているとするものの，仲裁判断を取り消す外国判決の承認執行が可能か否かについても同時に考慮している。そして，取消判決が「仲裁判断は拘束的かつ確定的で，その結果については如何なる上訴，その他の救済手段に訴えることはできない」という排除合意を逸脱してまで得られている場合に当該仲裁判断取消判決は承認できず，したがって仲裁判断の執行は認められるというものである。しかしながら，Chromalloy判決の後に，取り消された仲裁判断の承認執行が求められた事例が数件発生したが，承認執行は認められていない[15]。そのため，取り消された仲裁判断の承認執行に関する米国の現在の状況は微妙である。

(2) 諸学説　この問題に関しては，極めて直感的な解決方法として，まず，次のような説が主張されている。すなわち，仲裁判断は取り消された時点で，当該仲裁判断の存在自体が消滅するのであり，もはや存在しない仲裁判断の承認執行などはいかなる国においてもすることはできない，とする説である[16]。しかし，仲裁判断取消判決は，当該取消判決が下された国の領域内において当該仲裁判断の効力を無にするだけのものと，一般に考えられているため，当該取消判決を下した国以外の国から見た場合にまで，仲裁判断が下されたという事実やその存在までをも否定してしまうことには無理があるように思われる。

また，ニューヨーク条約の解釈として，条約正文の一つであるフランス語版が，5条について「拒否される」といった文言を採用していることから，そもそも，5条の解釈としては，仲裁判断の承認拒絶事由がある場合，裁判所に裁量権は与えていないと解するべきであると主張するものもある[17]。しかし，フランス語版を除いた他の言語版においては，すべて裁量を認める「拒否することができる」という文言が使われていることを考えると，「拒否される」と解釈するのは難しい[18]。さらに，仮にニューヨーク条約5条を「拒否される」と解釈するとしても，同条約7条により，ニューヨーク条約とは別に外国仲裁判断の

承認執行に関する国内法が存在している場合には,当該国内法の承認執行拒絶事由いかんによっては,取り消された仲裁判断であったとしても承認執行が行われるという余地が残されているという点で,問題がすべて解決されているわけではない。

さらに,承認執行を求められた国において,外国判決承認執行制度が存在している場合,同制度を通じて仲裁地国裁判所による仲裁判断取消判決が外国判決として承認されるか否かを検討させ,承認される場合には,仲裁判断取消判決の効力が承認執行を求められている国に及び,当該仲裁判断の承認執行は拒絶される,とする説もある。[19]しかし,我が国から見れば,仲裁判断取消判決は手続法上の事項に関する判決であり,[20]実体私法上の争訟とはいえず,少なくとも我が国の民事訴訟法118条との関係では,手続法上の事項に関する外国判決は承認執行制度の対象とはならないと解される以上,[21]そのような解決は難しいと思われる。

取り消された仲裁判断の承認執行という問題は結局のところ,ニューヨーク条約に解決策を求められる問題ではなく,仲裁地国の裁判所によってなされた仲裁判断取消判決には,国際的に見てどのような効力が与えられるべきなのかという点に帰着するといえよう。そして,これらの問題の解決は現在のところ,各国の仲裁法に任されていると考えざるを得ないように思われる。

Ⅲ　近年における国際商事仲裁を取り巻く状況の変化

1　国際商事仲裁を取り巻く状況の変化

国際的な商取引で発生した紛争の解決に仲裁が多く利用されているが,その理由としては様々な点が指摘されている。すなわち,仲裁人を当事者が選択できる仕組みになっているため,紛争に関係する知識を有する専門家や紛争当事者とは中立的な国籍を有するものを仲裁人とすることができることや,仲裁は原則として一審限りで解決がつくことから訴訟と比して時間や費用が低く抑え

られる可能性のあることが一般的に言われている。しかし，なによりも仲裁判断の承認執行のための制度が条約により整備されている点が国際商取引における仲裁利用のインセンティブになっているように思われる。すなわち，142カ国もの締約国を誇るニューヨーク条約により(22)，手続的事項や公序（public policy）に関する承認執行拒絶事由が無い限り(23)，承認執行が比較的容易に行われているという点が国際的な商取引において，仲裁を嗜好する大きなインセンティブとなっているといえよう。

ニューヨーク条約起草当時から1990年代初めくらいまでは，仲裁を利用する当事者は先進国の企業同士というケースが多く，仲裁判断が下された場合にそれに従わないケースは稀であった。しかし，近年では，先進国企業が生産拠点を発展途上国に置くことが一般的になり，それに伴い，技術移転，プラント建設，その他投資案件が増加し，発展途上国企業（その多くの場合は当該国の公営企業又は国有企業である場合が多い）と先進国企業との取引は増加の一途を辿っている。このような発展途上国との取引の増加が，発生する紛争の数をも増加させ，とくに投資紛争といわれる分野の紛争が増大している。

上記のような紛争の解決には，裁判という紛争解決手段が用いられることは少ない。先進国企業所属国の裁判所への管轄合意を得ることは発展途上国企業のバーゲニングパワーからして困難であり，他方，発展途上国の裁判制度に信頼がおけないという理由からも敬遠されているように思われる。そのため，手続において国家の介入の少ない仲裁が紛争解決手段として重用されてきている。

また，1966年に発効した「国家と他の国家の国民との間の投資紛争の解決に関する条約 (Convention on the Settlement of Investment Disputes between States and Nationals of Other States)」により投資紛争解決国際センター（ICSID）が設立され，私人が国家に対して直接，仲裁によって投資紛争を解決する仕組みが作られたことや(24)，とくに近時においては，二国間での投資に関する協定ないし条約（いわゆるBIT (Bilateral Investment Treaty)。なお NAFTA の様な Multilateral

Investment Treaty もある）が締結され，紛争解決手段として仲裁が指定されることによって，発展途上国及び発展途上国企業が当事者となる仲裁の数が爆発的に増加している。

つまり，現在においては，国際商事仲裁における当事者の対立構図は，かつての先進国企業対先進国企業から，先進国企業対発展途上国企業（又は政府・政府機関・公社等）という構図に変わりつつあるのである。

2 揺らぐ仲裁制度への信頼

UNCITRAL 国際商事仲裁模範法（UNCITRAL Model Law on International Commercial Arbitration，以下，単に「模範法」とする）が各国に採用されることによって，表向きでは世界各国の仲裁法がほぼ同じ内容になりつつあるようにも思われる。しかし，実際には模範法を採用したとは言いながらも模範法とは異なる内容の仲裁法制度を持つ国も多数あるというのが現実である。特に仲裁判断取消の局面においては，各国が独自に取消事由を定めているのが見受けられる。そのため，不利な仲裁判断を下された自国企業（とくに，国営企業または公営企業の場合が顕著である）を擁護するために国際的には一般的ではない事由（模範法にもニューヨーク条約にも書かれていないような仲裁判断取消事由及び承認執行拒絶事由）を根拠として仲裁判断を取り消すことがある。

1で述べたような国際商事仲裁を取り巻く状況の変化と，模範法の不正確な受容などを原因として，発展途上国における裁判よりは仲裁による紛争解決を望む先進国企業にとって，近時，仲裁に対する信頼を揺るがしかねない事件が発生するケースが報告されるのも事実である。以下では一例として，インドネシアにおける Karaha Bodas 事件を紹介する。

Karaha Bodas 事件は，米国企業が主な株主であるケイマン法人 Karaha Bodas とインドネシア国営企業との間の地熱発電所開発契約に関する契約違反について，スイスを仲裁地とし仲裁を行った結果，2000年12月にインドネシ

ア国営企業側に不利な仲裁判断が下されたことに端を発する。その後インドネシア国営企業側は，仲裁地であるスイス裁判所に仲裁判断の取消しの訴えを提起したが，最高裁まで争ったものの最終的には仲裁判断の取消しが認められることはなかった（2001年8月）。スイスでの仲裁判断取消訴訟の間である2001年2月に Karaha Bodas 側はテキサス南部連邦地方裁判所にニューヨーク条約にもとづいて仲裁判断の承認執行を求め，2001年12月に連邦地裁は執行を認める判決を下した。他方，インドネシア国営企業側は，第5巡回区控訴裁判所に上訴し，さらに，本国であるインドネシアの裁判所に仲裁判断の取消しを求める訴えも提起した。通常仲裁判断取消訴訟の裁判管轄は仲裁地国裁判所にあるとされるのが一般的に理解されているところ,(28) 2002年8月にインドネシア裁判所は仲裁判断の取り消しを認める判決を下してしまったのである。(29) しかし，結局のところ，第5巡回区控訴裁判所はインドネシア裁判所による仲裁判断取消の効力を認めることはなく，仲裁判断の承認執行を認めた連邦地裁の判決を支持したというのが概要である。

　Karaha Bodas 事件でインドネシア裁判所が行った取消判決は特異な例であるといえ，その取消判決が他国において仲裁判断の承認執行の障害となることは無い。(30) しかし，この例に限らず仲裁の一方当事者が国営ないしは公営企業である場合に，当該企業の関連する仲裁に対する企業所属国国家の不当な介入が行われる事例が最近見受けられるようになり，Karaha Bodas 事件はその一例として位置づけることが出来よう。

　なお，上記のような，仲裁判断の承認執行段階のみならず，仲裁という紛争解決制度自体に対する発展途上国の疑念も現れ始めている。(31) これまでは迅速な手続で仲裁判断の執行も比較的容易に行われていたが，上記のような事象が多発するとすれば，仲裁という紛争解決方法の有効性が著しく損なわれるおそれがあるといえよう。

Ⅳ 仲裁法及び模範法における取り消された仲裁判断の承認執行

Ⅲで見たような国際商事仲裁を巡る状況の変化に伴い発生してしまう発展途上国による仲裁に対する不当な干渉への対策として，取り消された仲裁判断であってもその承認執行をすることが利用できないかという観点から，以下では，我が国仲裁法のもとにおいて取り消された仲裁判断の承認執行の可否について検討を行う。

仲裁法45条1項は，「仲裁判断は，確定判決と同一の効力を有する。ただし，当該仲裁判断に基づく民事執行をするには，次条の規定による執行決定がなければならない」と規定している。そして同条2項は，「前項の規定は，次に掲げる事由のいずれかがある場合には，適用しない」と規定し，続く各号で承認拒絶事由を規定し，これらに該当する仲裁判断には，確定判決と同一の効力は与えないこととしている。取り消された仲裁判断については，仲裁法45条2項7号に規定があり，承認拒絶事由の一つとされている。

他方，執行については，仲裁法46条に規定があり，仲裁判断を執行するためには裁判所より執行決定を得ることが必要である。裁判所は，同条8項により引用されている45条2項各号の事由が存在しない限り，執行決定をしなければならないとされている[32]。したがって，仲裁法の規定を素直に読む限りにおいては，仲裁地国において取り消された仲裁判断は我が国において承認執行されないように思われる。

しかし，ここで興味深いのは，46条8項である。同項は，裁判所は，執行決定を求める申立てがあった場合において，前条第2項各号に掲げる事由のいずれかがあると認める場合に限り，当該申立てを「却下することができる」と規定している。すなわち，仲裁法45条2項では「適用しない」という文言を使い裁量の余地は無く承認されないように思われるところ，46条8項では執行決定の申立てを「却下することができる」と規定し，こちらでは裁判所に裁量権が

与えられていると読める表現になっているのである。

上記のような我が国の仲裁法の規定は，実は模範法35条及び36条をベースとする規定である(33)。これら模範法の文言は，ニューヨーク条約5条及び6条と実質的に同旨である。そのため，模範法36条の文言は，取り消された仲裁判断の承認執行について，承認執行を求められた国の裁判所が裁量権を有していると解釈可能なように思われる。もっとも，他の承認執行拒絶事由に対しても，同様の解釈がなされるわけである。この条文の解釈として承認執行国に裁量があるとするのが多数説であり(34)，いくつかの模範法採用国の裁判例においても，模範法36条の解釈としては，承認執行を求められている裁判所に裁量権があると判断されている(35)。それでは，我が国の仲裁法の解釈としても，模範法と同様に解することが出来るのであろうか。たしかに我が国仲裁法は模範法をベースとするものではあっても，若干規定ぶりが異なる部分がある。すなわち，模範法においては35条で，原則として仲裁判断は承認され執行されうるとし，36条に承認執行を拒絶しても良い事由が記載されるという方法で一体的に規定がなされているが，他方で，仲裁法45条2項（模範法35条1項に該当）では「適用しない」とし，46条8項（模範法36条1項に該当）では「却下することができる」としている点である。45条2項と46条8項を併せて素直に読めば，上記Ⅱ1でも触れたとおり，承認執行拒絶事由がある仲裁判断の場合には，承認はされないし，執行もされないと解されると思われる。

しかし，この点について，立法担当者は，仲裁法46条8項は，承認執行拒絶事由がある場合であっても，裁判所の裁量により承認執行を認める，すなわち執行決定を却下しないこともできることを意味すると述べている(36)。そして，仲裁法45条2項が「承認しない」という裁量がないと解釈されるような文言を利用している点との矛盾について立法担当者は，「執行拒絶事由があっても，裁判所の有権的解釈により，裁量によって承認した場合には，初めから自動承認されていたものと位置づけられることになると解される。したがって，自動承

認の問題と裁判所の裁量的判断が認められることとの間には必ずしも矛盾はないと考えられる。」との説明をしている[37]。

加えて立法担当者は、「44条は『できる』と書いてあるのですが、45条2項は『適用しない』ということで、適用しないことを『できる』とは書いていないわけです。立法者としては、ここは何か意識して区別しておられるのでしょうか。」という質問に対し[38]、「45条というのは、仲裁判断の承認で、46条では執行拒絶事由が定められている形になっているのです。これは民事訴訟法の外国判決の承認に関する118条に相当するのが45条で、民事執行法の外国判決の執行の規定に相当するのが46条というような形に対応しているのだと考えています。自動承認ということを前提に立案しましたので、2項では自動承認の場合に『ができる』ということは、表現ぶりとしてもそぐわないものですから、ここは適用しないという形にして、46条で具体的に執行決定の所で『拒絶できる場合』ということで書いているという形になっています。」とも述べている[39]。

上記の立法担当者の解説からは、仲裁法45条2項で「適用しない」という文言を利用した理由は立法政策上のものであり、次に続く46条とは一体的なものであったという理解があったといえよう。そうであるならば、46条8項が「できる」とし、45条8項が「しない」としている点については、模範法同様に、承認執行拒絶事由が存在する仲裁判断であっても裁判所の裁量により執行決定をすることを認め得ると解釈しても、矛盾はないと解する余地もあるように思われる。

筆者は、上記の立法担当者の説明では文言の解釈としては困難があると感じているが、他方で、45条と46条を一体のものと捉え、承認拒絶事由のある仲裁判断であってもその承認執行につき裁量が与えられていると解釈することは、我が国仲裁法が手本とした模範法の35条及び36条の規定とも整合的であるように思われるため、結論としては、裁量が与えられていると解する立場に賛成したい。

V 結　語

　筆者は，前記Ⅲで述べたような昨今の国際商事仲裁を取り巻く状況の変化に鑑み，発展途上国の仲裁手続に関する不当な介入に対する対抗策の一つとして，取り消された仲裁判断の承認執行をすることで対処が出来ないのかと考えるに至った。本稿では，2003年の仲裁法の改正をうけ，その後の議論などを参考にしつつ，新仲裁法では取り消された仲裁判断の承認執行がどのように取り扱われるのか，について再検討を行った。

　結果的には，仲裁法45条及び46条を一体的な制度と捉え，模範法とも統一的に解釈するとすれば，承認執行拒絶事由が存在する場合であったとしても，承認執行を求められた我が国裁判所に承認執行をするかしないかについての裁量があるとの結論に達した。それ故，取り消された仲裁判断であったとしても，その承認執行は我が国において行われる余地がある。

　そうすると，残された問題としては，どのような場合に裁量権を行使するべきかが問題となるが，筆者は現在のところ確たる結論にまでは達しておらず今後の検討課題としたい。

(1) 拙稿「仲裁地国裁判所により取消された仲裁判断の我が国における承認及び執行の可否（上・下）」JCAジャーナル第50巻6号16頁，7号28頁（2003）。
(2) 本稿では，仲裁地，仲裁判断が下された国あるいは地はそれぞれ同じ意味として扱う。なお，仲裁判断取消の国際裁判管轄は仲裁地国にあると一般的に理解されている。
(3) Société OTV v. Société Hilmarton, Cour de Casassion, 23 Mar. 1994, English excerpts in XIX Y. B. Comm. Arb. 663 (1994).
(4) In re Arbitration of Certain Controversies Between Chromalloy Aeroservices and the Arab Republic of Egypt, 939 F. Supp. 907 (D.D.C. 1996).
(5) 詳しくは，拙稿・前掲注(1)7号28頁以下での紹介を参照されたい。
(6) 外国仲裁判断の承認及び執行に関する条約（1958年7月14日条約10号）。
(7) ニューヨーク条約を直接適用する場合及び旧仲裁法（公示催告及び仲裁手続に関する法律）が適用される場合では承認執行可能，現行仲裁法が適用される場合については承認執行は難しいのではないかという結論を示した（拙稿・前掲注(1)7号35頁）。

(8) 多くの法域では取り消された仲裁判断の承認執行に消極的ではあると述べつつも，Gus Van Harten, *Investment Treaty Arbitration and Public Law* (Oxford University Press, 2007), p.157 では，ニューヨーク条約5条は執行国裁判所に承認執行に関する裁量権を与えていることから，仲裁地国または被申立人国家の裁判所による仲裁判断取消があろうがなかろうが，投資家はニューヨーク条約締約国の裁判所に被申立人である国家の資産に対する執行を求めることが可能であるとしている。また，百以上の国家がニューヨーク条約の締約国であることを考えれば，自己に有利な仲裁判断を得た投資家は被申立人国家を追っかけ回す数多くの機会を有しているといえようとも述べ，取り消された仲裁判断の承認執行に対して好意的なように思われる。

(9) この点，ニューヨーク条約の起草過程に解決のための手がかりがあるのではないかと考え，起草過程を調査したが，特に有益な手がかりは得られなかった（拙稿・前掲注(1) 6号18頁）。

(10) The Arab Republic of Egypt v. Chromalloy Aeroservices, Inc. (US), Cour d'Appel, Paris 14 January 1997. 前掲注(4)と同当事者が，フランスにおいても承認執行を求めた事案である。

(11) La Direction Générale de l'Aviation Civile de l'Émirat de Dubaï v. Société International Bechtel Co (Paris Court of Appeal, Chamber 1C, 29 September 2005), 2005 (3) Stockholm International Arbitration Review 151.

(12) なお，フランスにおいては，仲裁地国裁判所が取り消した仲裁判断の承認執行が可能である旨判示されていた判決がかなり昔に存在していた（Société Pabalk Ticaret Ltd. Sirketi v. Société Anonyme Norsolar, Cour de Casassion, 9 Oct. 1984, 1985 REV. ARB. 431, English excerpts in Y.B. Comm. Arb. XI 484 (1986).)。

(13) ニューヨーク条約の正文の一つであるフランス語版では，その他の言語版と異なり裁量権が無いように読めるためであるとされている。

(14) 前掲注(4)。

(15) Baker Marine (Nig.) Ltd. v. Chevron (Nig.) Ltd. 191 F.3d 194 (2d Cir. 1999), Spier v. Calzaturificio Tecnica S.p.A., 71 F.Supp. 2d 279 (S.D.N.Y. 1999) など。

(16) van den Berg, Enforcement of Annulled Awards?, 9 The ICC International Court of Arbitration Bulletin 16 (November 1998).

(17) Hulbert, Further Observation on Chromalloy, 13 ICSID Review Foreign Investment Law Journal 124 (Spring 1998), at 143.

(18) なお，ニューヨーク条約3条や7条においては "shall" という文言を使い，その一方5条や6条では "may" という用語を使い分け義務的規定と裁量的規定とを明確に区別している。

(19) Ray Y. Chan, Note : The Enforceability of Annulled Foreign Arbitral Awards in The United States : Critique of Chromalloy, 17 B.U. Int'l L. J. 141(Spring 1999), at 203. 中村達也「取り消された仲裁判断の国際的効力」矢崎幸生ほか編『現代先端法学

の展開』(信山社出版,2001年) 551頁, 575頁。
(20) 小山昇『仲裁法 (新版)』(有斐閣,1983年) 250頁。
(21) 鈴木正裕＝青山善充編『注釈民事訴訟法(4)』(有斐閣,1997年) 358頁 [高田裕成執筆]。
(22) 締約国数については,2007年4月30日現在。
(23) ニューヨーク条約5条1項a～e及び同2項a及びbに承認執行拒絶事由が規定されている。
(24) なお,ICSID仲裁と通常の国際商事仲裁とは異なる点注意が必要である。
(25) 外務省ホームページの「外交政策＞経済＞投資」(http://www.mofa.go.jp/mofaj/gaiko/investment/index.html) によれば2007年4月現在,我が国については現在14の国と地域との間でBITもしくは経済連携協定 (EPA) が締結されている。
(26) UNCTAD/ITE/IIT/2005/4, p.4 に掲載されている表によれば,2005年11月迄に投資仲裁案件が1987年に初めて認知されてからの累計件数が少なくとも219件には達しているとされている。年間認知件数の増加傾向が現れはじめたのは1990年代後半であることがわかる。2003～2005年では年間40件以上の仲裁が行われたとされており,このことからも近年に至っての増加が著しいことが分かる。もっとも,この統計は投資仲裁の案件のうちでも公にされている事件の統計である点注意が必要である。一般的に仲裁は非公開で行われ仲裁判断も非公開とされることが少なくない。このことを考慮すれば,実際の投資仲裁の案件はさらに多いと思われる。
(27) Karaha Bodas Co., L.L.C. v. Perusahaan Pertambangan Minyak Dan Gas Bumi Negara (Pertamina), 274 (5th Cir. 2004). 事案の経過については, 313 F.3d 70 (2d Cir. 2002) が詳しい。
(28) Julian D M Lew, Loukas A Mistelis, and Stefan M Kröll, Comparative International Commercial Arbitration (Kluwer Law International 2003) para. 25-15. 仲裁法3条1項及び44条, 模範法34条1項及び6項参照。
(29) このような問題が発生した原因は実はインドネシア仲裁法の規定の仕方に原因が存在していた。しかし,インドネシア仲裁法では,仲裁判断の取消しについて,内国仲裁判断・外国仲裁判断を区別していない規定の仕方になっているために,スイスを仲裁地とする仲裁判断であっても,インドネシアの裁判所は取消しを認めてしまったのである (インドネシア仲裁法71～73条に取消しに関する規定がある)。このほか,パキスタンや1996年以前のインドにおいても,外国仲裁判断の取消しが行われたという報告がある (Lew, Mistelis, and Kröll, supra note 28 para 25-15.)。
(30) ニューヨーク条約5条1項(e)参照。
(31) このような状況を紹介するものとして,早川吉尚「アジア仲裁最新事情⑥」JCAジャーナル第54巻3号36頁 (2007年)。
(32) 仲裁法46条6項。
(33) 模範法の日本語訳については,『解説 国際取引法令集』三省堂 (2004年) による。

(34) Peter Binder, International Commercial Arbitration and Conciliation in UNCITRAL Model Law Jurisdictions, (Sweet & Maxwell, 2005), para. 8-027.
(35) カナダの裁判例として，Europcar Italia S.p.A. v. Alba Tours International, Ontario Court of Justice, General Division, 21 January 1997, 23 O.T.C. 376. また香港の裁判例として，Societe Nationale D' Operations Petrolieres De la Cote D' Ivoire-Holding v. Keen Lloyd Resources Ltd [2001] 1282 HKCU 1. Abstract in Yearbook Comm. Arb. XXX (2005) p.172.
(36) 近藤昌昭ほか『仲裁法コンメンタール』(商事法務，2003年) 275頁。
(37) 前掲同書275頁。
(38) 三木浩一＝山本和彦編『新仲裁法の理論と実務』(ジュリスト増刊・有斐閣，2006年) 385頁 [谷口発言]。
(39) 前掲同書同頁 [近藤発言]。

(立教大学法学部助教)

論　説　第2分科会：私法系

国際債権譲渡金融における準拠法決定ルール

藤　澤　尚　江

Ⅰ　はじめに
Ⅱ　日本における準拠法決定
　1　債権譲渡の準拠法決定ルール
　2　通則法における債権準拠法説
Ⅲ　米国における準拠法決定
　1　債権譲渡の準拠法決定ルール
　2　UCCにおける譲渡人所在地法説
Ⅳ　準拠法決定ルールの比較検討
　1　日米準拠法決定ルールの主たる相違点
　2　UCCにおける実質的根拠の日本での意味
　3　通則法における債権の準拠法説の実質的根拠
　4　UNCITRALの準拠法決定ルール
Ⅴ　おわりに

Ⅰ　はじめに[1]

　本稿が対象とする債権譲渡は，現在，国際商取引における資金調達の重要な手段となっている[2]。このため，UNCITRAL（国連国際商取引法委員会）は，国際的な債権譲渡について，2001年に「国際取引における債権譲渡に関する条約」（United Nations Convention on the Assignment of Receivables in International Trade）（以下では，「債権譲渡条約」とする）を採択した[3]。この債権譲渡条約によれば，国際的な債権譲渡とは，譲渡される債権の債権者と債務者とが異なる国に所在する場合，そして，債権の譲渡人と譲受人とが異なる国に所在する場合の債権譲渡とされる（債権譲渡条約3条）。

国際的な債権譲渡には多くの問題が存在するが，その一つとして，債務者以外の第三者（以下では「第三者」とする）に対する効力について，いずれの法が適用されるかという準拠法決定の問題がある。2007年1月に，準拠法決定ルールを定めた法例が改正され，「法の適用に関する通則法」（以下では「通則法」とする）が施行された。この通則法では，第三者に対する効力についての準拠法として，債権の準拠法が適用されることになった（以下では「債権準拠法説」とする）。一方で，米国の統一商事法典（以下では「UCC」とする）では，譲渡人の所在地法が適用される（以下では「譲渡人所在地法説」とする）。

米国は債権を含む資産流動化の先進国であり，先進国となりえたのはUCCによるところが大きいと言われている。[4]日本においても，債権流動化促進が語られるときにはしばしばUCCが参照される。この債権流動化の基盤整備は，法例改正の理由の一つとしてもあげられていた。[5]それにもかかわらず，資産流動化に資すると言われるUCCと債権流動化促進を念頭に改正された通則法とが，異なる準拠法決定ルールを採用するに至ったのはなぜだろうか？ 通則法により準拠法決定ルールは，国際債権譲渡金融に適したものになったといえるのであろうか？

本稿では，まず「II」で日本の準拠法決定ルールについて議論の状況を整理する。次に「III」で米国における準拠法決定ルールを概観し，UCCがなぜ譲渡人の所在地法説をとることに至ったのかを示す。「IV」では，日米の準拠法決定ルールの比較検討を行い，UNCITRALの債権譲渡条約にも触れる。そして最後に，債権譲渡金融では，第三者に関する効力の準拠法として，譲渡人の所在地法が適用されるべきであるということを示したい。

II 日本における準拠法決定

1 債権譲渡の準拠法決定ルール

日本で，債権譲渡の準拠法決定ルールが問題となる場合としては，次の四つ

があげられる。第一に債権譲渡の成立及び譲渡人・譲受人間の効力に関する準拠法決定，第二に第三者に対する効力に関する準拠法決定，第三に債権の譲渡可能性についての準拠法決定，そして第四に債務者に対する効力についての準拠法決定である。

第一の債権譲渡の成立及び譲渡人・譲受人間の効力について，従来の通説は，譲渡当事者間の債権債務関係と債権譲渡の成立要件等を区別する。そして，前者の債権譲渡当事者間の債権債務関係には，譲渡契約の準拠法が適用され，後者の成立要件等については，譲渡対象債権の準拠法が適用されるとする。しかし，これに対しては，譲渡人・譲受人間における実質的成立要件及び成立時期も，債権譲渡契約によるべきとする見解がある。

第三の債権の譲渡可能性については，ほぼ争いなく，譲渡の対象となる債権の準拠法を適用すべきとされる。第二の第三者に対する効力，第四の債務者に対する効力については，通則法23条に定めがある。23条によれば，これらの場合にも，債権の準拠法が適用される。

以上から，日本の通説によれば，債権譲渡金融には，譲渡当事者間の債権債務関係を除き，譲渡対象債権の準拠法が一貫して適用されることがわかる。

2 通則法における債権準拠法説

第三者に対する効力の問題について，通則法が債権の準拠法を適用する根拠には，理論的なものと実質的なものとがある。まず，理論的な根拠として，債権譲渡の第三者に対する効力は債権自体の効力の問題であるため，譲渡される債権それ自体の準拠法によるべきということがあげられる。債権譲渡は債権の同一性を変えることなく，契約によって原債権をそのまま譲受人に移転するものと考えられる。そこで，第三者に対する効力の問題については，「譲渡の対象となる債権の準拠法」によるとされるのである。

次に債権準拠法説をとる実質的根拠としては，次の2つがあげられる。第一

には，統一的処理が可能であるというものである。日本の通説によれば，債務者に対する効力の準拠法は，債権の準拠法になる[14]。そこで，第三者に対する効力についても，債権の準拠法を適用することで，債務者に対する効力と第三者に対する効力とを統一的に処理することが可能であるとする[15]。第二の根拠は，譲渡対象債権の準拠法であれば，通常は事後的に変更されることがあまり想定されないというものである[16]。

III 米国における準拠法決定

それでは，次に米国の債権譲渡の準拠法決定ルールはいかなるものであるかを概観し（「III 1」），UCC で譲渡人の所在地法説が採用される理由を明らかにする（「III 2」）。

1 債権譲渡の準拠法決定ルール

債権譲渡の準拠法決定は，米国では次のように行われる。第一に債権譲渡の成立及び譲渡人・譲受人間の効力の準拠法決定についてである。これは，諾成契約の有効性の問題として UCC1-301 による[17]。UCC1-301 は，当事者間で準拠法に関する有効な合意があれば，当事者の選択した地の法を適用する（UCC1-301(c)）。そして，当事者による合意がない場合には，その州の抵触法によるとする（UCC1-301(d)）。

第二の第三者に対する効力の準拠法決定については，UCC9-301 が適用される。UCC9-301 は，第三者に対する効力の問題に，通常，譲渡人の所在地法を適用する（UCC9-301(1)）。

第三に債権の譲渡可能性の準拠法決定，そして第四に債務者に対する効力に関する準拠法決定の問題についてである。これらの問題には，UCC の原則を定めた第一編の UCC1-301 も，債権譲渡について定めをおく UCC 第9編の抵触法規則も適用されず，UCC 上明文の規定が存在しないと考えられる[18]。

UCC上規定のない問題は，コモン・ローにより判断される[19]。そこで，第三，第四のそれぞれの問題について，コモン・ローの規定を見る。

第三の債権の譲渡可能性は，コモン・ロー上ほぼ一貫して，債権を生じさせた原因となる法律行為の準拠法によることが認められる[20]。また，コモン・ローを条文化し，しばしば判決に引用されるものとして，米国抵触法第2リステイトメント（以下では，「リステイトメント」とする）があるが，このリステイトメントにも同様の規定がされている[21]。

最後の債務者に対する効力の準拠法については，リステイトメント210条に規定される。リステイトメント210条は，弁済又は債務の履行が，(a)第208条の規定の適用によって選択された法律，または，(b)第208条の規定の適用によって選択された法上，権利が譲渡可能である場合において，譲渡人及び譲受人に対する関係で第209条の規定の適用によって選択された法律により，債務者は免責されるとする[22]。(a)の法律とは，譲渡及び当事者に最も重要な関係を有する州の法律であり[23]，(b)の法律とは，譲渡可能性の準拠法[24]，つまりは，譲渡債権の準拠法となる。

以上から，米国では，債権譲渡の成立及び譲渡人・譲受人間の効力，譲渡可能性，債務者に対する効力，第三者に関する効力の個々の側面に分けて，準拠法が決定されていることがわかる。

2 UCCにおける譲渡人所在地法説

それでは，次にUCCが譲渡人所在地法説を採用した根拠を示す。まず，理論的根拠について見ていく。UCC制定以前のいくつかの裁判所は，債権譲渡を，資産を移転させる取引であるとみなし，動産譲渡に関する先例を適用していた[25]。コモン・ローによれば，動産譲渡は，譲渡対象物の所在地法によるとされていた[26]。そこで，債権の所在地を「譲渡人の所在地」であるとみなし，譲渡人の所在地法によることになった[27]。しかし，実体を有さない債権の「所在地」

は,「譲渡人の所在地」以外にも多義的に解釈が可能であるため,明確性に欠けた[28]。そこで,UCC は,「債権の所在地」という概念を介さず,直接に債権者である譲渡人の所在地法を適用することにした。債権譲渡金融において第三者に対する効力の問題に利害関係を有するのは,通常,債権譲渡金融の当事者（譲渡人と譲受人）および譲渡人の債権者である。この利害関係者の利益にかなう地こそが,譲渡人の所在地であり,それゆえ第三者に対する効力の準拠法には,譲渡人の所在地法が適用されるべきとしたのである。つまり,UCC は,判例法の理論から離れ,実務の要求に答える抵触規則をおいたのである[29]。

次に,UCC が譲渡人所在地法説をとる実質的根拠としては,主として以下の三つがあげられる。第一に,確実かつ確定が容易であるという理由である。UCC 第9編では,貸付証書を登録することによって,第三者に対して債権譲渡を主張することが可能となる[30]。この登録の機能は,①譲受人の権利を確かなものにするということ,②譲渡人の債権者に情報を与えるということの二つと考えられる。これら二つの機能のため,登録の場所,つまり登録を備えるための「準拠法」は,譲受人,そして,譲渡人の債権者の双方にとって,確実かつ確定が容易な場所でなければならない[31]。譲受人の営業所所在地 (place of business),複数の債権の債務者の営業所所在地,または住所地は,譲渡人の債権者,あるいは譲受人にとって,確定することが困難である[32]。また,債権の準拠法についても,譲受人や,譲渡人の債権者にとっては,確定が容易でないと思われる。なぜなら,第三者である譲受人や譲渡人の債権者が,債権の準拠法を知ることは困難だからである。また,譲渡の対象となる債権について,契約当事者による準拠法選択がない場合には,契約に関する抵触規則により,まずは譲渡債権について準拠法の決定を行わなければならない[33]。そこで,このような登録の機能を考えた場合,譲受人,譲渡人の債権者が譲渡人と通常関係を有している,譲渡人の所在地法を選択することが適当であるとされるのである。

第二の実質的根拠としては,譲渡全体の有効性判断が可能であることがあげ

られる。米国では，債権譲渡は複数の債権が一括して譲渡されることが多いといわれる(34)。もし，このような債権の一括譲渡の場合に，債権準拠法・債務者の住所地法を適用したとすると，一個の譲渡について，個々の債権ごと，または個々の債務者ごとに準拠法の判断を行わなければならない(35)。このような処理は，譲渡当事者による対抗要件の具備や譲渡人が破産した場合の破産裁判所の手続を煩雑化するおそれがある。譲渡人の所在地法であれば，債権譲渡全体での準拠法判断が可能になる(36)。そこで，譲渡人の所在地法を適用することは，この点からも有用であるといえる。

最後に，破産裁判所の利益にかなうという理由がある。債権譲渡の準拠法決定の問題は，破産事件において最も頻繁に生じるとされる(37)。譲渡人の主たる破産の管轄地は，譲渡人の所在地となる(38)。破産者の債権者の多くは，破産者と同じ州で営業を行っている可能性が高いと言われる(39)。そこで，破産手続が行われる地は，破産者の事業を清算することに最大の関心を有しているといえる(40)。また，債権譲渡それ自体は，一定の準拠法のもとで有効となるが，破産時には，偏頗行為の否認や資産が破産財団に含まれるかどうかの決定等について，破産法のルールが適用される(41)。それゆえ，破産裁判所は，債権譲渡の準拠法と破産の準拠法と双方を参照する必要がある。破産手続が主として行われる地の法は，当該裁判所が最も熟知している法である(42)。そのため，譲渡人の所在地法によることで，破産裁判所はより効率的に手続を行うことができる(43)。

Ⅳ　準拠法決定ルールの比較検討

次に「Ⅱ」「Ⅲ」で示した日米の準拠法決定ルールについて比較検討を行なっていく。検討の手順として，まず，日米の準拠法決定ルールの相違点について考える。それから，債権譲渡金融を行なう上で，日本のように債権準拠法説をとることが本当に望ましいのかを，UCCにおける実質的根拠，通則法における実質的根拠を参照しながら検討し，最後にUNCITRALでの議論に触れる。

1 日米準拠法決定ルールの主たる相違点

　通則法とUCCとの主たる相違は，準拠法決定の中心にある関係と実務上のニーズの2点にあると思われる。

　第一の準拠法決定の中心にある関係の差異は，次のようなものである。通則法は，第三者に対する効力の準拠法決定について，譲渡の対象となる債権に焦点をおいている。一方でUCCは，譲渡人と第三者との関係に焦点をおいている。第三者対抗要件の問題は，とりわけ債権譲渡金融においては，譲渡人を中心として，譲渡人の有する財産（債権）に対する複数の権利主張について優先劣後が争われるものと考えることができる[44]。そうすると，第三者対抗要件の問題の中心にあるのは，通則法にいう譲渡対象となる債権よりもむしろ，UCCがいうような譲渡人と第三者との関係ではないだろうか。そして，国際私法における基本的な準拠法決定の方法が，問題となる生活関係に最も密接な関係を有する地の法の適用であることを考えれば[45]，譲渡人と第三者との関係に最も密接な地の法をこそ適用すべきではなかろうか。

　第二は，実務上のニーズの差異である。日本で，譲渡人の所在地法説に一定の説得力を見いだしながらも，通則法に債権の準拠法説を採用したことには，実務界からの意見が大きく影響している[46]。一方，UCCで譲渡人の所在地法が選択された理由も，理論よりもむしろ実務上の要求をこそ重視したためと考えられる。日本では，準拠法が定まっていない将来債権譲渡や準拠法が異なる債権の一括譲渡を行なうことは，それほど望まれていないと言われる。そこで，譲渡人の所在地法によるニーズもないとされた[47]。けれど，一括債権譲渡を行う上で改正前の法例等に抵触法上の阻害要因があったからこそ，一括債権譲渡を行うニーズも認められなかったとは考えられないだろうか。つまり，抵触法上の阻害要因を除去することで，一括債権譲渡へのニーズが増加することになるのではなかろうか。また，今後，企業活動の国際化がさらに進展すれば，日本においても準拠法の定まらない将来債権譲渡や準拠法の異なる債権の一括譲渡

に対するニーズが認められる可能性も生じうるのではなかろうか[48]。

2　UCC における実質的根拠の日本での意味

「Ⅲ2」で見たように，UCC は，譲渡人と第三者との利益にかなうとして，譲渡人所在地法説をとっている。しかし，果たして，UCC における議論が，日本の国際私法を考える場合にもあてはまるのだろうか。以下では，「Ⅲ2」であげていた UCC における譲渡人所在地法説の実質的根拠が，日本の議論においても同様に説得的であるといえるのかについて検討する。

前述のように，UCC における実質的根拠には，主として次の3つを認めることができる。第一の実質的根拠は，譲渡人の所在地は確実かつ確定が容易であるということである。日本において考えられる第三者対抗要件の機能には，①譲受人による自己の権利の掴取・実現と②第三者に対する公示とが含まれる[49]。これは，UCC の登録の機能である①譲受人の権利の確定と②第三者に情報を与えることと，ほぼ同様のものである。そのため，日本でも第三者に対する効力の準拠法は，譲受人と債務者以外の第三者にとって，確実かつ確定が容易なものであることが重要であるといえる。

第二に譲渡全体の有効性判断が可能であるということがあげられる。譲渡人所在地法説によれば，結果として一括譲渡された債権の準拠法が同じであったとしても，譲渡人の所在地さえ確認すればよい。つまり，個々の債権の準拠法を一つ一つ確認する必要はない。一方で，もし準拠法の異なる債権が一括譲渡された場合に，個々の債権の準拠法が適用されることになれば，その煩雑さは明らかである[50]。そのため，米国に限定されることなく，一括債権譲渡が行われる場合には，対抗要件の具備，破産裁判所の手続の煩雑化を避けるために，債権譲渡全体での有効性判断を行うことが求められる。

最後に，破産裁判所の利益にかなうということがあげられる。日本においても，破産時には，債権譲渡について破産法との関係を考えねばならず，また譲

渡人が破産した場合,譲渡人の主たる破産管轄地は,譲渡人の所在地となる(破産法4条)[51]。そこで,日本の準拠法決定ルールでも,第三者に対する効力の準拠法として譲渡人の所在地法を選択することが適していると考えられる。

3 通則法における債権の準拠法説の実質的根拠

以上で,米国における譲渡人所在地法の実質的根拠には,日本で議論する場合にも妥当性を認めうることを示した。そこで次に,前述(「Ⅱ2」)の日本における債権の準拠法説の実質的根拠が本当に説得的なものといえるのか,米国との比較で検討していきたい。

(1) 債務者と第三者に対する効果の統一的処理が可能　債権の準拠法説をとる第一の実質的根拠として,債権譲渡の債務者に対する効力と第三者に対する効力にかかる効果を統一的に処理できることがあげられる。

しかし,米国では,債務者に対する効力には債権の準拠法が適用され,第三者に対する効力には譲渡人の所在地法が適用される。つまり,米国では,債務者に対する効力と第三者に対する効力とを統一的に処理することは,はかられていない。これは,債務者に対する効力と第三者に対する効力とでは政策や目的が異なるためと考えられ[52],日本でも同様の主張がされている[53]。さらに,「動産及び債権の譲渡の対抗要件に関する民法の特例等に関する法律」[54](以下では「特例法」とする)によれば,実質法上,第三者対抗要件と債務者対抗要件とは別個に具備する必要があり,第三者に対する効力と債務者に対する効力とを切り離して考えている。特例法のように第三者対抗要件と債務者対抗要件とを切り離し,第三者には対抗力の確保の簡便性・確実性をはかりながら,別に債務者保護を図ることは,現代の債権譲渡に関する実質法上の顕著な傾向であり,債権流動化促進のための「なかば必然的な動き」とさえ言われている[55]。

以上のような状況からすると,日本においても,果たして債務者に対する効力と第三者に対する効力とを統一的に処理することが必要であるのかについて

は，疑問の残るところである。

(2) 事後的な変更の可能性が低い　　債権準拠法説がとられる第二の理由として，債権の準拠法は事後的に変更されることがあまり想定されていないということがあげられる。

かつての法例第12条は債務者住所地法を準拠法として選択しており，この12条に対する批判の一つが，債務者の住所が変更された場合に法律関係が不明確になるというものであった。債務者は自然人であることが多いが，債権譲渡金融を行う譲渡人は，法人であることが通常である。そこで，債務者の住所地に比べれば，譲渡人の所在地は変更の可能性が低いと言われている[56]。

さらに，変更の可能性が低いとされる債権の準拠法には，通則法により，明文の規定で事後的な変更が認められている（通則法9条，16条，21条）。これについて，準拠法の事後的変更は，第三者の権利を害することができないため，債務者所在地法による場合と同様の問題が生じないとも言われる[57]。この主張は，事後的変更が認められない結果，第一譲受人は，「変更前の準拠法に従って対抗要件を備えていれば，たとえ第二譲受人が変更後の準拠法によって第三者対抗要件を備えたときでも，第一譲受人の権利は害されない」[58]とするものである。これによれば，確かに第一譲受人は，事後的変更により害されない。一方で，準拠法の事後的変更後の第二譲受人はどうであろうか？　第二譲受人は，通常，債権の準拠法決定および変更に直接関与しておらず，事後的に変更された準拠法を信じ，その準拠法に従って対抗要件を得ようとするだろう。この第二譲受人は，準拠法の事後的変更が認められないとされてしまうと，自らの権利を失わざるをえない結果となろう。準拠法変更後の第二譲受人まで考えると，準拠法の事後的変更が認められる結果から問題が生じない，とはいいがたいように思われる。

4 UNCITRAL の準拠法決定ルール

UNCITRAL の債権譲渡条約では，UCC と同じく，第三者に対する効力の準拠法として，譲渡人の所在地法を選択する（債権譲渡条約22条，30条）。以下では，債権譲渡条約において譲渡人の所在地法が選択された理由を明らかにする。

債権譲渡条約の注釈は，譲渡人の所在地法を採用した根拠として，準拠法の決定が容易であることと，譲渡人の所在地は譲渡人の破産手続が開始される地であることをあげる。

これらの根拠は，債権譲渡条約の最終草案の解説（以下では「解説」とする）に，さらに詳しく示されている。まず，準拠法の決定が容易という根拠についてである。解説によれば，譲渡人の所在地は単一であり，譲渡時に容易に決定が可能であるとされる。この理由として，債権譲渡条約は，人はその営業所を有する国に所在するとしているが，譲渡人の営業所が複数ある場合にも，5条(h)が主たる営業所の所在地（the place of the central administration）を譲渡人の所在地と定めていることがあげられる。そして，譲渡人の所在地法によれば，一つのプールにある個々の債権それぞれに準拠法を考慮する必要がなくなること，複数の将来債権の一括譲渡についても譲渡時に準拠法の確定が可能であること，というメリットがあるとされる。また，登録（registration）を用いる法システムにも，譲渡人の所在地法は適しているとする。これは，登録が要求される場合，通常，第三者は譲渡人の所在地法が第三者に対する効力の問題に適用されると予測するからであろう。

次に，譲渡人の所在地が譲渡人の破産手続が開始される地であるという根拠についてである。通常，譲渡人の破産手続は，譲渡人の所在地で開始される。第三者に対する効力の準拠法を譲渡人の所在地法とすることで，債権譲渡条約と破産の準拠法との間に生じる問題を適切に処理できるとするのである。

反対に，解説は，債権の準拠法を第三者に対する効力へ適用することに否定

的な見解を示す[65]。債権の準拠法を適用すると，複数債権の一括譲渡を行う場合に，個々の債権の優先関係に異なるルールが適用される事態が生じるからである。また，将来債権を譲渡する場合には，譲渡時に明確に準拠法を確定できないおそれもあるとする。

以上から，債権譲渡条約に譲渡人所在地法説が採用された理由には，UCCと重複する部分が多いことがわかる。さらに債権譲渡条約の準拠法決定ルールは，通則法とは異なり，譲渡人と譲受人，債務者に対する効力，第三者に対する効力について，それぞれに準拠法を定めている。債権譲渡の準拠法決定に関し，あえて統一的な処理をはかろうとしていないこの点についても，債権譲渡条約はUCCと同じ姿勢をとっているのである。

V おわりに

本稿では，まず日米の債権譲渡の準拠法決定ルールを概観し，第三者に対する効力の準拠法決定の議論を整理した（「Ⅱ」，「Ⅲ」）。これらの整理から，「Ⅳ」では日米の準拠法決定ルールの比較検討を行った。そして，日米が異なる準拠法選択を行った主たる理由は，第三者対抗要件の問題に関する焦点が異なる点，立法者が考える実務のニーズが日米で異なった点の2点にあると示した。しかし，日本のような焦点のおき方や主張されている実務のニーズが，本当に正しいかについては疑わしい（「Ⅳ1」）。

また，UCCは，特に一括債権譲渡金融を念頭においた実質的根拠を重視し，譲渡人の所在地法説をとっていたが，この実質的根拠は日本においても同様に説得的であるといえる（「Ⅳ2」）。一方で，通則法の債権準拠法説には，積極的な根拠を認めることができるのか疑問の残るところである（「Ⅳ3」）。さらに，UNCITRALの債権譲渡条約でも，第三者に対する効力の準拠法について，UCCと同様の譲渡人の所在地法が採用されており，その理由についてもUCCと重複する部分が多い（「Ⅳ4」）。

本稿では直接触れなかったが，EU の「契約債務の準拠法に関する規則」（ローマI）でも，欧州委員会は，第三者に対する効力の準拠法として譲渡人の所在地法を提案している。もし，この提案がそのまま維持されれば，アメリカ，ヨーロッパの優れた国際私法の伝統をもつ国々の多くが，譲渡人所在地法を準拠法として採用することになる。本稿で行った議論に加え，EU の状況からも，国際債権譲渡金融に関しては，第三者対抗要件に関する準拠法について，譲渡人の所在地法説をとることが適切であると考える。

(1) 本稿は，2006年10月29日に開催された日本国際経済法学会での報告をもとに，特に「Ⅳ 準拠法決定ルールの比較検討」部分を大幅に加筆修正したものである。なお，「Ⅲ 米国における準拠法決定」については，部分的に拙稿「債権流動化と米国統一商事典における国際私法規則」国際商事法務34巻11号1441頁（2006年）に依拠する。また，学会報告時にご質問いただき，貴重な勉強の機会をくださった岡山大学佐野寛教授，中央大学山内惟介教授，早稲田大学久保田隆教授，早稲田大学道垣内正人教授（大学名50音順）等諸先生方に感謝の意を申し上げる。本稿で論及しきれなかった点については，今後の検討課題とさせていただきたい。
(2) *See,* Sean D. Murphy eds., *Contemporary Practice of the United States Relating to International Law: Private International Law: U.S. Signing of Uncitral Convention on Assignment of Receivables,* 98 A.J.I.L. 368, 368 (2004).
(3) 本条約を含め，本稿に引用する UNCITRAL の文書は，次の UNCITRAL の HP にて閲覧可能。http://www.uncitral.org/index.html（last visited Apr. 30, 2007）.
(4) 久保田武士「特定債権の譲渡と公告制度，書面閲覧制度」NBL528号18頁（1993年），債権譲渡法制研究会「『資料』債権譲渡法制研究会報告書」NBL616号36頁（1997年）参照。
(5) 小出邦夫編著『一問一答新しい国際私法』（商事法務，2006年）3頁参照。
(6) 「譲渡可能性」は，それ自体の意味内容についても検討が必要である。詳しくは法例研究会編『法例の見直しに関する諸問題(1)』別冊 NBL80号96頁（2004年）参照。
(7) 通則法成立後の文献として，神前禎ほか『国際私法〔第2版〕』（有斐閣，2006年）205-206頁［神前］，櫻田嘉章『国際私法〔第5版〕』（有斐閣，2006年）242-243頁，澤木敬郎＝道垣内正人『国際私法入門〔第6版〕』（有斐閣，2006年）257頁の整理を参照。
(8) 神前ほか・前掲書206頁［神前］，櫻田・前掲書243頁，澤木＝道垣内・前掲書257頁参照。
(9) 神前ほか・前掲書206頁［神前］，澤木＝道垣内・前掲書258頁参照。
(10) 神前ほか・前掲書206頁［神前］，澤木＝道垣内・前掲書258頁参照。

⑾ 久保岩太郎『国際私法論』(三省堂, 1935年) 485頁, 山田鐐一『国際私法 [第三版]』377頁 (有斐閣, 2004年), 法務省民事局参事官室「国際私法の現代化に関する要綱中間試案 補足説明」『法の適用に関する法関係資料』別冊 NBL110号93頁以下 (2006年) 等参照。
⑿ 潮見佳男『債権総論Ⅱ〔第3版〕』(信山出版, 2005年) 591頁等参照。
⒀ 法務省民事局参事官室・前掲報告93頁以下参照。
⒁ 法例研究会編・前掲書98頁参照。
⒂ 法例研究会編・前掲書101頁参照。
⒃ 法例研究会編・前掲書101頁参照。
⒄ See, RUSSEL J. WEINTRAUB, COMMENTARY ON THE CONFLICT OF LAWS, §8.30, at 610 (5th ed. 2006); EUGEN F. SCOLES ET AL., CONFLICT OF LAWS, §19.29, at 1103 (4th ed. 2004).
⒅ UCC第9編は, 担保取引 (security interest) についての規定をおくが, 債権譲渡もその対象とする。See, UCC9-109(a) (3) (2007).
⒆ See, UCC1-103(b) (2007).
⒇ See, 3 ERNST RABEL, THE CONFLICT OF LAWS, pp.415-419 (2nd ed. 1964).
(21) See, RESTATEMENT (2nd) OF CONFLICT OF LAWS, §208 cmt. b (1971).
(22) RESTATEMENT (2nd) OF CONFLICT OF LAWS, §210 (1971). リステイトメントの日本語訳については, 法例研究会編・前掲書103頁を参照。
(23) See, RESTATEMENT (2nd) OF CONFLICT OF LAWS, §209 (1971).
(24) See, Id, §208.
(25) See, Multistate Accounts Receivable Financing: Conflicts in Context, 67 Yale L. J. 402, 422 (1958).
(26) See, WEINTRAUB, supra note 17, §8.31 at 611; RESTATEMENT OF CONFLICT OF LAWS §§255-264 (1934).
(27) See, RABEL, supra note 20, pp.401-402; JOSEPH STORY, COMMENTARIES ON THE CONFLICT OF LAWS, §399 pp.558-559 (8th ed. 1883).
(28) See, Multistate Accounts Receivable Financing, supra note 25, pp.424-425; 1 GRANT GILMORE, SECURITY INTERESTS IN PERSONAL PROPERTY, §10.9 at 319, §10.9 at 323 (1965).
(29) See, GILMORE, supra note 28, §10.8 at 319, §10.9 at 323.
(30) See, UCC9-310 (a) (2007); UCC9-322 (a) (2007).
(31) See, UCC9-103 cmt.2 (1962); UCC9-103, cmt.5 (a) (1972).
(32) See, Id.
(33) See, Multistate Accounts Receivable Financing, supra note 25, at 424 note 68.
(34) See, RESTATEMENT (2nd) OF CONFLICT OF LAWS, §211 cmt. c (1971).
(35) 債権の準拠法については, RESTATEMENT (2nd) OF CONFLICT OF LAWS, §211 cmt. c

(1971), 債務者の所在地法については *Multistate Accounts Receivable Financing, supra* note 25, at 423 によりそれぞれ批判がなされている。

(36) *See,* LUTHER L. MCDOUGAL, III ET AL., AMERICAN CONFLICTS LAW, §173, at 628 (5th ed. 2001).

(37) *See,* Malcom, *Conflicts of laws, Accounts Receivable,* Mass. L.Q., Oct. 1945, pp.38, 41. as sited *Multistate Accounts Receivable Financing, supra* note 25, at 433 note 108.

(38) *See,* 28 USCS §1408 (LEXIS, 2006); Eugene J. T. Flanagan, *Assignments of Accounts Receivable and the conflict of Laws under the Bankruptcy Act,* 2 Vand. L. Rev.409, 424 (1948).

(39) *See,* Flanagan, *supra* note 38, at 424.

(40) *See, Id.*

(41) *See,* Roy Goode, *Symposium on International Bankruptcy Law: Comparative and Transnational Approach, Security in Cross-Border Transactions,* 33 Tex Int'l L. J. 47, 51 (1998).

(42) *See,* Flanagan, *supra* note 38, at 424.

(43) *See, Id.*

(44) 野村美明「債権流動化と国際私法」多胡圭一編『大阪大学法学部創立50周年記念論文集』(有斐閣、2002年) 374頁、382頁、神前ほか・前掲書207頁 [神前] 参照。

(45) 櫻田・前掲書16頁参照。

(46) 櫻田嘉章ほか「法適用通則法の成立をめぐって」ジュリスト1325号35頁 [櫻田発言] (2006年)、澤木＝道垣内・前掲書259頁参照。

(47) 小出邦夫ほか「『国際私法の現代化に関する要綱』の概要」前掲『法の適用に関する法関係資料』62頁参照。

(48) 大阪弁護士会「『国際私法の現代化に関する要綱中間試案』に対する意見」24頁以下 (2005年) (http://www.osakaben.or.jp/web/03 speak/iken/iken050519.pdf) 2007年4月30日参照。

(49) 池田真朗『債権譲渡の研究〔増補二版〕』(弘文堂、2004年) 107-108、112頁参照。

(50) 神前ほか・前掲書208頁 [神前] 参照。

(51) 最近のものとして伊藤眞『破産法〔第4版補訂版〕』(有斐閣、2006年) 146頁等参照。

(52) *See,* RABEL, *supra* note 20, at 428.

(53) 道垣内正人『ポイント国際私法各論』(有斐閣、2000年) 274-275頁参照。

(54) ある文献では、債務者が日本国外に所在する場合には、債務者の郵便番号を記載できないため、債権譲渡登記ファイルの記録が出来ないとされる（西村ときわ法律事務所編『ファイナンス法大全〔アップデート版〕』438-439頁 [徳安亜矢、齋藤崇] [商事法務、2006年]）。確かに、当該文献で根拠として引用している法務省の「債権譲渡登記申請データ仕様」（平成18年4月1日更新：http://www.moi.go.jp/MINJI/minji13-2.pdf、2007年4月30日参照）では、登記ファイルの記載方法について、譲渡人、質権設定者、

譲受人又は質権者が外国に所在する場合の記述しかなく,債務者が外国に所在する場合の記述方法については明記されていない。けれども,当該申請データ仕様には,債務者が外国に所在する場合に債権譲渡登記ができない旨も明言されてはいない。それゆえ,債務者が外国に所在する場合であったとしても債権譲渡登記は可能であると考えられる。筆者が2007年4月16日に東京法務局民事行政部債権登録課に問い合わせたところ,一定程度の特定さえされていれば,たとえ債務者が外国に所在する場合であったとしても,債権譲渡登記は可能であるとの回答を得た。また,その場合の登記申請データの記載方法は,譲渡人等にならうとのことであった。

(55) 早川眞一郎「UNCITRAL債権譲渡条約について」国際私法年報第3号22-23頁(2001年)参照。
(56) 法例研究会編・前掲書102頁参照。
(57) 法例研究会編・前掲書101頁注192参照。
(58) 小出編著・前掲書127頁。
(59) 本条約については,池田真朗教授(慶應義塾大学)の一連の業績があげられるが,特に国際私法を中心に扱ったものとしては,次の文献がある。河野俊之「証券化と債権譲渡」渡邊惺之＝野村美明編『論点解説国際取引法』(2002年,法律文化社)124頁以下,早川・前掲論文2頁以下,北澤安紀「債権譲渡の準拠法」国際法外交雑誌99巻4号1頁以下(2000年)。
(60) 第三者に対する効力の準拠法は,債権譲渡条約22条と30条の双方に規定がある。これは,30条を含む債権譲渡条約第5章の抵触法ルールは,「第5章以外において定められているルールの適用されない債権譲渡について準拠法を定める役割,および,条約の第5章以外のルールが解決していない問題について準拠法を定める役割」をはたしているからである。鍵括弧内,早川・前掲論文7頁。河野・前掲論文126頁にも同旨。
(61) See, Explanatory Note by the UNCITRAL Secretariat on the United Nations Convention on the Assignment of Receivables in International Trade, in UNITED NATIONS CONVENTION ON THE ASSIGNMENT OF RECEIVABLES IN INTERNATIONAL TRADE 27, para.4, at28, para.48, pp.40-41 (2004). この注釈(Explanatory Note)はUNCITRALの事務局により作成されたものであるが,債権譲渡条約の公式の解説ではない。
(62) See, UNCITRAL, Receivable Financing: Analytical Commentary on the draft Convention on Assignment of Receivables in International Trade, para.32 at 14, A/CN.9/489/Add.1 (May, 22, 2001). 以下では「A/CN.9/489/Add.1」とする。
(63) See, UNCITRAL, Report of the Working Group on International Contract Practices on the work of its twenty-third session (Vienna, 11-22 December 2000), para.41, at 13, A/CN.9/486 (Jan. 9, 2001).
(64) See, A/CN.9/489/Add.1, para.32 at 14.
(65) See, Id, para.30 pp.13-14.
(66) See, Commission Proposal for a Regulation of The European Parliament and The Council

on The Law Applicable to Contractual Obligations (Rome I), art.13, at 8, COM(2005)650 final (Dec. 15, 2005).

（大阪大学大学院法学研究科博士後期課程・同大学院国際公共政策研究科特任研究員）

論　説　　自　由　論　題

一般的経済利益のサービスの「阻害」に関する
判例法理の展開と86条2項の機能
—— 公共サービス事業における EC 競争法の適用範囲：競争か公益か ——

青　柳　由　香

Ⅰ　はじめに
Ⅱ　一般的経済利益のサービスと86条
Ⅲ　判決の検討——初期から Corbeau 判決まで——
　1　初期の判決・決定
　2　Corbeau 判決と必要性テスト
　3　検　　討
Ⅳ　Corbeau 判決以降の判決の動き
　1　必要性テストの系譜
　2　LRA テストの系譜
Ⅴ　86条2項の機能——公益優位の社会へ？——
　1　1997年アムステルダム条約による EC 条約16条の挿入
　2　学説の検討
Ⅵ　おわりに

Ⅰ　はじめに

「共同市場」の設立は EC の目的達成の最も重要な手段のひとつである（EC 条約2条）。これを実現するために EC 条約では競争法の規定が盛り込まれており、事業者間の合意や支配的地位の濫用等の競争制限的な行為は規制の対象となる。これは公共サービス事業分野も例外ではない(1)。

加盟国が自国の事情に照らして公共サービス事業（EC では一般的経済利益の

サービスという。）の運営について独占的・排他的な権利等を国営・公営・民間の事業者に与え，一定の領域の範囲で公共サービス事業を提供させることが多くみられる。例えば，国営事業者による郵便の基本的なサービスの独占的提供などである。しかし，これは公共サービス事業分野において国境に沿って市場が分断されることにほかならず，ECでは共同市場の形成を妨げる行為として規制される。EC条約86条2項は，たとえ公共サービス事業を提供する事業者の行為であっても，一般の経済活動を行う事業者の行為と同様に条約ルールの適用対象となることを宣言している。

　しかし，公益のために提供されるべきであるが，民間に任せておいては適切に供給されないサービスについて，国が特定の事業者に当該サービスの供給を委ねる等して，公益を確保する必要がある。また，補完性の原則に従い，ECによる立法がなされない限り，公共サービス事業は一義的には各加盟国に権限がある事項なので，各々ごと加盟国の公共サービス事業に関する政策を尊重する必要もある。この2つの必要性を担保するのも86条2項である。すなわち，同条は，公益サービスを提供する事業者の行為に対する競争法等の適用を一定の場合に適用除外することを規定している。

　このように86条2項は公共サービス事業について一方では条約ルールの全面適用を定め，他方では公益や加盟国の権限を理由として条約ルールからの適用除外を規定する。本稿では，判例の検討を通じて，公益サービスを提供する事業者の行為について条約ルールからの適用除外の可否はいかなる基準で判断されるか検討する。ECでは既に1970年代より公共サービス事業への競争法の適用の事例がみられ，80年代になりその数を増し，その状況は90年代に入ってさらに増加の傾向をみており，判例の集積がみられる。この間には判例の移り変わりがみられる。本稿では，第1に判例の変遷を示しつつ適用除外の可否判断の基準を整理・検討し，第2にその変遷の背景を考察し，第3に86条2項の機能についての学説とECJの立場を検討する。

なお，本稿が扱うEC条約86条は他の条約ルールと関連して適用されるという特殊な性質をもつ規定である。本稿の課題では，国家補助および自由移動規定との関連で86条の適用が検討された事案も取り上げえたが，紙幅の都合より本稿は競争法に関するEC条約81条・82条に関連する事案を射程とする。また，判決を中心に検討するが必要に応じてEC委員会決定に言及する。条文番号はアムステルダム条約以降の新番号に統一した。

Ⅱ　一般的経済利益のサービスと86条

　一般的経済利益のサービス（Services of general economic interest）をEC委員会は「一般的利益の基準に基づき，加盟国が特定の公的サービス義務の対象とする市場サービス」と定義する。この定義は，一般的経済利益の2つの異なる性質を示していると評される。①「市場サービス」という経済的な性質，②「一般的利益」のためという非経済的な性質である。輸送・郵便・エネルギー・通信等の一般的経済利益のサービスが自由競争の下で提供されると，価格や供給のあり方等の面で後者の性質である「一般的利益」が達成されない場合がある。そのように競争的な市場によっては提供することができないサービスについて，国がひとつまたはいくつかの事業者に対して排他的権限等を付与して当該サービス事業を運営させることで，公益が達成されると考えられる。しかし，このような形態での運営は，競争法違反——特に82条——に該当する可能性が高い。

　86条2項は一般的経済利益のサービスについても競争法が適用されると規定しつつも，一定の場合に競争法からの適用除外を認めることを規定している。一定の場合とは，①一般的経済利益のサービスの運営を委ねられている事業者または歳入源を独占する性格をもつ事業者の行為について，②条約ルールを適用すると当該事業者が委ねられた特定の任務を遂行することを阻害する場合である。そこで，ECJは86条2項による適用除外の可否を判断する際には，そ

れぞれに該当するかを2段階で判断する。

①については当該サービスが一般的経済利益のサービスに該当するかが特に問題とされる。だが，一般的経済利益のサービスの範囲を決定するのは原則として加盟国に広範な裁量のある事項と理解されている[9]。実際に加盟国の判断が否定された事例はほとんどなく，それらは例外的である[10]。そこで本稿は公益サービス事業が一般的経済利益のサービスと認められた後の段階である，②の条約ルールの適用が特定の任務の遂行を阻害するかという点を検討の対象とする。

III 判決の検討——初期から Corbeau 判決まで——

公益サービス事業に対して競争法が適用され，かつ事業者による任務の遂行の妨げになる場合には86条2項により条約ルールの適用を受けないことを最初に示した判決は Sacchi 判決（1974年）[11]である[12]。Sacchi 判決以降の判決・EC 委員会決定には2つの流れがある。その後，1993年に示された Corbeau 判決[13]は新たな判断枠組みを示し，現在のところそれが主流となっている。

そこで，以下では一連の判決・決定を初期の判決，Corbeau 判決以降の2つの時期に分けて，判決・決定で示された86条2項による競争法からの適用除外の判断を検討する。

1 初期の判決・決定

初期の判決には2つの流れがある。第1が不可欠性テストを用いるもの，第2が非両立性テストを用いるものである。

第1の不可欠性テスト（indispensability test）を用いた最初の事例は，EC 委員会による Navewa-Anseau 決定（1982年）[14]である。本件では競争法ルールからの適用除外は，「問題とされる事業者がその特定の任務を遂行するための技術的及び経済的に可能な他の手段を持たない場合にのみ」検討されうるとされ

た。さらに続けて，事実関係に照らして，より競争制限的ではない手段が例示された。そのため，不可欠性テストは，用いることができるより競争制限的でない手段（less restrictive alternatives, LRA）が他にない場合にのみ競争法からの適用除外が認められるとの基準を示すものであると解されている。その後，Ahmed Saeed 判決（1989年）が明示的に，RTT v. GB-INNO-BM 判決（1989年）が明示はせずに不可欠性テスト用いている。

第2に挙げられるのが非両立性テスト（incompatibility test）である。これを最初に用いたのはSacchi判決で，その後，Telemarketing 判決（1985年），Höfner 判決（1991年），ERT 判決（1991年）が同テストを用いている。非両立性テストの具体的な内容は明らかではない。というのは非両立性テストをとった判決はいずれも，単に「任務の遂行と非両立（incompatible）でない限り，当該事業者の行為は禁止される」とのみ示し，「非両立性」を具体的に説明していないからである。

不可欠性テストや非両立性テストをとった判決では，それぞれのテストは事実関係に適用されておらず，ECJ がいう不可欠性や非両立性とは何を意味するかは明らかではない。しかし，両テストはともに86条2項に基づく競争法からの逸脱の可否の判断を厳格に行うものであり，結果として競争と一般的経済利益のサービスのうち前者を重視するものと解される。

2 Corbeau 判決と必要性テスト

1993年 Corbeau 判決は，初期の判決にみられた文言の曖昧さや混迷から脱却し，現在の判断基準の基盤を形成した。本件は重要判例であるので，事案の概要と裁判所の判断を併せて紹介する。

本件は，ベルギーの郵便サービス事業に関する刑事事件において先決裁定が求められた事案である。ベルギーでは，1956年法により郵便公社に対し，あらゆる郵便物の集配・輸送についての排他的権限が付与された。同法はこれに違

反する行為について刑事罰を規定している。本件被告のCorbeau氏は，差出人からの郵便物収集，翌日正午までの配達（特定地域），郵便物の収集と投函（特定地域外），収集から配達の途中での宛先変更といった郵便業務を行っていた。本件はこの行為が1956年法違反として刑事罰の対象になることの前提として，本件1956年法により郵便公社に与えられた独占が共同体ルールに適合するか等についてECJに先決裁定が求められた事例である。

まずECJは，基本的な郵便サービスについて，当該加盟国全域の利用者に対して各事業の収益性に関係なく，共通価格，同等のサービスの条件で郵便物を集配・運送するという郵便公社が提供するサービスが一般的経済利益のサービスであることを認定している[26]。

その後ECJは必要性テスト（necessity test）と呼ばれる判断枠組みを示した。必要性テストは，競争の制限または完全な排除がなされても，それが排他的権利を有する事業者に課された特定の任務の遂行を確保するために必要（necessary）である場合には，86条2項に基づき条約ルールからの逸脱が認められるとする[27]。ECJは必要性テストの具体的な判断基準として，①問題とされる排他的権利の付与などについて，当該権利を付与された事業者が「経済的に許容可能な条件」（economically acceptable condition）で一般的経済利益の任務を行うために必要な程度までであれば，86条2項に基づく条約ルールからの逸脱が認められるとした[28]。また，②一般的経済利益のサービスから生じる損失を補填（内部補助）するために，収益性の高い非一般的経済利益のサービスについての排他的権利を付与して競争制限することも正当化されるとした[29]（一定の制限が課せられている。後述）。

3　検　　討

ECJは86条2項の機能について「経済又は財政政策の手段として……特定の事業者を用いるという加盟国の利益と，競争ルールの遵守確保と共通市場の

一体性の維持という共同体利益を調整する」という理解を示しているが，ここでいう「調整」はいかなるものだろうか。以上に挙げた初期の判決・決定，および Corbeau 判決について検討する。

(1) 初期の判決・決定の検討　　不可欠性テストおよび非両立性テストは，86条2項に基づく競争法からの逸脱の可否の判断を厳格に行うものであり，結果として競争と一般的経済利益のサービスのうち前者を優先すると解される。

このようなテストがとられた理由として，Prosser は問題とされた公共サービス事業の特性を挙げる。Prosser は，非両立性テストが用いられた判決では，電気通信（RTT 判決），民間航空（Air Inter 判決，後述）といった，当時，単一市場の形成が強く要求されていた分野に関連していることを指摘している。

また，共同体法からの逸脱を認める規定は厳格に解釈せねばならないという認識の下で，非両立性テストのような厳格な要件を充たす場合にのみに適用除外が認められるべきと考えられたことも挙げられる。共同体法からの逸脱を認める規定は厳格に解釈せねばならないという認識は，Corbeau 判決以降にも継続してみられており，初期にはこの認識が極めて厳格な要件を伴って示されたと考えられる。

初期の判決で示されたテストについての批判は多い。特に，Cruz は不可欠性テストの欠点を指摘する。すなわち，いかなる手段をもって一般的利益のサービスを達成するかは本来，加盟国が政治的に決定することもある事項であるところ，あらゆる手段のうち最も競争制限的でないものを採用せねばならないとする不可欠性テストは，この加盟国の政治的決定の余地を奪うものとなるとする。86条2項の機能についての ECJ の理解に照らして考えても，不可欠性テストでは「調整」の幅は極めて狭いものとなろう。

(2) Corbeau 判決による判断枠組みの変更　　Corbeau 判決でとられた必要性テストは初期の判決・決定におけるテストに比べて，① LRA までは要せず必要性が問われる，②非一般的経済利益のサービスから一般的経済利益の

サービスへの内部補助を認めるといった点において，判断枠組みの変更，判断基準の緩和がみられ，一般的経済利益のサービスについて86条2項に基づく競争法からの適用除外がより容易になったと評価される。このような判例法理の変更がなされたのはなぜか。

ECJが必要性テストをとるに至った主要な背景として，ECの各機関および加盟国の間で，公共サービス事業分野について自由競争が強調されすぎており，競争では達成されない価値——すなわち公益の保護の必要性を再検討すべきとの見解が強くみられるようになったことが挙げられる。

1987年7月1日に発効した単一欧州議定書は1992年を期限として「域内市場」を完成しようとするものであった。欧州経済の停滞からの脱却を図るべく推進された域内市場の統合の過程では様々な分野において公共サービス事業の自由化が図られた。この自由化は避けられないものであったともされる。しかし他方では，1980年代後半のEC委員会主導による電気通信の自由化に対して大陸諸国が訴訟を起こすなどの反発がみられた。これが契機となり，公共サービス事業を重視する伝統を持つ加盟国に限らず，共同体機関においても公益サービス事業を通じた公益の確保の必要性が認識されるようになった。不可欠性テストではこのような流れを受け止めることはできなかったであろう。

さらにECJが判断枠組みを変更する契機となったと考えられるのが，Corbeau判決に先立つ1989年にEC委員会が示したオランダ速達サービス決定とスペイン速達サービス決定である。Corbeau判決と類似の事案であるこれらの決定において，EC委員会は必要性テストを採用している。

初期の判決にみられたECJの態度は，加盟国内における一般的経済利益のサービスの事業運営についての介入を避けようとしたり，競争法からの逸脱をLRAの基準により厳格に判断するというものであり，公共サービス事業を通じて提供される価値を積極的に評価することはなかった。だが，上述の欧州共同体内にみられた公共サービス事業についての見解の変化を背景に，ECJも

公共サービス分野における競争法からの逸脱の余地を拡大するような判断枠組みにその態度を変更したと評価される[41]。

Ⅳ　Corbeau 判決以降の判決の動き

1　必要性テストの系譜

(1)　Corbeau 判決の確認　Corbeau 判決に追随した判決には Almelo 判決[42] (1994年) がある。Darman 法務官は同判決に対する意見において，財務上の安定が害される場合にも競争法の適用を免れるとしたが[43]，その場合であっても，公共サービスの目的を達成するためのより競争制限的でない方法が存在しないことが要求されるとして，Corbeau 判決とは異なるアプローチをとった[44]。しかし ECJ は，Corbeau 判決による必要性テストを採用している。

また，1997年10月23日に示された一連のエネルギー判決は[45]，①競争法からの逸脱が認められるには，経営が危機的になることまでは不要であること，そして，②排他的権利の維持を正当化する議論を加盟国が示すことができるのであれば，一般的利益の目的を遂行するために他のとりうる手段がないことを示す必要はないことを明らかにした。

このように Almelo 判決およびエネルギー判決によって，Corbeau 判決でとられた必要性テストが確認され，また初期の判決にみられた LRA が不要であることが明示された。こういった ECJ 判決の立場はこれ以後の判決においても維持されている[46]。

(2)　適用除外の条件の精緻化　86条 2 項による競争法からの適用除外は，Corbeau 判決で挙げられたものの他に，幾つかの条件により制限を受ける。

　(i)　需要ドクトリン　Höfner 判決[47] (1991年) は排他的権限を受けた事業者が，当該分野における市場の需要を充たすことができないことが明らかである場合には，82条の適用によって任務が阻害されるとはいえないとして86条 2 項による競争法からの逸脱は認められないことを明らかにした判決である。

Höfner 判決は Corbeau 判決以前の判決である。それゆえ Corbeau 判決以降もこの法理が維持されるかは不透明であった。しかし，上述の法理は Corbeau 判決以降においても有効であることが確認されている。[48] したがって，たとえ必要性テストを充たすとしても，事業者が付託された一般経済利益のサービスについての市場の需要を充たしていない場合には競争法からの逸脱は認められない。

(ii) 損失に対する補塡の制限　Corbeau 判決では内部補助を認める判断をした。これに対して学説から，内部補助できる金額の上限等の条件が明確でないとの批判がなされた。[49]

この点について，TNT v. Poste Italiane 判決[50]（2001年）が Corbeau 判決の枠組みに一定の制限を課すルールを示している。同判決は，ユニバーサルサービスで生じる損失を補塡するために，それ以外のサービスを提供する事業者から支払われる郵便賦課金（postal dues）について次のように示している。[51] すなわち同判決は，①賦課金の上限額について，責任を有する事業者がユニバーサル郵便サービスを運営して生じた損失を補塡するに必要な額を超えてはならない，②自ら速達サービスを行っている場合にはユニバーサル郵便サービスの提供事業者は自らも郵便賦課金を支払わねばならない，③ユニバーサルサービスによって速達郵便サービスの費用を補塡してはならないと述べた。[52]

同判決では，前述の通り排他的権限を与えられた事業者が行う内部補助ではなく，収益性の高い分野のみに参入している他の事業者に課された賦課金が問題となってはいるものの，一般的経済利益のサービスにおいて生じる損失を，他の分野から得られる利益で補塡を図るという点で両者は共通するので，内部補助についてもほぼ同様のルールが当てはまると考えられる。

(3) テストの緩和の傾向　このように必要性テストに基づく適用除外について，Corbeau 判決で示されたもの以外の制限が後の判決により加えられた。他方で，次のように必要性テストで示された要件および適用の緩和もみられる。

(i) 損失が生じる範囲：要件の緩和　Corbeau判決およびエネルギー判決では，問題とされる行為が任務の遂行のために必要であること示すには，①競争法が適用されると経営が危機的になることまでは必要なく，②財務上の安定が害されることで足り，③LRAの不存在の立証は不要であることが示された。

　Deutsche Post判決(53)（2000年）は②の要件を緩和したと評価されている(54)。従来の判決では②財務上の安定が害されることは，複数のサービスからなる一般的経済利益のサービス全体を対象として判断がなされていた(55)。これに対し，Deutsche Post判決は海外から取り次いだ郵便物の国内配送サービスを行う義務について，そこから生じる全費用が経済的に補塡されないのであれば，財務的に安定した条件の下での一般的利益の任務の遂行は害されると判示している(56)。この判決は，適用除外の必要性を示すには，問題とされるサービス（一般的経済利益のサービスの一部）のみが損失を生じるような状況にあることで十分であることを示したと一般的に理解されており(57)，この点において一般的経済利益のサービス全体の財務状況を考慮する従来の判例法理を緩和したものだと考えられる。郵便サービスの個別の要素について86条2項による適用除外を認めたことを批判する見解がある(58)。

　(ii) 排他的権限を付与できる非一般的経済利益のサービスの範囲：適用の緩和　Corbeau判決は，郵便公社に対して，収益性の低い通常郵便と，収益性が高い速達郵便について排他的権限が与えられていた事案である。Corbeau判決は利益のある分野から損失が生じる分野に対する内部補助を認めつつも，「一般的利益のサービスから区別され，経済主体の特定の需要に応え，伝統的な郵便サービスによっては提供されない一定の付加的サービスを提供するようなサービスについては，……そのようなサービスが……排他的権利の保有者が遂行する一般的経済利益のサービスの財務的均衡を危険にさらされない限り(59)」は，当該非一般的経済利益のサービス分野に対する排他的権利の付

与が適用除外をうけることは認められないとした。ECJ は本件の事実関係がここで示したルールに該当するか否かは国内裁判所が判断することであるとした。

これに対して，Glöckner 判決[60]（2001年）では，ECJ は一般的経済利益のサービスである救急輸送サービスと非一般的経済利益のサービスである非救急輸送サービス（急患でない患者の医療輸送等）の関係において，非救急輸送サービスは Corbeau 判決にいう一般的利益のサービスから区別され競争法からの適用除外が認められないサービスに該当しないと自ら判断している[61]。ECJ はその理由として，①救急・非救急輸送の両サービスが伝統的に医療機関によって担われ，②両者が非常に密接に関連しており，両者を区別することは困難であり，③非救急輸送サービス分野に排他的権利の範囲を拡大することにより，一般的利益の任務（救急輸送サービス）を，財務的に均衡した条件で遂行することが可能になり，④より収益性の高い非救急輸送分野に集中的に民間企業が参入する可能性があると，医療機関が提供するサービスの経済的継続可能性に影響を与え，結果として当該サービスの品質と信頼性を害する，と述べる[62]。

この判断を「寛容（benign）」と評価する論者がいるように[63]，Corbeau 判決が示したルールが用いられてはいるものの，本判決では当該ルールの事実関係への適用は Corbeau 判決と比べて緩やかになされていると解される[64]。

2 LRA テストの系譜

Corbeau 判決で示された必要性テストは，その後の多くの判決において用いられスタンダードとなっているようである[65]。しかし Corbeau 判決以降も必要性テストとは異なる判断枠組みを用いる幾つかの判決が存在する。Dusseldorp 判決[66]（1998年），Air Inter 判決[67]（1997年，CFI 判決[68]）である。

これらの判決では，問題とされている措置がなければ当該事業者が任された任務を達成することができないことが示された場合にのみ86条 2 項が適用され

るとする。Dusseldorp 判決は，Corbeau 判決を引用しつつ事業者に割り当てた特定の任務の遂行を可能とするのに必要な場合に正当化を認めるとする（必要性テストを用いる）[69]が，ここでいう必要性を立証するには，他の手段では目的が同程度によく達成されないことを，国内裁判所が満足する程度に示さなければならないとする[70]。同様に，Air Inter 判決も他の適切な制度がないことを議論せねばならないとしている[71]。

　これらの判決においてなされた判断は，「必要性」という文言を用いているものの，そこで要求される「必要性」は Corbeau 判決が示したものより高い水準にあり，実質的には LRA が要求されていると理解される[72]。上述の2つの判決以降，競争法に関連する事例では LRA テストをとる判決はみられないが，完全にこれが否定さているともいえない。

V　86条2項の機能──公益優位の社会へ？──

1　1997年アムステルダム条約による EC 条約16条の挿入

　先に述べた通り1993年 Corbeau 判決は，公共サービス事業を通じて提供される公益を再認識すべきとの共同体各方面からの動きに呼応したものであったと評価できる。そして，同じ動きを背景として，条約上の変化もみられる。1997年10月2日に署名されたアムステルダム条約による16条の挿入である。

　16条は「社会的・地域的結合を促進する役割と同様に，連合の共有される価値における一般的経済利益のサービスが占める地位に鑑み……，共同体及び加盟国は……当該任務を遂行可能とするような原則及び条件に基づいて，そのようなサービスが運営されるように注意せねばならない」と規定する。16条は基本原則の部に置かれており，一定の重要性を持つと考えられる。また，アムステルダム条約に付された宣言はこの条文について「司法裁判所の判例法理を十分に尊重して施行される」ことを明らかにしている。

　しかし，16条自体の法的な効果には学説上の対立があり，加盟国と共同体に

積極的な義務を課すとする見解と,これまでのECの実務になんら影響を与えないとする見解がみられる。そのため,16条がアムステルダム条約によって挿入されたことにより,86条2項の解釈にいかなる実質的な影響があるかについても学説上の理解は一様でない。16条に基づく事件はこれまでにないので,裁判所の立場も明らかではない。

さりながら,1997年以降の判決を検討する際には,条約ルール上に変化がみられたことに留意する必要がある。

2 学説の検討

ECJはしばしば86条2項の機能について,「経済又は財政政策の手段として……特定の事業者を用いるという加盟国の利益と,競争ルールの遵守確保と共通市場の一体性の維持という共同体利益を調整する」と言及している。ECJが考える調整はどのようなものであるか。この点につき,学説は3つの立場に分かれる。①競争を優位させる説,②加盟国の権限と一般的経済利益のサービスによる価値を優位させる説,③競争と加盟国の権限と公共サービスによる価値の間には序列をつけない説(序列不存在説)である。

(1) 競争優位説　　Scharpfは,Rawlsがいう「連続的または辞書的序列」(a serial or lexical order)のような序列が競争と加盟国の権限の間にあり,前者が後者に優位するとする。Scharpfによると,ECJは競争と社会政策とでは原則として前者を優先させるとし,共同体法優位の原則により,共同体法はいかなる加盟国の国内政策目的にも優位するとする。

(2) 加盟国の権限と一般的経済利益のサービスによる価値を優位させる説

Corbeau判決以降,ECJが公益をより重視するようになったとの理解がこの説の出発点である。Rossは,一般的経済利益のサービスの任務の遂行が妨げられるか否かの判断基準が,「事業者の経済的な存続可能性に代わって……,(ECJの)新たな見解はサービスの保護の正当化に集中しているようだ。……

逸脱の適用において，経済的測定（economic measurement）から価値判断へと決定的な方法の転換がなされた」（括弧内は筆者）とする[81]。同じ立場の Prosser は，Glöckner 判決が「必要性」の有無の判断において，「経済的に受容可能な条件」だけでなく，「サービスの品質と信頼性」にも言及する点に注意すべきと指摘する[82]。

　この説をとる論者は，アムステルダム条約で挿入された16条に一般的経済利益のサービスを重視する根拠を見出す[83]。

　(3)　序列不存在説　　Cruz は86条2項は「正当化や適用除外ではなく，一般的経済利益のサービスの運営を委ねられた事業者がかかわる状況について，条約の適否の条件を決める二元のまたは切り替えのルール」であり[84]，競争と加盟国の権限の間に前述の「連続的または辞書的序列」のような序列をつけることは適切ではないとする[85]。それゆえ Cruz は，Corbeau 判決は86条2項の解釈を発展させた判決ではあるが，「その本質は，以前の判決が確立した競争と一般的利益のサービスのバランスを変えるものではない」という[86]。同判決が一般的経済利益のサービスを通じて提供される非市場的価値を重視する，またはこれに競争に対する優位を与えるという理解は「間違いまたは誇張」だとする[87]。

　ECJ はいずれの立場をとっているのだろうか。Corbeau 判決以降の必要性テストの系譜のみをみるのであれば，競争に優位を置く判断がなされた判決は見当たらず，①競争優位説はとられていないといえそうである。とはいえ，②加盟国の権限と一般的経済利益のサービスによる価値を優先させる説，または③序列不存在説のいずれが採用されているかは，これまでの判例を通じて断言することはできない。また，主流ではないとはいえ，LRA テストをとる判決もあることから，①競争を優位させる説の余地も完全には否定できない。

Ⅵ　おわりに

　86条2項に基づく一般的経済利益に対する EC 競争法の適用除外の要件の

うち，条約ルールの適用が特定の任務の遂行を妨げることについて，判例の検討を行った。これは，一般的経済利益のサービスの2つの性質（経済的性格，非経済的性格）から生ずる，競争と公益の調整についてのECJの立場の変遷の検討であった。

　ECJの立場について，次のような特徴が得られた。初期の判決・決定においては適用除外を認めることに厳格な判断枠組み（不可欠性テスト，非両立性テスト）がとられ，1993年Corbeau判決を契機に，相対的に緩やかに適用除外を認める必要性テストが主として用いられるようになった。さらに後の判決では必要性テストの要件およびその適用の緩和がみられる。したがって，初期から時間を下るに従い，一般的経済利益のサービスについての競争法からの適用除外は認められやすくなったといえる。

　この傾向の要因として，特にECの市場統合の段階の進展が挙げられる。1990年頃までの市場統合初期の段階には，市場統合の要請が強く競争法の厳格な適用が求められたが，Corbeau判決以前の時期より，域内において一般的経済利益のサービスを尊重する動きがみられるようになった。これは，86条2項による適用除外についての判例の動向と符合する。このような変遷から，ECJは公益に優位を与えるとする学説も多い。だが，他の学説や判決を検討するとそう断言することはできまい。

　ところで多くの論者は16条の意義を積極的に捉え，86条2項は公益を優先させるという立場をとり，同条は市民的権利の一部としての一般的利益のサービスの認知を高めたと評価している。EC条約16条は，86条2項の解釈にどの程度影響をもつだろうか。たしかに，基本原則の部で，共同体と加盟国に対して一般的経済利益のサービスへの配慮を要求している同条の意義を軽視することはできない。ECJも一般的経済利益サービスの意義を無視した競争優先アプローチをとることはできないだろう。また，上述のようにECJはCorbeau判決により一般的経済利益のサービスへの競争法適用を緩くみるアプローチをと

っており，その意味ではECJは16条の内容を先取りしたとも考えうる。だが，アムステルダム条約に付された宣言が，16条はそれまでの判例法理を尊重して施行されるとする以上，16条自体が86条2項の解釈に大きく影響を与えたとはいえないのではないだろうか。もちろん，現時点ではECJはこの点について何も述べていないから，将来ECJが16条の意義を積極的にとらえる解釈をする可能性は残されている。

最後に2004年10月29日に調印された憲法条約（未発効）による影響に言及して終わりたい。憲法条約は第2部に「基本権憲章」を組み込んでおり，Ⅱ-96条（憲章では36条）はEUが社会的・領域的結束を促進するため，一般的経済利益のサービスへのアクセスを原則と位置づけた。[88]この憲法条約が発効すると，一般的経済利益のサービスの重視がいっそう高まる可能性は高いという見解がある。[89]

その場合，本稿で検討した86条2項の判例法は変更されるだろうか。判断枠組みは判例の集積で形成された必要性テストが採用され，Corbeau判決以降にみられたように要件や適用が緩和される可能性はある。その緩和の程度は条文からは明らかではない。だが，既に一般的経済利益のサービスについてはかなりの考慮が払われているのではないか。現在までに既にかなりの緩和がなされていること，競争法が共同体法の基本原理であり域内市場の要であることに照らして，程度の大きい判例の変更はないかもしれない。今後の判例を続けて検討したい。

(1) 日本における学術論文等では一般的に「公益事業」という用語がもちいられる。本稿では，EC条約86条がサービスを対象に規定していることから「公共サービス事業」とした。なお，サービスという文言が用いられるEC条約50条において，サービスはもの・人・資本以外の残余の行為と理解されるが，これは86条にいうサービスの定義とは異なる。DERRICK WYATT ET. AL., *EUROPEAN UNION LAW*, 4th ed. (2006), at point. 26-013.
(2) 国家援助に関する86条2項の運用について，市川芳治「EC競争法とEC/EU法の憲

法化」慶應法学6号 (2006年) 203頁, 小場瀬琢磨「公共サービス事業と国家補助規制との対立と調和―アルトマーク事件」貿易と関税53巻4号 (2005年) 75頁。

(3) Commission Communication — Services of General Interest in Europe COM (2000) 580 final, Annex II Definition of Terms.

(4) Leonor Moral Soriano, How Proportionate Should Anti-Competitive State Intervention Be?, 28(1) ELRev. 121 (2003), at 114.

(5) Commission, White Paper on services of general interest, COM (2004) 374 final, Annex I Definition of Terms (12 May, 2004). ECJ はこれら以外にも一般的経済利益のサービスを認めている。例えば, 港湾における筋い業務, 企業年金制度, 廃棄物処理, 救急輸送などである。

(6) このような視点から EC 条約86条に関連する判例を題材として, 市場と政府規制の関係のあり方を検討したものとして須網隆夫「競争市場の構築と政府規制に対する考察 ― EC 競争法からの検討」土田和博・須網隆夫編著『政府規制と経済法―規制改革時代の独禁法と事業法』(日本評論社, 2006年) 39頁。

(7) Opinion of Advocate General Jacobs in Case C-203/96 Chemische Afvalstoffen Dusseldorp BV and Others v. Minister Van Volkshuisvesting, Ruimtelijke Ordening en Milieubeheer [1998] ECR I-4075, [1998] 3 C.M.L.R. 873.

(8) どのような公共サービス事業が一般的経済利益のサービスに該当するかの整理につき, 須網・前掲注(6), 58-67頁。

(9) 一般に公共サービス事業は国内の経済・社会・文化的特徴, 産業構造, 資源保有の程度など, さまざまな要素を考慮しつつ, 国がその内容を政策的に判断する事項である。EC では補完性の原則の下, 共同体による立法がない限り加盟国が一般的経済利益についての権限を有すると解される。これにより各加盟国により異なる政策判断に従って一般的経済利益のサービスが提供される。WYATT ET. AL., *supra* note 1, at point 26-014.

(10) 一般的経済利益のサービスに該当しないとした事例として, Case C-179/90 Merci Convenzionali Porto di Genova [1991] E.C.R. I-5889, [1994] 4 C.M.L.R. 422. また, 問題とされる行為が「公権力の行使」や「社会的目的の活動」に該当するとして, そもそも競争法の適用対象外とされる場合もある (須網・前掲注(6), 47-48頁)。なお, Marudo 法務官は, 国内の連帯のための必要という理由で, 一部の行為が上述のように異なる取扱いがなされることについて疑問を呈する。Opinion of Advocate General Poiares Maduro in Case C-205/03P FENIN.

(11) Case155/73 Italy v. Sacchi [1974] E.C.R. 409; [1974] 2 C.M.L.R. 177.

(12) Juilo Baquero Cruz, Beyond Competition: Services of General Interest and European Community Law, in GRÁINNE DE BÚRCA, EU LAW AND THE WELFARE STATE (2005), at 187.

(13) Case C-320/91Re Paul Corbeau [1993] E.C.R. I-2533, [1995] 4 C.M.L.R. 621.

(14) Decision of the Commission 82/371/EEC Navewa-Anseau, OJ 1982 L 167/39.
(15) 82/371/EEC Navewa-Anseau, para. 66.
(16) JOSE LUIS BUENDIA SIERRA, EXCLUSIVE RIGHTS AND STATE MONO-POLIES UNDER EC LAW: ARTICLE 86 (FORMERLY ARTICLE 90) OF THE EC TREATY (2000), point. 8.129; WYATT ET. AL., *supra* note 1, at point 26-015.
(17) Case 66/86 Ahmed Saeed Flugreisen and Silver Line Reiseburo GmbH v. Zentrale zur Bekampfung unlauteren Wettbewerbs e.V. [1989] E.C.R. 803, [1990] 4 C.M.L.R. 102.
(18) Case C-18/88 Regie des Telegraphes et des Telephones v. GB-INNO-BM SA [1991] E.C.R. I-5941.
(19) Case 311/84 Centre Belge d'Etudes de Marche-Tele-Marketing S.A. v. Compagnie Luxembourgeoise de Telediffusion S.A. and Information Publicite Benelux S.A., [1985] E.C.R. 3261, [1986] 2 C.M.L.R. 558, para. 17.
(20) C-41/90 Höfner and Elser v. Marotron GmbH [1991] E.C.R. I-1979, [1993] 4 C.M.L.R. 306, para. 24.
(21) Case C-260/89 Elliniki Radiophonia Tileorassi AE and Panellinia Omospondia Syllogon Prossopikou v. Dimotiki Etairia Pliroforissis and Sotirios Kouvelas and Nicolaos Avdellas and others [1991] E.C.R. I-2925, [1994] 4 C.M.L.R. 540, para. 38.
(22) Case 311/84 Centre Belge d'Etudes de Marche-Tele-Marketing S.A. v. Compagnie Luxembourgeoise de Telediffusion S.A. and Information Publicite Benelux S.A., [1985] E.C.R. 3261, [1986] 2 C.M.L.R. 558., para. 17.
(23) 判断は国内裁判所が行うべきとしている。
(24) Soriano, *supra* note 4, at 116. Anthony Gardner, The Velvet Revolution: Article 90 and the Triumph of the Free Market in Europe's Regulated Sectors, 16(2) E.C.L.R. 78 (1995).
(25) 本件評釈として、山根裕子「郵便事業とEC競争法の適用①郵便事業独占の範囲」時の法令1631号（2000年）61-66頁；L. Hancher, Casenote on Corbeau, 31 C.M.L. Rev. 105 (1994).
(26) Case C-320/91Re Paul Corbeau, para. 15.
(27) para. 14.
(28) para. 16.
(29) para. 17. また、クリーム・スキミングの抗弁を認容する議論を行っている。
(30) Case C-202/88 France v. Commission (Terminal Equipment) [1991] ECR I-1223, [1992] 5 C.M.L.R. 552, para 12.
(31) Soriano, *supra* note 4, at 116. Anthony Gardner, *supra* note 24.
(32) TONY PROSSER, THE LIMITS OF COMPETITION LAW(2005), at 135-136.
(33) 例えばCase T-260/94 Air Inter SA v. E.C. Commission [1997] E.C.R. II-997,

[1997] 5 C.M.L.R. 851.
(34) また，他の分野における厳格な「比例性の原則」の概念が影響を与えた可能性が挙げられる。
(35) Cruz, *supra* note 12, at 195.
(36) Soriano, *supra* note 4, at 121.
(37) 経緯および概観について拙稿「EC 委員会の公益事業に関する規制政策の展開」土田・須網・前掲注(6), 76-84頁。
(38) Karel van Miert, Liberalization of the Economy of the European Union: The Game Is Not (yet) Over, in DAMIEN GERADIN ED., THE LIBERALIZATION OF STATE MONOPOLIES IN THE EUROPEAN UNION AND BEYOND (2000) at 1.
(39) Commission Decision EEC 90/16 concerning the provision in the Netherlands of Express delivery services [1990] OJ at L10/51; Commission Decision EEC 90/16 concerning the provision in the Netherlands of Express delivery services [1990] OJ at L10/51.
(40) EC 委員会が必要性テストを創出するにあたり，判例・学説はほとんど参考にされなかったようである。BUENDIA SIERRA, *supra* note 16, point. 8.143.
(41) Soriano, *supra* note 4, at 121.
(42) Case C-393/92 Almelo and others v. NV Energiebedrijf Ijsselmij [1994] E.C.R. I-1477.
(43) Opinion of Advocate General Darmon on Case C-393/92 Municipality of Almelo and others v. NV Energiebedrijf Ijsselmij [1994] E.C.R. I-1477, para. 146. この法務官意見は一般的利益のサービス・非競争的価値を重視する立場をとる論者によって支持されているとの理解がある（Cruz, *supra* note 12, at 190.）が，それは，法務官意見の para. 168（次の脚注を参照）を見落としてなされたものかもしれない。
(44) para.168.
(45) Cases C-157 to 160/94 Gas and Electricity Monopolies [1997] E.C.R. at I-5699.
(46) C-147 & 148/97 Deutsche Post [2000] E.C.R. I-825, [2000] 4 C.M.L.R. 838.
(47) C-41/90 Höfner and Elser v. Marotron GmbH [1991] E.C.R. I-1979, [1993] 4 C.M.L.R. 306.
(48) 例えば，Case C-475/99 Abmulanz Glöckner v. Landkreis Südwestpfalz [2001] E.C.R. I-8090, [2002] 4 C.M.L.R. 21.
(49) Cruz, *supra* note 12, at 194, FN 101.
(50) Case C-340/99 TNT Traco SpA v. Poste Italiane SpA and Others [2001] E.C.R. I-4109, [2003] 4 C.M.L.R. 13.
(51) ECJ は86条2項の判断におけるユニバーサルサービスについて定義していない。
(52) C-340/99 TNT v. Poste Italiane, para. 57.
(53) Joined Cases C-147 and 148/97 Deutsche Post AG v. Gesellschaft Für Zahlungs-

systeme mbH (GZS) and Citicorp Kartenservice GmbH [2000] E.C.R. I-825, [2000] 4 C.M.L.R. 838. 本判決についての日本語での文献として,西村暢史「欧州競争法における内部補助を背景とした市場支配的地位の濫用規制―ドイツポスト事件を素材にして」富大経済論集49巻2号（2003年）297頁。

(54) Andreas Bartosch, Case note on Deutsche Post, 38 CMLRev. 206 (2001).
(55) *Id,* at 206.
(56) C-147 & 148/97 Deutsche Post, para. 51.
(57) Bartosch, *supra* note 54, at 206-207. ただし,同判決のpara.52では,国内発送を回避し他の加盟国からの郵便物の発送がなされることにより,国内の大量発送郵便物が国内から発送されなくなったことで生じた収入源（すなわち,一般的経済利益のサービスの他の分野における損失）にも言及していることにも注意が必要である。
(58) 同判決についてのLa Pergola法務官はドイチェポストの一連のユニバーサルサービス義務のひとつの要素が費用効果的に供給できないことでは,86条2項の適用には不十分であるとする（Opinion of A.G. La Pergola on Joined Cases C-147 and 148/97, para. 30.）。Bartoschは,郵便運営（postal administration）については,ユニバーサルサービスの個別要素ごとの86条2項による適用除外を認めるべきではないとする。
(59) C-320/91Re Corbeau, para. 19.
(60) Case C-475/99 Abmulanz Glöckner v. Landkreis Südwestpfalz [2001] E.C.R. I-8090, [2002] 4 C.M.L.R. 21.
(61) para. 60.
(62) paras. 60-61.
(63) WYATT ET. AL., *supra* note 1, at point 26-016.
(64) 公共サービスの自由化が漸次進められている状況において,問題とされる2つのサービスが伝統的に単一の事業者により提供されているということは本件において当該サービスが区別されないことの説明として十分でなく,また両サービスの密接な関連についても具体的な説明がなされていない。
(65) WYATT ET. AL., *supra* note 1, at point 26-015.
(66) C-203/96 Chemische Afvalstoffen Dusseldorp [1998] ECR I-4075.
(67) Case T-260/94 Air Inter SA v. E.C. Commission [1997] E.C.R.II-997, [1997] 5 C.M.L.R. 851.
(68) 自由移動規定との関係で同じテストが用いられた事例として,Joined Cases C-463/00 Commission v. Spain and C-98/01 Commission v. United Kingdom (Golden share case) [2003] ECR I-4581.
(69) para. 65.
(70) para. 67.
(71) T-260/94 Air Inter, para.140. Air Inter判決は,86条2項を援用して競争法からの逸脱を求めようとする国に対して,付託した任務の遂行に対する「障害」について,必要

性テストで求められる程度よりも高いハードルを課し，重い立証を求める。Air Inter 判決は，86条 2 項による競争法からの逸脱を認められるためには「障害」の程度は，任務の遂行が妨げられたり，より難しくなるということでは十分ではないとした。さらにこの「障害」を立証するために必要である事項，すなわち問題とされる排他的権利が付与された 2 航路に他社が参入した場合の推定される原告の減収額，その減収額が原告の航路の一部の路線を放棄せねばならなくなるほどに大きいことが立証されていないこと（para. 139）から86条 2 項の援用を否定した。

(72) BUENDIA SIERRA, *supra* note 16, at 304.

(73) 学説の概要について，山根裕子「公益サービスへの EC 競争法の適用」日本 EU 学会年報20号（2000年）176頁。拙稿・前掲注(37)，85頁脚注35。

(74) また，一般的経済利益のサービスの保護の強化を図ろうという86条を改正の議論がイギリスの強固な反対により結実せず，妥協の結果として16条が新たに導入されたという立法経緯からも，16条の意義についての結論を導く決定打は得られない。

(75) PROSSER, *supra* note 32, at 140.

(76) ただし，1992年にマーストリヒト条約により，「自由競争による開かれた市場経済の原則にしたがって実施される……経済政策の採択」（4 条）という文言が基本原則を定める部に挿入されたことにも注意が必要である。

(77) 例えば Case C-202/88 France v. Commission (Terminal Equipment) [1991] E.C.R. I-1223, [1992] 5 C.M.L.R. 552, para 12.

(78) Fritz Scharpf, The European Social Model, 40 (4) JCMS 645 (2002), 665.

(79) Fritz Scharpf, Negative and Positive Integration in the Political Economy of European Welfare States, in MARKS ET. AL. (ed.), GOVERNANCE IN THE EUROPEAN UNION (1996), at 31.

(80) Scharpf の見解に対して，Cruz は「共同体憲法において，一般的利益のサービスに対して競争が絶対的な優位を持ったことなどない」と批判する（Cruz, *supra* note 12, at 175.）。しかし，Corbeau 判決以前の ECJ の判決については Scharpf の見解は説得力を持つ。

(81) Malcolm Ross, Article 16 EC and Services of General Interest: From Derogation to Obligation?, 25 (1) ELR 25 (2000), 25. 特に, Cases C-157 to 160/94 Gas and Electricity Monopolies についてのコメントである。

(82) PROSSER, *supra* note 32, at 141.

(83) Soriano, *supra* note 4, at 121.

(84) Cruz, *supra* note 12, at 176.

(85) *Id*, at 174.

(86) *Id*, at 189-191.

(87) *Id*, at 190.

(88) PROSSER, *supra* note 32, at 163.

⑻9　須網・前掲注(6)，54頁。

【付記】 脱稿後，改革条約（Reform Treaty）に向けた新たな動きにふれた。2007年6月23日，ブリュッセルで開催された欧州理事会は改革条約を策定するマンデートを政府間会議に与えた。これにより憲法条約がそのままの形で発効することはほとんどなくなった。改革条約の具体的な内容は未確定だが，現時点で示された文書等によると，本稿との関係では，第1に基本権憲章の内容が組み込まれることとなっている点，第2に域内市場の性質，位置付けに変更がなされる可能性があるという点が重要である。

（早稲田大学大学院法学研究科博士後期課程）

〈文 献 紹 介〉

Joanne Scott,
*The WTO Agreement on Sanitary and Phytosanitary Measures :
A Commentary*

(Oxford : Oxford University Press, 2007 ; XV+340 pp.)

内 記 香 子

1 本書は，オックスフォード大学出版から出されているガット/WTO 協定のコメンタリー・シリーズの一つである。本書のテーマは，衛生植物検疫措置に関する協定（以下，SPS 協定という）であるが，本書の出版前に，既にガット，アンチダンピング協定，セーフガード協定，TRIPS 協定および農業協定のコメンタリーが出ている。著者は，現在 University College London の教授であり，EU 法・国際経済法の研究者である。過去に，「貿易と環境」をテーマにした著作が多い。

本書の一番の特色は，WTO 紛争事例を下にした協定解釈の説明のみに留まらず，SPS 協定体制のもう一つの特色である SPS 委員会の役割をクローズ・アップした点にあり，これほど SPS 委員会を前面に出した WTO 法解説書は本書において他にない。2005年に出された MACRORY=APPLETON=PLUMMER 編著の *THE WORLD TRADE ORGANIZATION : LEGAL, economic and political analysis* の SPS 協定の解説部分 （Denise Prevost and Peter Van den Bossche）も，コメンタリーとしての機能を果たすものであるが，SPS 委員会の解説は140頁中，4頁にとどまっている。

SPS 委員会の機能と役割は，著者いわく，「法律家があまりにも知らなさすぎた世界」（48頁）である。これは，WTO 紛争解決手続の発展によって，「パネル・上級委員会報告が WTO 法を占拠してしまっている」（74頁）かのような状況に陥っている影響なのかもしれないが，本書によって，ホルモン投与牛肉禁輸事件と遺伝子組換え産品事件が SPS の世界のすべてではないことが教えられる（なお，本書には2006年9月に出された遺伝子組換え産品事件のパネル報告も反映されており，その点も抜かりはない）。SPS の世界をより動態的かつ多面的に魅せてくれることにより，本書は SPS 協定のコメンタリーとして編纂された目的を十二分に充たしており，高く評価できる。

2 本書は全8章から構成されている（「第1章 序論」「第2章 SPS 委員会」「第3章 科学と SPS」「第4章 追加的義務」「第5章 透明性」「第6章 管理・検査・承認手続」「第7章 国際的な基準」「第8章 SPS と発展途上国」)。第1章の序論につづいて，第2章でさっそく「SPS 委員会」を取り上げているところにも著者自身が同委員会の役割を評価していることがみてとれる。SPS 委員会で出された文書は，も

ちろんWTOのSPSウェブサイトでみることができる。しかし，どの文書がどういった点で重要なのか，膨大な数の文書を前に当惑してしまうが，本書を通じて，鍵となる文書を知ることができるという点も有用である。

　第2章において著者は，SPS委員会の役割を2つに分けている。すなわち，「情報交換・ピアレビュー」と「規範精緻化（norm elaboration）」の機能である（48頁）。前者の機能として著者が注目するのは，加盟国が「特定の貿易関心事項（specific trade concerns）」として，他国のSPS措置に対して懸念を表明することができる場をSPS委員会が提供している点である。本書によれば，1995年から2005年末の11年間で，他国のSPS措置に対して表明された関心事項の数は235とされており，委員会が問題を提起する場として大いに活用されていることが分かる（文書番号 G/SPS/GEN/204/Rev.*は，毎年改定され，提起された「特定の貿易関心事項」を体系的によくまとめて情報提供しているという）。著者も認めるとおり，この「特定の貿易関心事項」は正規のWTO紛争解決手続の影として機能しているようであるが，評者としては，もう少しWTO紛争解決手続との関係について考察を加えてもよかったように思う。

　2つ目の「規範精緻化」機能として著者が含めているのは，例えば，「世界貿易機関協定の効力発生の日の後3年で及びその後は必要に応じ，この協定の運用及び実施について検討する」という協定12条7に従って委員会が行った2回の検討や，委員会の下で作成された，決定・勧告・指針である。これ以外にも本書では「規範精緻化」機能にあたる活動が丁寧に調査されているが，協定のどの条文がどういった形で精緻化されたのか一覧表などでまとめてあるとより分かりやすく仕上がったかもしれない。いずれにせよ，本書の中で国際経済法研究者に最もフレッシュな印象を与えているのはこの第2章であろう。

　3　つづく第3章「科学とSPS」と第4章「追加的義務（additional obligations）」は，国際経済法研究者にもなじみの部分である。第3章においては，協定第2.2条・第5.1条・第5.7条という科学に基づいた義務を扱い，第4章においては，第2.3条・第5.5条・第5.6条といった科学の義務を補完する義務を取り上げており，こうした構成をとることによって本書はSPS協定の法的構造をよく説明できる形になっている。第4章ではさらに，第4条の「措置の同等（equivalence）」および第6条の「地域主義（regionalization）」（地域の衛生植物検疫上の特性に対応して調整を行うこと。例えば，国内の一部の地域で鳥インフルエンザが発生した場合の対応）の概念といった，研究者にあまりなじみのない条文についても詳細な解説がされている。この2つの条文はガバナンスの性質をもつものであって紛争解決のために適用されることは今後も少ないかもしれない。しかし，本書によれば，これらはSPS委員会によって「規範精緻化」が積極的にはかられてきた分野の一つでもあり，特に第6条は現在のSPS委員会での議論の中心となっているようである。

第3・4章が法律的な議論を扱ったのに対して，第5章と第6章は手続的な事項を紹介している。第5章「透明性」では，第7条と附属書Bに基づくいわゆる通報手続を扱っており，第6章「管理・検査・承認手続」では，附属書Cを紹介している。通報手続について少し述べると，本書によれば現在までの通報は実に4000件を超える膨大な数に及んでいるようであるが，著者が述べるようにこの手続は一方的なものではなくインタラクティブな性質なものである点が重要である。例えば，通報に基づき新規に導入される措置については第2章で紹介された「特定の貿易関心事項」として懸念が提起でき，国家間の情報交換につながっている。

後半の第7章と第8章には協定上の重要な問題が残されている。第7章は「国際的な基準」を扱っており，SPS措置と国際基準の採用の関係について規定する第3.1条や第3.2条の解釈をめぐる議論は，研究者によく知られているところである。本章の興味深いところは，国際機関による国際基準の作成過程を「監視」するSPS委員会の役割（第3.5条）が紹介されている点である。著者が指摘するように，国際基準に関する第3条に対する研究者の関心が高い背景として，WTOの紛争解決手続においては国際基準の作成過程や基準自体の内容について検討や評価が行われないことへの懸念があった。しかし，第3.5条に基づいたSPS委員会の役割によって，現実にはSPS委員会とコーデックスなどの国際機関との間に協力的な関係が構築されており，本書によれば，その関係の中で新しく基準が採択されたり既存のものが再検討されたりするケースがあるという。国際機関とSPSが互いに無関心ではいられない環境がうまれているのである。

最終の第8章は，「途上国とSPS」の問題を扱うが，これまでの各章に関係する途上国の問題は各章内で扱われており，ここではそれ以外の，特別かつ異なる義務および技術的支援を中心に議論がされる。本書全体を通じて，SPS協定と途上国の関係について様々な側面の議論がSPS委員会において行われていることが示されている。しかし，SPSに固有の問題として，その高度に技術的で科学的な事象であることから，先進国が求めるSPS措置が途上国の輸出に与える影響について，途上国自身が評価できないことが問題の根幹にある。評者としては，この問題に対する対応という点では，SPS協定の課題は大きいという印象がぬぐえない。

4 著者が本書の全体を通じて強調するSPS委員会の機能は，どのように理論的に整理されるものだろうか。著者は "global administrative law" という表現を，Kingsbury=Krischが用いている "global administrative law" の概念を意識して，たびたび用いている（例えば Symposium, The Emergence of Global Administrative Law, 68 LAW & CONTEMP. PROBS. 1 et seq (2005); Symposium, Global Governance and Global Administrative Law in the International Legal Order, 17 EUR. J. INT'L. L. 1 et seq (2006) を参照）。本書を通じて紹介されたSPS委員会の役割は，確かに，「透明性・参加・説明責任」を高めるためのインフォーマルで協調的な活動にあることは明らかである。そして，仮に

それを "global administrative law" と定義するとして，さらに考えなければならないのは，WTO体制の中でなぜSPSの分野において発展したのかということである。それはコメンタリーとしての本書の目的を超えたものであるが，本書が読者に提供するSPSの世界観は，そうした議論を含めてWTOが組織としてどのように成長していくのか考えさせるものとなっている。紛争解決でもなく法制定でもないこうした機能の把握が重要となろう。

(大阪大学大学院国際公共政策研究科准教授)

John H. Jackson,

Sovereignty, the WTO, and Changing Fundamentals of International Law

(Cambridge University Press, 2006, xxvi+361 pp.)

福 永 有 夏

本書は，英国ケンブリッジ大学ローターパクト国際法研究所においてジョン・ジャクソン教授が2002年11月に行った講義を基礎としている。本書が扱っている内容は多岐に亘るが，本書におけるジャクソン教授の主たる問題関心は以下の2点に収斂される。すなわち，第1に国際法の中に国際経済法をどのように位置づけることができるかという問題，第2にグローバライゼーションの流れの中で国家の「主権」がどのように変化しているかという問題の2点である。

本書は，理論的分析（第1部），実証的分析（第2部），提言（第3部）の3部から構成される。以下，順に紹介する。

第1部は第1章から第3章で構成される。第1章ではグローバライゼーションの結果として，国際法や国際経済法を取り巻く環境が大きく変わりつつあると指摘する。とりわけ，グローバライゼーションにより，政府が自律的に政策を選択し管理することが難しくなっていること（9頁），他方で国際社会において非政府組織（NGO）などの非国家主体の影響力が大きくなっていることを指摘する（11頁）。第2章では，グローバライゼーションにより，国家の「主権」をはじめとする国際法の伝統的な概念が変化しつつあると指摘する。また，仮に「主権」がこれまでのような至高性を有さないのであれば，国家の合意はもはや国際法規範の正統性の由来として十分に機能しないのではないかと問いかける（36頁）。こうした状況を踏まえつつ，第3章では，伝統的な主権概念（ジャクソン教授によれば，その本質的要素は権力の独占〔monopoly of power〕にある）に代えて，現代的な主権概念（sovereignty-modern）（権力の配分〔allocation of power〕を本質的要素とする）を用いるべきであるというこれまでのジャクソン教授の

主張が繰り返される（61頁）。ジャクソン教授は，主権に関する二値的な思考を排除したうえで，扱われる問題の性質に応じて，権力，とりわけ意思決定権の垂直的配分（国際平面か，国内平面か）や水平的配分（立法か，行政か，司法か）のあるべき姿を判断しなければならないと説く（72頁）。

第2部は，第4章と第5章に分かれている。第4章は，GATTからWTO，ドーハ開発アジェンダに至る歴史を，制度的な側面（紛争処理制度を除く）に焦点を当てて振り返っている。一方でジャクソン教授は，制度の目的がGATT時代の狭いもの（経済的厚生の拡大と平和の維持）からWTOにおいてはより広いもの（経済的厚生のみならず環境保護や貧困削減などを含む）に拡大し，また制度の性質が「パワー志向」から「ルール志向」に変革したことを評価する（85頁）。しかし他方で，意思決定の限界や透明性の欠如などさらなる制度改革が必要な面もあり，特に，今後WTOがさらにその規律対象を広げていくべきなのかあるいは他の国際制度や国家に委ねるべきなのか（垂直的・水平的な権力の配分）についてはさらに考察を重ねていくべきであると主張する（133頁）。

本書の中で最も多くの頁が費やされている第5章は，WTO紛争処理制度の歴史と運用状況を分析しつつ，他の国際法分野・国際制度や国家の主権とWTO紛争処理制度との緊張関係を描き出す。国際経済法以外の国際法のWTO紛争処理制度における位置づけについてジャクソン教授は，WTOが国際法の一分野であることを認めつつも，他の国際法分野の規則をWTO紛争処理制度に適用すべきでない場合もあると指摘する（166頁）。たとえば，条約法条約に規定される解釈準則は，WTO協定の解釈として用いることが基本的に可能でありかつ妥当であるが，WTOの「立憲的な（constitutional）」性質に鑑み，条約法条約の解釈準則の適用が妥当でない場合（より目的論的あるいは発展的解釈を採用すべき場合）がありうると示唆する（184頁）（WTO紛争処理制度の「立憲的な」性質が現れた事件として，エビ・カメ事件上級委員会報告を引用している）。また，WTO紛争処理制度と国家主権との関係については，多角的貿易体制の安定性及び予見可能性を確保するため，紛争当事国には（場合によっては非紛争当事国にも）パネルや上級委員会の決定を国内的に実施する義務を課すべきであると主張する（195頁）。このほかこの章では，ジャクソン教授のWTO紛争処理制度に対する高い期待が随所にあらわれている。たとえばジャクソン教授は，WTO協定規定に欠缺や曖昧さが見られる場合，起草者はパネルや上級委員会がこうした欠缺や曖昧さを解消することを期待していると主張する（185頁）。このような主張は，紛争解決了解第3条2項に規定される原則，「紛争解決機関の勧告及び裁定は，対象協定に定める権利及び義務に新たな権利及び義務を追加し，又は対象協定に定める権利及び義務を減ずることはできない」に反するようにも思われる。しかしジャクソン教授は，この規定の「権利及び義務」には紛争解決了解上の権利・義務も含まれ，したがって，パネルや上級委員会が

WTO 協定の欠缺を埋め曖昧さを解消する権利・義務も減じてはならないと主張する（191頁）（ただしこの主張は，ジャクソン教授も認めている通り，循環論に陥っているように思われる）。

　第6章から第8章までで構成される第3部は，第2部での実証分析を踏まえつつ，再び国際法の理論的問題に立ち戻る。第6章は，第3章での議論を踏まえつつ，我々が達成しようとしている目的は何か，また複数の目的が矛盾している場合にはそれらをどうバランスすべきかを考慮しながら，意思決定権の垂直的・水平的配分を決めなければならないと説く（218頁）。そして，グローバライゼーションが進む現代国際社会においては，国際平面で意思決定を行うべき状況が増しつつあるが（たとえば競争政策），そうした状況においては各国の政策の自律性をある程度確保するような配慮が必要であると述べる（226頁）（そのような配慮の一つとして，ジャクソン教授がアンチダンピング制度について以前から提唱している「インターフェイス」理論を引用している〔230頁〕）。第7章は，第6章の議論の具体的発展として，投資，環境，健康などの分野で生じている意思決定権の配分の問題，特に国際法・国際制度と国家主権との緊張関係を映し出す。最後に第8章は，これまでの議論を踏まえつつ，意思決定権の配分は，抽象的な原理によって判断すべきではなく，具体的な文脈に即してプラグマティックに判断しなければならないとして締めくくっている（265頁）。

　以上が本書の概要である。

　本書は，WTOに馴染みのない読者にとっては，WTOの全体像，特にWTO紛争処理制度の全体像を把握するための有用な入門書となるであろう。また，WTOを一通り学んだ者にとっても，さらに一歩進んだ研究への入口となりうるし，WTOの大家であるジャクソン教授の考えに触れる契機ともなるであろう。その意味で，本書は講義録としての目的を十二分に達成しているといえよう。しかし，ジャクソン教授の主張には疑問も生じる。

　以下，冒頭にあげた問題提起に対してジャクソン教授が提示している「答え」に対し，若干の疑問を提起する。

　第1に国際法の中に国際経済法をどのように位置づけることができるかという問題に対して，ジャクソン教授は，国際経済法は国際法の一部であり，パネルや上級委員会の解釈によって国際経済法と国際法の他分野との間に生じうる矛盾の調整を行うことができると述べる。同時に，紛争処理制度による調整に限界がある場合には，立法機能の強化によって限界を補うべきとも主張する。確かに国際経済法は国際法の孤島ではなく，国際法の他分野と無関係に存在しえないことはもはや疑う余地はないように思われる。しかし問題は，国際経済法と他の国際法との矛盾がどのように（またどの程度）調整されなければならないかという点にある。そこにはジャクソン教授が述べているようなプラグマティックな配慮しか働かないのであろうか。何らかの調整原理のようなものは存

在しないのであろうか。さらに言えば、そもそも国際法の分断性は、調整されなければならないものなのだろうか。

第2に、グローバライゼーションの流れの中で国家の「主権」がどのように変化しているかという問題に対して、ジャクソン教授はとりわけ紛争解決機関勧告に関し、勧告を国内的に実施する（国内法上の）義務を負わせるべきだとして、国際法優位の一元論に近い立場を提示している。確かに、国際経済法やその他の分野の国際法の義務の遵守確保を図るためには、加盟国の国内で義務が実現されるよう確保することが不可欠である。しかし、各国は国際法上の義務を全面的に受け入れるほかないのであろうか。国際法と国内法との間には、ある種のフィルター（ジャクソン教授の言葉では「インターフェイス」）のようなものは必要ないのであろうか。

本書は、ジャクソン教授の研究が常に実際的な問題意識を出発点とし、また国際経済法実務の発展に大きく貢献してきたことを改めて感じさせるものである。こうした実際的な性格は、本書の、さらには国際経済法研究の特徴であり強みともなっているのだが、しかし同時に弱みとなっていることも否めない。とりわけ、ジャクソン教授が冒頭で挙げた問題提起に対する答えとして、「ケース・バイ・ケースで判断すべき」、「プラグマティックに検討しなければならない」といった言葉を繰り返している点には、物足りなさを感じざるを得ない（ただし、ジャクソン教授自身も、本書は「理論というより問いかけ」であると繰り返し断っている）。

本書については、American Journal of International Law, Vol.101, No.1（2007）に、ヴォーン・ロウ（Vaughan Lowe）教授による書評が掲載されている。ロウ教授は、本書の国際法理論研究としての限界を厳しく批判しているが、この批判は本書というよりもむしろ、国際経済法研究全体に向けられているのかもしれない。

（早稲田大学社会科学部准教授）

John H. Barton, Judith L. Goldstein, Timothy E. Josling
& Richard H. Steinberg
*The Evolution of the Trade Regime:
Politics, Law and Economics of the GATT and the WTO*

(Princeton University Press, 2006. xiv+242 pp.)

荒 木 一 郎

『通商レジームの進化』と題する本書は、「ガット・WTOの政治学・法学・経済学」という副題が示すとおり、世界貿易機関（WTO）の現状について、その前身である関

税及び貿易に関する一般協定(ガット)の時代を含め，複数の法学者，政治学者，経済学者が学際的に解説したものである。共著者の所属と専門分野は次のとおりである。バートン教授は，スタンフォード大学法科大学院の名誉教授で，国際組織法(特に知的財産権関係)に造詣が深く，北米自由貿易協定(NAFTA)のパネリストを務めたことがある。ゴールドスタイン教授は，カリフォルニア大学ロスアンジェルス校(UCLA)政治学部に所属しており，通商法・通商政策について，政治学・国際関係論の立場から分析した多くの著作がある。ジョスリング教授は，スタンフォード大学国際問題研究所の名誉教授で，農業貿易問題の経済学的分析に定評がある。スタインバーグ教授は，UCLA法科大学院教授であり，法学者であって政治学者でもあり，かつて米国通商代表部(USTR)に勤務した経験もあるという人物である。

WTO体制についての体系書は，これまで法学者によって書かれたものが数多くあり，経済学者による優れた入門書もある。しかし，法学者・経済学者・政治学者が共同で学際的に体系書を書くという試みは，従来あまり行われてはこなかったのではないだろうか。そのような中にあって，著者たちは，本書について「集団的な所有権と責任」(collective ownership and responsibility)を有するとしており，各章ごとの執筆者を示すということも行われていない。まさに学際的な研究成果というべきであろう。著者たちはすべてカリフォルニア州の大学で教鞭をとっており，地の利を活かして本書執筆のために濃密かつ真剣な討議が繰り返されたのであろうと想像される。

他方，学問的背景こそ異なるとはいえ，米国西海岸のアカデミアという文化的背景を共通にする人々の著作であるがゆえの限界があることも事実である。欧州やアジア，アフリカの視点からWTOはどう見えるか，市民社会からの異議申し立てにどう答えるかといった問題についても検討はされているが，それはあくまで著者たちの見解であって，当事者の見解がそのまま反映されているわけではない。しかしながら，このように文化的背景を異にする人々を著者の中に組み入れてしまうと，かみ合わない議論をそのまま掲載せざるを得ず，書物全体の統一性は失われてしまうから，真の意味での学際的研究とはいえなくなってしまうであろう。その意味では，思想的・文化的にほぼ同質で，かつ専門分野を異にする著者がWTO体制という難題に協力して取り組んだ本書の意義は大きい。

本書は全8章から構成される。第1章「通商レジームの政治学的分析」は，本書全体の序論として，WTO体制が抱える政治的困難の原因を分析している。第1に，貿易自由化の進展に伴ってWTOの加盟国数が拡大し，効率的な意思決定ができなくなっている上，通商政策において米欧の利害が対立する局面が増えていること。第2に，WTOはガットの時代から地域貿易協定の締結を許してきたので，小国に地域的貿易自由化という形で離脱可能性(exit options)を提供していること。第3に，WTOのルール自体が曖昧なので，紛争解決の局面では上級委員会が司法による法創造を行わざるを得なく

なっていること。これらの理由から，ガットの時代から現在に至るまでWTO体制は何とか世界経済統合を深化させ地理的に拡大することに成功してきたものの，今後は政治的に困難に直面すると予想される。そこで，本書の主題として「ガット・WTO体制は，より開放的でグローバルな通商体制を志向する勢力を維持・強化できるよう，その背後にある物質的・思想的変化に対応して進化してきたか」という問いが提示される。

　第2章「開放的市場の支持勢力固めとルール作り」では，これまでの世界で通商を管理するための制度が歴史的にどのように展開してきたかが述べられている。ガットの創設に至るまでの経緯，それがどのように進化して20世紀末におけるWTO体制の成立へとつながっていったか，またWTOの成立と並行して多くの地域貿易協定が結ばれるに至ったかの歴史が簡潔に紹介されている。本章では，多くの変化にもかかわらず，通商レジームの規範には多くの連続性があることが強調されている。

　第3章「ガット・WTO法制度の政治学：立法過程と司法過程」は，WTOの意思決定メカニズムの分析である。著者たちは，米国とECの力関係がWTOにおける意思決定に大きな作用を及ぼすと考えている。WTO体制の下での法的制度化の進展により，米欧二極体制との間で若干の軋轢が起こったが，上級委員会が下す解釈の方向性は，WTO体制の中で米欧が目指すものとは大きく異なっておらず，その意味でWTOに対する政治的な支持は得られやすいという。他方，WTOにおけるコンセンサス主義の結果，米欧が望む方向でのWTO体制の改革はますます難しくなっているという。

　続く2つの章は，ガット・WTO体制が直面する新しい課題についての分析である。第4章「拡大する通商ルール・通商協定：国境規制に関する新たな協定の設計」は，ウルグアイ・ラウンドにおける伝統的通商交渉分野の交渉成果の分析であり，第5章「通商ルールの国内規制への拡大：『国境内部』措置規制手段の発展」は，ガットの規律対象がウルグアイ・ラウンドの結果，サービスの貿易，衛生植物検疫措置（SPS），農業貿易，貿易の技術的障害（TBT），知的財産権に拡大してきた経緯が紹介され，いわゆるシンガポール・イシューについての簡単な紹介がある。著者たちは，いわゆる新しい課題に伝統的なルール，原則，交渉プロセスをそのまま当てはめることは無理があり，意味のある交渉成果は得られないのではないかとの疑問を投げかけている。

　第6章「ガット・WTOの加盟国数拡大と地域グループの増大」は，交渉に関わる主体の変容についての分析である。加盟国数の拡大は開発途上国の発言力の増大をもたらし，従来の四極（米国，EC，カナダ，日本）を中心とする意思決定メカニズムは機能しなくなって，交渉分野ごとの新たな連合が生じているという。また，地域貿易協定の増大は，WTO体制が加盟国の通商レジームへの期待に十分応えていないことの証左ではないかという。

　第7章「非国家主体の取り込み：国家主体の体制において利益，アイデア，情報をいかに代表すべきか」は，通商交渉の新たな主体として立ち現れてきた国家以外の団体を

どのように扱うべきかという議論である．NGO のみならず，従来から通商政策に影響力を行使してきた業界団体も考察の対象となっている．

以上の考察を踏まえ，著者たちは第8章の結論でおおむね次のように結論づけている．冒頭に提示された問いに対しては，今までのガット・WTO 体制は，状況の変化に適応して進化を遂げてきたといえるが，21世紀に入ってからは困難に直面している．WTO 体制が生き残るためには，次の3つの課題を克服しなければならない．第1に，国内において WTO 体制に対する支持者の連合体を結成しなければならない．これは困難な課題である．開放的な貿易体制に対するかつてのような支持基盤は失われ，逆に多くの先進国で，国粋主義者・労働組合・環境保護派による反 WTO 連合が形成されている．第2に，通商交渉の対象が拡大するにつれ，南北対立や先進国同士の利害対立によって，新しい交渉に入ることが難しくなっている．第3に，多角的貿易体制は地域貿易協定の増大による挑戦を受けている．

これらの課題を克服して生き残るためには，WTO は正統性を示す必要がある．かつてのガットは自由貿易を志向していたので，全世界に便益をもたらす目標をめざす組織として正統性を主張することができた．しかし，WTO は，非貿易的事項にも踏み込んでしまったため，ルール志向の組織に変容している．新たなルールの策定には相当の駆け引きが必要であって，結果としてのルールが互恵的だという保証もないので，正統性の獲得は困難である．開発志向の組織に自らを作り替えるといってみても，その方向性は明確でない．WTO が意味のある存在であり続けるためには，急激に変化する国際経済情勢に適応していかなければならない．

残念ながら，本書はそれ以上の解決策を提示していない．しかしながら，WTO が直面する課題の分析としては，短いページ数の中で，まとまった議論が提示されているといえよう．

ハーバード大学のヴァングラステク（Craig Vangrasstek）教授は，本書の書評（*World Trade Review* Vol.6, Issue 2 (July 2007) pp 343-345）において，記述に精粗のばらつきがあり，歴代事務局長のリストはあるのに，累次のラウンドのリストがなかったり，WTO 諸協定の概要はどこにも紹介されていないのに，DSU に基づく紛争解決手続のフローチャートが掲載されたりしていることを批判している．たしかに，そのような欠陥がないとはいえないが，それは本書を入門書としてとらえるからであろう．より情報量の多い体系書を読みこなすためのガイドないしサブテキストとして使う分には特に問題はないと思われる．

ただ，評者が不審に思ったのは，冒頭の著者紹介のところで，NAFTA を北太平洋自由貿易地域（North Atlantic Free Trade Area）と書き誤っていることである．4人の共有著作物だという割には，あまりにもお粗末なミスではないだろうか．おそらくこの部分は，日頃から WTO 体制における米欧連携の重要性を強調しているスタインバーグ

教授の執筆にかかるものであり，彼の潜在意識がこのような形で現れた一種のFreudian slipであろう。

(横浜国立大学大学院国際社会科学研究科教授)

Keisuke Iida,
Legalization and Japan : The Politics of WTO Dispute Settlement
(Cameron May, 2006, 361p.)

米 谷 三 以

　本書の著者，飯田敬輔教授は，国際政治学・国際制度論の研究者であり，執筆当時は青山学院大学教授であったが，現在は東京大学公共政策大学院に移られた。「司法化と日本：WTO紛争解決の政治学」と題する本書は，日本が当事国となったほとんどのWTO紛争案件の詳細な事実調査に基づいて，WTOの紛争解決手続の法制度化ないし司法化が日本の通商政策にもたらした影響を分析するものである。
　本書は，取り扱う主題，作業仮説のほか，紛争解決手続の司法化に関する基本的事項を説明する第1部（第1章から第3章）と個別案件の実証研究を詳述した第2部以下とに分かれている。第2部（第4章・第5章）は，米国の通商法301条ないしユニラテラリズムに日本政府が対抗した案件を取り扱い，第3部（第6章から第9章）は，他国の措置の違反を争う攻撃型の案件を取り扱い，日本におけるWTO協定の執行を支持するグループ（enforcement constituent）の出現，主権侵害との批判への対応としてのWTOの自己抑制，及びいわゆる法それ自体（law as such）に対する申立の増加等の現象について説明する。第4部（第10章）は，日本政府が防御側に立った案件として，酒税及び植物防疫措置が争われたケースを取り扱っている。第11章においては，上記実証研究に基づく結論が述べられている。以下，章毎の要約を試みる。
　第1章は，米欧などに比較すれば未だ不活発であるとの留保を置きつつ，WTOの紛争解決手続が司法化されて以降，日本の同手続の利用頻度が増加していることを指摘する。また，日本政府が和解を好む度合いが高いことを指摘する。さらに，これらの現象の解明を問題として提示し，外国政府に対し，協定の履行を求めることを支持するグループの存在及びバンドワゴン行動の二つをその説明として取り上げる。
　第2章は，本書の基本的スタンスを明らかにし，日本政府の通商政策における「法化」は，通商政策の根本的変化を意味するものではなく，WTOの司法化への適応に過ぎないと主張する。その根拠として，紛争解決了解の交渉過程における日本のポジション及び紛争解決制度の利用状況に触れる。また紛争解決手続を利用した経験の蓄積が進

んでいないことも司法化の浅さの一徴表として指摘し，近時の紛争解決の利用についても集団行動の現われという要素もあるとする。

　第3章は，WTOの紛争解決手続の目的と制度の概説であり，また利用状況についても説明している。重要な指摘として，米国に対して，ECと共同して法律の具体的適用でなく，抽象的な法律それ自体の違法を問題とする申請が増加したこと，また紛争解決メカニズムの問題として，上級委員会による司法積極主義に対する制約が増加していることを述べている。

　第2部は，米国のユニラテラリズムに対抗したケースを取り上げている。第4章は，米国政府が，結果志向アプローチ（result-oriented approach）に立って，自動車・自動車部品の輸入について数値目標（numerical target）の導入を迫り，さらに通商法301条に基づく一方的報復措置に対して，日本政府は，一方的措置を禁止するDSU23条に違反するとしてWTO協定上の協議要請を行い，国際的な支持の取り付けを図った結果，米国政府が最終的に妥協を図らざるを得なくなった経緯を詳述する。本書は，合意による速やかな解決がなぜ可能であったかを分析し，訴訟における和解可能性に関する分析仮説を検討している。

　第5章は，日本の写真フィルム及び印画紙市場が閉鎖的であってWTO協定上問題であるとして米国がWTOに紛争解決を申し立てたケースを取り扱っている。米国企業による301条提訴について，日本政府が米国政府と交渉しないというポジションを取ったために，米国としてはWTO以外に救済を求めるルートがなくなったことを説明し，さらにWTOにおけるパネル手続は，日本側の全面勝訴に終わったとする。本書は，米国が，WTOにおいて申立が認められる可能性が低いにも関わらずWTOの手続に執着した点を検討し，米国側のスポンサーであった企業が申立の認容可能性を誤認しており，米国政府がこれに引きずられた可能性を示唆する。

　第6章は，ブラジル及びインドネシアの国内における自動車生産優遇措置に対して不服を申し立てたケース，さらに自動車に関するカナダ政府の措置に対して不服を申し立てたケースを取り上げている。インドネシアのケースでは，インドネシアにおいて意思決定の柔軟性が欠如していたために，日本政府としては本意ではなかったがパネル報告を求めざるを得なくなったとする。またカナダのケースについては，国内において批判が相当あったにもかかわらずカナダ政府が勧告を速やかに実施した理由として，かかる勧告を遵守すべきとする規範が受け入れられていたからであると主張している。また，これらの事例において，日本の自動車産業が紛争解決手続の利用を後押しする利益集団であったと指摘し，またこれらの成功体験から日本政府は，WTOの紛争処理手続の有効性を認識し米国の貿易救済法に対して手続を利用することとなったが，それらのケースでは思ったような結果を得られなかったとする。

　第7章は，米国のアンチダンピング規制に対する案件である熱延鋼板に対するアンチ

ダンピング課税を争ったケースと表面処理鋼板に対するサンセットレビューを争ったケースとを取り扱っている。熱延鋼板のケースにおいては，AD協定の改定交渉につなげる戦略的思考が根底にあった可能性を指摘する。他方，サンセットレビューのケースでは，ECが提起した同種の案件における判断を受けて，実質上門前払いの判断が下されたとし，AD協定の有効性に限界があることが判明したとする。また，このケースにおける上級委員会の判断について，米国議会の反発を考慮しての自己抑制が上級委員会等であったことが反映しているのではないかと推測している。

第8章は，個別産業の利害から離れてWTO協定の執行という抽象的利益を追求し，同時に日本が勝ち馬に乗ろうとする傾向（propensity to bandwagon）を明確に示したケースとして，外国からの略奪的価格設定行為に対して刑事罰等を規定した米国1916年法をめぐるケースと，徴収したAD及び相殺関税を被害産業に分配する米国関税法の規定（「バード修正条項」）をめぐるケースとを取り上げている。前者については，日本の参加についてECの強い勧誘が背景にあったこと，米国の勧告実施の遅れにたいして日ECが対抗措置の承認を求めたことを説明する。本書は，ECとの協調体制があったことが日本政府の積極性の源泉であったとする証言を引用している。2000年に制定されたバード修正条項についても同様の経過が見られた。これらのケースについて，米国議会が実施の障害になっていることを共通点として指摘しつつ，バード修正条項のケースにおいて，WTOの紛争解決手続に対する米国議会の主権侵害との非難があり，WTOにおいて自己抑制の傾向が現れたとしている。

第9章は，熱延鋼板AD，1916年法等のケースと異なり，是正を求める勧告の実施が速やかになされたケースとして，米国の鉄鋼セーフガード措置の適法性が争われたケースを取り上げ，その理由を分析している。本書は，ユーザーが措置に反対していたこと，EC（及び日本）の対抗措置の脅威があったことが重要であったとしている。ECの対抗措置については，政治的影響が大きい産品を対象としていたことを指摘する。

第4部は1章だけの構成であるが，日本の措置が争われたケースとして，酒税及びリンゴに関する二つの植物防疫措置に対するケースを取り上げている。酒税については，国内利害関係者の反対を抑えてなぜ履行が可能であったかを検討し，他省に迷惑をかけまいとする日本の官僚組織の傾向，国際経済ルールに対する規範意識の高さ，利害関係の拡散を挙げる。後者のケースについては，SPS協定の導入によって輸出者側のポジションが強くなったことを受け，米国側が法的議論の強さからまったく妥協しなかったため，外交的な解決が困難になったとする。続くコドリンガに対する植物防疫措置のケースにおける米国サイドの強硬姿勢も上記状況の変化の現われであるとする。

最終章は，これら個別ケースの分析を総合して，結論を述べている。第一に，WTOの紛争解決手続によって相手国の同意なくしてパネルによる判断を求めることができるようになったにもかかわらず，半数近くのケースにおいて和解により解決していること

の理由を探っている。第二に，WTOの紛争解決手続の利用姿勢についてまとめ，通商法301条に象徴される米国の対外的ユニラテラリズムへの対抗策という当初の目的は早期に達成されたが，米国の保護主義に対抗するという目的で利用し始め，さらに米国に対して対抗措置を用いて結果を得るという方向に発展しつつあるとする。第三に，司法的解決への志向を二国間貿易協定・経済連携協定への傾斜とどのように説明するかを論じている。

本書の特長等については以下の3点を指摘したい。

第一に，本書は，様々な文献資料と関係者への膨大なヒアリングとに基づいて，WTOの紛争解決手続が利用された日本の通商紛争ケースにおける政府・関係企業の行動を明らかにした。その説明は包括的かつ多面的であり，それぞれの紛争がどのような経緯で発生し，どのような過程を経て解決に至ったか，関係者へのインタビューによってインサイドストーリーも掘り起こした上で分かりやすく説明している。日本政府のWTOの紛争解決手続に関する行動については，個別ケースについて説明したものは存在するが，このような包括的な実証研究は先行するものがないように思う。国際政治学のみならず，国際経済法の観点からみても，議論の客観的基礎を築いたとして高く評価されると考える。

第二に，紛争解決手続の使用頻度の上昇にもかかわらず，日本の通商政策は本質的に変化していないとの指摘については同感するところが多い。日米自動車問題，フィルム問題の結果については，結果志向の通商政策に対するルール志向の通商政策の勝利と捉えられ，司法化された紛争解決手続に対する評価も期待もきわめて高かったように思われる。これに対して，最近では取扱件数も減っており，本書も指摘するとおり，二国間又は地域内自由貿易協定（あるいは経済連携協定）に焦点が移っているようであって，紛争解決手続の利用における消極的姿勢をうかがわせる現象のほうが目立つ。しかし，ルール志向という基本的スタンスが変わったとは思われないし，またAD協定については改定交渉を視野においての紛争解決手続の戦略的利用の例が今でも見られる。また視野を広く取れば，紛争解決手続の司法化という要素が見直されている面もあるかもしれない。交渉でなく法執行という面では共通する貿易救済法の実施事例の増加もみられるし，また投資仲裁の仕組みを含む投資保護条約等の追求といった国際経済法上の事象をどのように位置づけるのかさらなる研究が期待される。

第三に，本書は，和解が成立して，パネル／上級委員会による法的判断を求めることなく解決できる場合はどのような要因が作用しているかについて政治学のモデルを用いて興味深い分析を提供している。本書は，合意による解決を妨げる国内の政治的制約要因による説明を提示し，日本においては，自動車産業を除き，かかる制約要因が少なく，したがって合意による解決を好む国であるとしている。

この点では，合意による解決が困難か否かという政治学の問題設定及び分析手法自体

が法律家にとって興味深いものであり，紛争解決制度を改善していく上で参考になるものと思われる。本書は，国内の政治的制約要因を強調しているが，紛争解決手続においてパネル・上級委員会の法的判断を求めずに合意で解決できるかだけではなく，紛争解決機関の勧告の履行が容易になされるかどうかという点でも同様の議論がみられる。したがって，通商紛争の紛争処理コストを下げるためには，国内政治プロセスにおいて不合理な判断に固執しにくくなるような国内制度の創設，たとえば政策決定過程で示された解決案に対する賛否とその理由とを政府に公表させるといった方法も考えられるわけである。いわゆる履行問題の解決策の提案は，勧告の強制力の強化という法律家的な解決策に偏りがちであるが，それだけが方法ではないことを本書の分析は示しているように思われる。

(法政大学法科大学院教授・西村あさひ法律事務所弁護士)

新堀聰・柏木昇（編著）
『グローバル商取引と紛争解決』
(同文舘出版，2006年，220＋(12)頁)

髙 杉　　直

　本書は，同文舘出版の「グローバル商取引シリーズ」の内の1冊として刊行されたものである。監修者の言によれば，同シリーズは，法学と商学の両面に造詣の深い専門家集団である国際商取引学会の会員の業績の一部を広く公開して，学会と実業界に貢献するために企画されたものであり，各分野において，国際商取引学会会員を中心とする，定評のある執筆者によって準備されたものである。本書は，国際商取引に関して法および商の観点からも実務の観点からも重要な「国際商取引紛争」に焦点を当てるものであり，全7章から成る。国際商取引紛争の解決方法として，交渉，裁判，仲裁などが挙げられるが，これらに関する手続法・実体法および実務上の諸問題をほぼ網羅するものである。各章の概要については，編著者による「はしがき」(新堀聰・柏木昇)で紹介されている。以下では，この紹介を参考に，各章について評者なりの視点から紹介と検討を行う。

　第1章「国際商取引と紛争解決手段――話し合いと国際商取引」(柏木昇)は，紛争解決手段としての「交渉」に焦点を当てたものであり，再交渉条項が実際の国際契約の紛争解決に関して殆ど意味がないことを明らかにする。著者は，交渉が成功するためには実体法基準の明確さが必要であるにもかかわらず，実際には法が実体基準を提供できないこと，交渉義務の具体的内容が不明確であること，裁判官・仲裁人のよるべき基準

も明確でないことなどについて，豪州糖事件を例にしつつ論証し，結局，「交渉はより合理的な解決をもたらしてくれる可能性を高める促進剤とはなっても，決定的解決をもたらす治療薬にはならない」と主張する。国際取引の実務に携わっていた著者による具体的かつ多数の例を挙げながらの本章の論証は，極めて説得的である。確かに「冷徹なリスク・ベネフィットの計算」によって交渉がなされることは実務的観点からは当然であり，交渉義務を課したからといって，実体的基準がなければ意味がないといえよう。交渉義務について楽観的かつ肯定的に評価する見解に対する実務的な立場からの批判として，その意義・示唆は大きい。

第2章「法廷地選択および準拠法選択の役割」（齋藤彰）は，裁判による紛争解決にとって極めて大きな意味をもつ，契約中の合意管轄条項と準拠法条項について，それらが国際商取引において有する意義を考察する。著者は，契約の諸条項を，具体的な進行に関する「履行プラン条項」と契約関係から逸れた場合の対応である「リスク対応条項」とに分類した上で，法廷地選択や準拠法選択はリスク対応条項の典型的なものであるとする。そして，契約の拘束力の源泉が国家法のみにあるのではないこと，現在では①法廷地選択および仲裁選択に関する当事者自治，②準拠法選択の当事者自治，並びに，③契約自由の原則の3つのグローバルルールが存在しており，国際契約の法的安定性が確保されていること，しかし①と②を法理論的に正当化できる確かな根拠はなく，国家法が直接的な支配を放棄したに過ぎないのが実相であること，このような国家法の真空状態の中で超国家的な法規範が利用されるような環境を生み出したことなどを指摘する。その上で，準拠法・法廷地選択条項は，紛争の発生自体を未然に抑止するものではないが，当事者双方に膨大な時間と費用の負担を強いる「法廷地漁り」を回避する点で大きな意義を有すること，超国家的な法規範の利用に向けた移行期である現在においても，国家法や国家裁判所の選択が安定性という点で有利な選択肢である場合が少なくないことを著者は提示する。本章の内容は，高度に専門的なものであるが，国際私法・国際商取引法の専門家でなくとも理解できるよう，著者による気配りがなされている。また，法廷地選択により準拠法選択を推定する英米法圏のように両者を一体として考慮すべきこと，クロス型の法廷地・準拠法選択条項が適切な実務ではないことなど，傾聴すべき著者の主張・見解が随所に示されており，本章は，実務家および研究者の双方にとって示唆に富む必読の文献である。

第3章「外国判決・外国仲裁判断の承認および執行」（中野俊一郎）は，外国で下された判決および仲裁判断の内国における効力の問題を扱うものである。本章で，著者は，第1に，承認・執行の必要性，方式と効果について明らかにした後，第2に，外国判決の承認に関する民訴法118条の解釈について詳細に論じる。第3に，外国仲裁判断の承認について，ニューヨーク条約，二国間条約および仲裁法との関係を明らかにした後，外国仲裁判断の意義と承認拒絶事由に関する解釈上の諸問題を詳細に検討する。その上で，

第4に，外国判決・外国仲裁判断の執行手続についての解釈上の諸問題を考察し，第5に，とくに外国国家の主権免除や国際民事保全の諸問題などについても解説を行っている。本章は，国際民事手続法の第一人者による，外国判決および仲裁判断の承認・執行に関する包括的で詳細な注釈であり，国際訴訟に携わる法律家・実務家にとって必読の文献であると言えよう。

第4章「日本におけるADRの現状と問題点——仲裁と調停を中心に」（大貫雅晴）は，国際商取引紛争の解決手段として活用されている国際商事仲裁と，日本のADR振興のひとつである民間型調停を検討対象とする。本章で，著者は，第1に，ADRの概要についての解説を行った上で，第2に，仲裁地として選択される環境条件として，①仲裁法が整備されていることと，②仲裁手続に必要なインフラが整っていることを挙げる。そして，日本の課題として，とくに②について，人材の育成，仲裁人倫理規範の策定，国際標準化に向けての努力等の問題を指摘する。第3に，知的財産権紛争の仲裁適格について検討を行い，広く認める方向で明確にすべきであると主張する。第4に，日本において民間型調停が役割を果たしていないとの現状を指摘し，ADR促進法への期待を表明する。本章は，国際商事仲裁についての定評ある実務家によるものであり，日本における課題について鋭く分析している。表題通り，日本の現状と問題点が浮き彫りにされている。日本における仲裁を含むADRの振興のためにも，本章で示された提言に真摯に耳を傾ける必要があろう。

第5章「日本の新仲裁法」（中村達也）は，国際仲裁の視点から，実務上重要と考えられる問題を中心に，2003年に成立した新仲裁法の内容を考察するものである。著者は，新仲裁法の条文の順番にしたがって詳細な解説を行っている。第1に，総則に関して，仲裁法の適用範囲や仲裁地の概念などについて解説する。とくにスポーツ仲裁も「民事上の紛争」に該当しないと断じるべきではないこと，当事者の通常の意思と合致するよう仲裁地の概念について再検討を要することなどの主張がなされている。第2に，仲裁合意に関して，仲裁合意の準拠法，仲裁可能性，仲裁合意の方式，分離可能性などが論じられている。合意の準拠法については法例7条［現・法適用通則法7条以下］によるのではなく，新法44条・45条に組み込まれた抵触規則によるべきであるとの主張がなされている。第3に，仲裁人に関して，とくに2004年の「国際仲裁における利益相反に関するIBAガイドライン」を詳細に紹介している。第4に，仲裁廷の特別の権限，仲裁手続，仲裁判断の基準，取消し，承認などについても条文に即して解説がなされている。本章は，仲裁法に関する第一線の専門家が，実務の観点から重要な諸問題について考察したものである。仲裁法の包括的な注釈であり，実務家・法律家にとって必読の文献であるといえよう。

第6章「国際商事仲裁とグローバル商取引法の発展」（新堀聰）は，国際商取引紛争の解決に関して，伝統的な抵触法によるアプローチの問題点を指摘し，仲裁を活用し，

グローバル商取引法の適用によって解決することが望ましいと主張する。本章における抵触法の理解については，国際私法学者一般の理解とは異なる点も見られるが，国際商取引紛争の解決に関しては，著者の主張の通り，グローバル商取引法の活用が適切であって，これは UNCITRAL 国際商事仲裁モデル法が実体判断基準として非国家法の適用を肯定していることから，とくに仲裁において期待されよう。

第7章「これからの ADR の展望——ADR 活性化の原点は何か」(柏木秀一) は，将来の ADR の活性化に向けて何をすればよいかという観点から ADR の今後の展望について論述するものである。著者は，日本の ADR 普及の阻害要因の中に「お上」意識があることを指摘し，ADR 基盤の確立方法の第1として教育での ADR の実践を挙げ，第2に社会の諸団体の内部紛争の解決のための ADR の利用を挙げる。そして ADR の正当性を手続的正義に求め，手続的正義の確保のための諸制度の整備を提言する。本章のみ，文体と形式が異なっており（注ではなく章末に参考文献を掲載），読者は若干とまどいを覚えるかもしれないが，実務家ならではの貴重な提言がなされており，ADR 普及を考えるための一つの参考となろう。

論文相互間の調整がないため重複部分等があったり，論文間の水準に相違があったりするものの，本書を全体として評すれば，国際商取引の紛争解決に関する研究・実務において必読の文献であることは疑いない。

(同志社大学法学部教授)

絹巻康史・齋藤彰（編著）
『国際契約ルールの誕生』
(同文舘出版、2006年)

中 林 啓 一

1．本書の構成

本書は，国際契約ルールの誕生と発展，さらにはその未来を眺めようとするものである。第一部「国際契約ルールの誕生」(第1章〜第3章) および第二部「自然発生のルールからグローバル・スタンダードへ」(第4章〜第6章) からなる論文集である。

2．本書の内容

以下では，各章につきその概要を紹介した上で，筆者の主張を要約する。また，プロローグおよびエピローグにも貴重な指摘が含まれているので，あわせて紹介する。

プロローグ「国際ビジネスのルール—国家法と国際商慣習法—」(絹巻康史) は，現実の国際ビジネスにおいて形成されてきたルールの誕生・妥当性・法的性質・その具体

的内容について述べている。

これまでのところ，日本の法学界や法曹界における上記ルールの扱いは，必ずしも充分なものとはいえない。国際ビジネスのルールは，法的正義と商的合理性とを一体的に把握することによって正確に理解しうるとの指摘がなされる。

第1章「商人による私的秩序形成と国家法の役割」（曽野裕夫）は，国家法に依拠しないインフォーマルな，現実感覚あふれる行動による秩序形成・維持の世界を私的秩序形成（private ordering）の世界と呼び，それがフォーマルな国家法による秩序形成・維持の世界といかに対峙していくかという点について考察している。

現実の商取引において，商人は，自律的かつ私的な秩序形成・維持のしくみを形成発展させてきており，そこでは原則として国家法＝裁判による秩序形成・維持のしくみへの依拠が想定されていない。しかしながら，それは商人にとって国家および国家法が無意味であるということではない。国家は，私的秩序形成の世界を補完し，また，私的秩序形成の世界において創造されたインフォーマルな規範を積極的に取り込んでもいる（本章では「組み込み戦略」と呼ばれる）。このような「組み込み戦略」に対しては，特にアメリカの学界において，その可否についての論争がなされている。しかしながら，「組み込み戦略」の可否として問題が立てられるべきではなく，きめ細かく慣習の射程を確定する方法論を探ることが，私的秩序形成の世界に対する国家法の対峙のしかたを明らかにしていく途であるとの主張がなされる。

第2章「プラント輸出契約のルールづくり」（高柳一男）は，まず，プラント輸出契約の概要，特徴などについて述べる。つぎに，同契約に援用されうる国際標準約款の代表的なものを紹介している。それらからはいくつかの共通ルールを導き出すことができ，当該ルールが国際商慣習法の形成に寄与すると説く。

プラント輸出契約は，その内容の複合性から，既存の国家法では規律しにくい複雑な契約である。そのため，これまでさまざまな団体によって，国際標準約款が作成されてきている。これらの約款の中には，たとえば仲裁による紛争解決など，共通ルール（それゆえに商慣習ないし商人法を形成しつつある）といえるものも存在する。他方，プラント輸出契約に関する，グローバルな次元での統一法の作成にはなお多くの年月を要すると思われる。したがって，それまでは国際標準約款がプラント輸出契約のルールづくりにあたって多大な寄与をし続けると展望する。

第3章「手続法上の lex mercatoria ―国際商事仲裁の過去，現在，未来―」（ルーク・ノッテジ）は，「『グローバル化』対『地域化』」を縦軸に，「『形式化』対『非形式化』」を横軸にした上で，国際商事仲裁（ICA）がその基軸の中でいかに位置づけられうるかを歴史的・実証的に考察する。

1950年代から60年代にかけて，政治的世界観を異にする国家間の紛争が仲裁により解決された。そこでは，当事者自治の尊重および裁判所の介入を最小限にすることが含ま

れる,「新しい手続法上の lex mercatoria」が展開された。1958年の外国仲裁判断の承認及び執行に関する条約により,この時代の ICA はグローバルかつ非形式的であり,その結果,より多様な当事者に受け入れられるものとなった。これに反し,1970年代から80年代にかけての ICA は,地域化・形式化の道を歩む。形式的思考をより好む英米の大手法律事務所が ICA の支配的集団となったことがその背景にある。かような形式化は,結果として ICA の特質を失わせるものとなるとの批判を招いた。このような批判や1985年の国際商事仲裁模範法が契機となって,1990年代以降の ICA は,グローバルかつ非形式的なものへと回帰しつつある(本章では多くの問題を取り上げて,その動きを再確認する)。ICA を今後もかような方向に発展させていくことが,実体法上の lex mercatoria をさらに成長させることにもつながるとの主張がなされる。

第4章「ICC は何をしたか」(新堀聰)は,まず,国際的な民間経済団体たる ICC の誕生の経緯とその役割,わが国実業界と ICC とのかかわりについて概観する。つぎに,ICC の制定した代表的国際規則である,インコタームズ・信用状統一規則について検討する。ICC も最終段階で制定に参画した国際スタンドバイ規則についてはやや批判的に検討されている。

これら3つの規則のなかで,とりわけインコタームズ・信用状統一規則は,国家によってはそれを「国際的貿易慣習」あるいは「商慣行の要約」と判断するほど,実際の取引において広く用いられている。しかし,一部にはこれらの規則を誤用する商人もいる(本章は,インコタームズにおけるかような例の一つとして,コンテナ取引の特質に必ずしも適合していない FOB・CIF・CFR 条件が,日本のコンテナ取引の9割以上で用いられていることを指摘する)。このような状況において,ICC は,商人に対し,コンテナ取引に適した取引条件の使用を強く勧めている。この現象は,ICC がグローバルな統一商取引法の形成および発展に貢献していることを象徴するとの見解が述べられる。

第5章「モデル法の母としてのアメリカ法—UCC とリステイトメントの来し方・行く末—」(久保宏之)は,アメリカにおけるリステイトメント・統一商法典(UCC)の成功が,CISG・ユニドロワ国際商事契約原則・ヨーロッパ契約法原則のような統一法原則作成の試みの端緒となったとした上で,契約法リステイトメントおよび UCC の起草史・成立後の経過・基本理念を,それを取り巻く人物群像などとも絡めながら描写する。

リステイトメントおよび UCC は,その内容もさることながら,CISG など世界的規模での統一法原則形成にあたってのモデルとなったという点にこそ意義を有していたと考えられる。UCC およびリステイトメントが,これら統一法原則の様式・内容ともに一定の影響を与えたとも考えうる。そこで用いられている文言や概念に類似性も認められるからである。しかしながら,それをもって,起草趣旨や適用範囲の異なる統一法原則と,UCC およびリステイトメントの類似性を論じることは不適切であると主張する。

第6章「CISG からユニドロワ国際商事契約原則へ―国際的な契約法の調和に向けて―」(齋藤彰)は，契約法の国際的調和へ向けた試みとして，主に ULIS/ULF，CISG，ユニドロワ原則を取り上げ，それぞれの規範の成立が求められた背景およびそれぞれの特徴，限界，今後の展開等について検討を加えている。
　ULIS/ULF，CISG，ユニドロワ原則は，法の統一という目的では軌を一にする。しかしながら，その存在形式については歴史的経験にもとづいた差異がある。ULIS/ULF の失敗の原因は多岐にわたるが，直接的には統一法作成にあたっての経験不足と評価するのがフェアである。CISG は，ULIS/ULF の失敗の経験を活かし，また，現実の取引社会において統一実質法へのニーズが高まったこともあって，70ヶ国近くにおよぶ締約国を有するまでになった。他方で，国家法システムの枠組みにおいて条約として成立している CISG には，その性質上，適用範囲の狭さや条約改正の困難さなど，一定の限界もある。ユニドロワ原則は，CISG の経験をふまえて，条約という形式を捨て去った。その意味で同原則は超国家法システムに向けた最初の一歩といえる（本章では CISG およびユニドロワ原則の具体的内容も検討され，それぞれ肯定的に評価されている）。われわれは，このような契約法調和の国際的動向にさらなる関心を有するべきであると指摘する。
　エピローグ「これからの契約と契約法の展望―水平的秩序としての契約環境を求めて―」(齋藤彰)は，取引を基本とする社会への展望を描いた上で，そこでの法律家の役割について考察する。日本の法科大学院は，取引社会において充分にその役割を果たしうる法律家を養成する教育体制を整備することが必要と主張する。

3．本書の意義
　最後に，本書の意義について述べる。本書のカバーする範囲は非常に多岐にわたる。しかしながら，本書を読み終える頃には，現実の国際契約を規律するルールが，国家法とは別個に，過去から未来へ一つの潮流となって脈々と流れていることを読者は認識するであろう。私の知りうる限り，国際契約ルールを主題とする書物はさほど多くない。その意味でも本書は今後この分野の研究に際して参照すべき貴重な一冊といえる。また，執筆者構成が研究者（商学者・法学者）および取引実務経験者と多様であることも特筆すべき事柄である。各章間には叙述の重複もみられるが，テーマが多岐にわたっていることに由来するものであり，消極的に評価すべきではない。今後もこのような書物が出版されることを期待したい。

（広島修道大学法学部准教授）

ジョイント・ベンチャー研究会（編著）
『ジョイント・ベンチャー契約の実務と理論：会社法施行を踏まえて』
（判例タイムズ社，2006年）

平 野 温 郎

　本書は，本邦新会社法や有限責任事業組合契約に関する法律の制定を踏まえ，合弁事業に関わる法律上の仕組みと実務をカバーした画期的な一書である。合弁事業に関する解説書はこれまでも市販されてはいたが，従来のものは，どちらかといえば合弁契約の各種条項の説明にとどまったり，英文のジョイントベンチャー・アグリーメントを日本語訳したようなものも少なくなかった。これに対して，本書は，幅広い参考文献を引用しつつ，①合弁事業に取り組むにあたって考察すべき法的ポイントの提示，②合弁契約の設計と主要条項に対する考え方・各種アプローチの解説，③会社法，倒産法，独禁法といった合弁事業に関わる法分野におけるポイントの考察など，ジョイントベンチャー契約という切り口で，多岐に亘る法律問題を実務編と理論編に分け網羅的に詳述している。

　評者自身，国内や過去駐在した中国・香港をはじめとして，これまで多くの合弁契約を担当してきたが，その経験や今回の米国駐在を通じて改めて感じることは，合弁契約は合弁事業の憲法的な位置付けを有すべきものであり，事業開始前の検討と交渉に多大な時間と労力を費やす必要のある契約である，ということである。ジョイントベンチャーという事業形態は，様々なビジネスニーズによってその一つ一つが個性的な内容を持つものであることから，合弁契約は，これらを正確に理解した上で，その実現を可能とする法的裏付けを付与するように網羅的且つ周到に作成されなければならない。最近の国内企業同士の合弁事業においてどうであるかは不明だが，少なくとも海外企業との国内における合弁事業では，海外における合弁事業と同様，合弁契約が膨大な分量となる事実は興味深いものがある。これは，①海外合弁事業においては，合弁事業体における意思決定機関及びその意思決定方法（議決権）に関する法定制度が明らかでなく，法律に規定のある事でも記載する傾向にあること，②合弁事業における意思決定のみならず，その事業を支えるための資金，技術，マンパワー，工場・土地などのハードを提供するためのあらゆる事項について，木目細かくその条件を定める必要があること，③合弁事業が予定通り立ち行かなくなった場合の対応策，撤退策についてできるだけ詳細を決めておきたいこと，といったニーズのためである。しかしながら，評者としては，合弁契約とはそもそも如何なる契約なのであろうかと常に疑問を持っていた。例えば，動

産の売買契約は，本邦民法典に定める売買に関する規定などを任意規定とし，売買当事者間で交渉の上特約を定めることを一つの狙いとしている。一方，合弁契約とは，①その当事者は株主だけであるのか，或いは，出資先の会社をも拘束できるのか，②一般的には強行法規と捉えられる会社法の規定を変更する特約を合弁契約において自由に定めることができるのか（特に，法律上の要求を軽減する場合），③合弁契約，とりわけ会社法の規定を変更する特約を定めた規定の執行力（Enforceability）はどうか，という点は，日本でも，又中国でも常に論点であった。かかる疑問は，非典型契約である合弁契約の法的性質を如何に捉えるか，という観点から考えるべきだが，同じく非典型契約であるファイナンス・リース契約が実務上相当程度議論され，その法的性質も明確となってきた一方で，合弁契約については，なかなか議論はされても，明快な指針が示されることはなかった。

本書では，このような合弁契約の性質の問題を，取締役選任・解任，或いは，拒否権条項，という点に絡めて縦横に議論展開しており，興味深い内容となっている。特に，取締役選任に関する議決権行使を巡る議論の中で，様々な参考文献を挙げて，議決権行使に関する履行の強制や仮処分について論じた点は，高い評価に値するであろう。しかしながら，議決権行使に関連して，本書が既に論点提起しているように，仮処分・差止命令の妥当性については明快な回答はなされていない。そもそも，合弁事業のように，特定された少数当事者間で，且つ，全員が合意している合弁会社に関する議決権行使に関して，裁判所が何故，当該合意内容に反する議決権行使を図る合弁当事者の行為に対し差止命令が出せないのか，本書の執筆者は疑問を呈しているが，米国では，合弁契約の有効性や執行力に疑問の余地はなく，本邦において未だその有効性自体に関わるような議論がなされていることには，正直立ち遅れ感が否めない。この点は，本書においても，もう一歩進んで，合弁契約の中で定めた議決権行使の内容に反する当事者の行為が予想されたときに，如何なる対応が考えられるか（例えば，損害賠償額を予め定めることによる間接的な予防措置，裁判所への仮処分申請を予め約定することにより，裁判所が仮処分申請を認める可能性が高いのではないか，など），実務的な対応に関する示唆も欲しかったところである。無論，本邦での判例の積み重ねが不足であるという制約があるのかもしれないが，今後，例えば比較法的に米国における実務や判例動向も踏まえた研究に期待したい。

また，実務的な観点からは，合弁事業解消時における取り決めについても更に深い考察を期待したい。本書においては，合弁事業に関する意思決定がなされない場合（デッドロック）などにおける合弁事業解消方法として，株式に関する買取請求（プットオプション），売渡請求（コールオプション）などをはじめとした様々な方法について，例として挙げている。本書に記載されている例は，様々な合弁案件において評者自身も経験しており，違和感はない。しかしながら，実務的に最も頭を悩まし，且つ，回答が容

易でないのは，株式買取又は売渡の際の株式価値の評価方法である。本書では，契約条項の例として，「1株当りの純資産価格と当該株式の払込時の金額のいずれか高い方」との例を挙げているほか，その他の例として，公認会計士による評価や，収益還元方式（Discount Cash Flow方式）などの例を挙げている。しかしながら，実務においては，この点が常に議論され，交渉を複雑にする。株式買取請求又は売渡請求という「権利（オプション）」である以上，当該オプションを有する当事者がこれを行使しようにもその行使価格に議論の余地が残るのであれば，確実な権利とは言えない。更に，デッドロックの解消方法については，これが主に合弁事業解消に繋がるものとして位置付けられることから，様々な条項の中でも最も合弁契約の規定通りの解決が図られることが多い。これは，他の条項は，合弁事業を継続する意図が当事者にあるため，合弁契約の定めとは別の解決（事実上の合弁契約の変更）も可能である一方で，合弁事業解消時においては，かかる当事者間の自発的な解決（事実上の和解）は期待できず，合弁契約の定めが何であったか，ということが解決の唯一の鍵となるからである。しかも，株式買取を行う当事者は出来るだけ安価で，逆に株式売却を行う当事者は出来るだけ高価で，と利害が完全に反するために，紛争となる可能性が高くなる。無論，本書は法律的な観点からの解説書であるが，実務家としては，様々な例を基に，できるだけ紛争を防止できるような合弁解消時の取り決めについて，参考となるような解説を望むところである。具体的には，① 評価の基準時の明確化（「直近の決算期」とする例が多いが，年次なのか四半期なのか，また，市場が大きく変動する最近では，「決算期」とせず月次決算に依拠する方が，合弁解消時の会社評価をより正確に表しているのではないか，など），② 評価方法（最近の国際合弁では純資産価格よりも寧ろDCF方式を用いる方が多いのではないか，との見方もあろうかと思うが，ではDCF方式の場合でも，Multipleをどの程度とるか，など），③ 評価人は誰か（合弁会社の公認会計士でよいのか，売主・買主双方にて起用した公認会計士の評価の平均を取るのか，或いは第三鑑定人を定めるか，など），という3点を基準に，極力争いの余地のない合弁事業解消方法に関する提案，及び，契約文言の案の提示を期待するところである。

　合弁契約の紛争解決方法については，裁判や仲裁以外の方法での解決についても，今後是非検討・提言を期待したい。公開される裁判が合弁事業では望ましくないことが多いのみならず，仲裁についても時間がかかる例が多い。合弁事業はビジネスであるが故に，その解消も含め，迅速な解決が非常に重要であることは言うまでもないことであるが，とりわけ，合弁事業の紛争中，当該事業そのものが立ち行かなくなる事態は，合弁当事者全員にとって望ましいことではない。合弁事業解消の場合でも，早期の解決を図ることは，当該事業の価値保全を図り，ひいては，当該事業を存続する当事者にとっては勿論，撤退する当事者にとっても高値売却を図りやすいという観点から，全当事者にとっての共通の利益となる。米国では，Mediation（調停）などのADR（Alternative

Dispute Resolution) が一般的に用いられ、それぞれの制度の一長一短はあるものの、本邦においてはその選択肢が当事者にとって限られていること自体に改善の余地はあるのではないか、と考える。

　他にも合弁当事者間の競業禁止の問題、資金調達に応じない場合の取り決めなど、更なる分析・検討を期待したい実務ポイントもあるが、いずれにしても本書は、合弁事業に関わる書籍としては疑いなく出色であり、合弁事業に関わる実務経験の多寡を問わず、企業法務担当者にとっては正に待望の一冊である。

（米国三井物産株式会社法務課長）

日本国際経済法学会会報

1．本学会の役員その他

理　事　長	柏　木　　　昇	（中央大学）
庶務担当常務理事	道垣内　正人	（早稲田大学）
会計担当常務理事	小　寺　　　彰	（東京大学）
研究運営担当常務理事（研究運営委員会主任）	佐　分　晴　夫	（名古屋大学）
編集担当常務理事（編集委員会主任）	泉　水　文　雄	（神戸大学）
庶務副主任	竹　下　啓　介	（首都大学東京）
会計副主任	福　永　有　夏	（早稲田大学）

学会事務局：〒192-0397　東京都八王子市南大沢1-1
　　　　　　首都大学東京竹下啓介研究室
　　　　　　E-mail:k-takeshita@k5.dion.ne.jp

理事・監事（第6期）名簿（50音順）

（2007年7月現在）

＜理　事＞

阿　部　克　則	（学習院大学）	荒　木　一　郎	（横浜国立大学）
石　川　　　薫	（外務省経済局長）	石　黒　一　憲	（東京大学）
位　田　隆　一	（京都大学）	岩　沢　雄　司	（東京大学）
江　藤　淳　一	（上智大学）	小　川　恒　弘	（経済産業省通商機構部長）
柏　木　　　昇	（中央大学）	川　島　富士雄	（名古屋大学）
川　瀬　剛　志	（大阪大学）	木　棚　照　一	（早稲田大学）
久保田　　　隆	（早稲田大学）	小　寺　　　彰	（東京大学）

佐 野　　寛 （岡山大学）	佐 分 晴 夫 （名古屋大学）
清 水 章 雄 （早稲田大学）	須 網 隆 夫 （早稲田大学）
瀬 領 真 悟 （同志社大学）	泉 水 文 雄 （神戸大学）
平　　　　覚 （大阪市立大学）	髙 杉　　直 （同志社大学）
茶 園 成 樹 （大阪大学）	出 口 耕 自 （上智大学）
道垣内 正 人 （早稲田大学）	内 記 香 子 （大阪大学）
中 川 淳 司 （東京大学）	根 岸　　哲 （甲南大学）
野 村 美 明 （大阪大学）	早 川 吉 尚 （立教大学）
稗 貫 俊 文 （北海道大学）	福 永 有 夏 （早稲田大学）
舟 田 正 之 （立教大学）	間 宮　　勇 （明治大学）
村 上 政 博 （一橋大学）	森 下 哲 郎 （上智大学）
山 内 惟 介 （中央大学）	山 根 裕 子 （政策研究大学院大学）
山 部 俊 文 （一橋大学）	横 川　　新 （成城大学）

（以上、40名）

＜監事＞

金 井 貴 嗣 （中央大学）　　松 本　　健 （㈲KMｲﾝﾀｰﾅｼｮﾅﾙ･ｱｿｼｴｲﾂ）

（以上、2名）

研究運営委員会

主任　　佐 分 晴 夫　（名古屋大学）
副主任　間 宮　　勇　（明治大学）
幹事　　川 島 富士雄　（名古屋大学）
委員　　荒 木 一 郎　（横浜国立大学）　　岩 沢 雄 司　（東京大学）
　　　　佐 野　　寛　（岡山大学）　　　　杉 浦 保 友　（一橋大学）
　　　　鈴 木 將 文　（名古屋大学）　　　瀬 領 真 悟　（同志社大学）

内記香子　（大阪大学）　　　　　森下哲郎　（上智大学）
山部俊文　（一橋大学）

　　　　　　　　　　　編集委員会

主任　　泉水文雄　（神戸大学）
副主任　平　　覚　（大阪市立大学）
幹事　　池田千鶴　（神戸大学）
委員　　岩瀬真央美　（兵庫県立大学）　　樋爪　誠　（立命館大学）
　　　　須網隆夫　（早稲田大学）　　　　髙杉　直　（同志社大学）
　　　　茶園茂樹　（大阪大学）

2. 第16回研究大会

　本学会の第16回研究大会は，2006年10月29日（日）に明治大学において開催され，約200名の参加者により活発な討論が行われた。大会プログラムは，次の通りであった。

午前の部　（10時～12時25分）

　自由論題：分科会
　第1分科会：公法系　　　　　　　　　　　座長　　　中央大学　西海真樹
　　　　　　　　　　　　　　　　　　　　　　　　　早稲田大学　清水章雄
　(1)「WTOにおける途上国問題——二重規範論の批判的検証」　外務省　濱田太郎
　(2)「経済制裁措置の合法性の再検討」　　　　　　　　西南学院大学　松隈　潤
　(3)「TRIPS協定とウィーン条約法条約」　　　　政策研究大学院大学　山根裕子
　第2分科会：私法系　　　　　　　　　　　座長　　早稲田大学　岡田外司博
　　　　　　　　　　　　　　　　　　　　　　　　　　上智大学　森下哲郎
　(1)「EUにおける競争法違反行為に係る民事的救済制度の新たな展開」

(2) 「取り消された仲裁判断の承認執行」 　　　　　　奈良産業大学　宗田貫行
　　　　　　　　　　　　　　　　　　　　　　　　　　立教大学　小川和茂
(3) 「国際債権譲渡金融における準拠法決定ルール」
　　　　　　　　　　　　　　　　　　　　大阪大学博士後期課程　藤沢尚江

午後の部　（14時30分～17時45分）
「国際経済・取引紛争と対抗立法」　　　　　　　座長　成蹊大学　松下満雄
(1) 「問題提起及び米国における訴訟についての分析」　　成蹊大学　松下満雄
(2) 「WTO法・国際法からの分析――WTO紛争処理における対抗立法の意義と射程」
　　　　　　　　　　　　　　　　　　　　　　静岡県立大学　伊藤一頼
(3) 「日本の対抗立法の分析」　　　　　　　　　　経済産業省　渡辺哲也
(4) 「抵触法からの分析」　　　　　　　　　　　　北海道大学　横溝　大
(5) 「実践的分析」　　　　　　　　　　　新日本製鐵株式会社　佐久間総一郎

3.　2006年度役員会・総会報告

(a)　2006年度の理事会は，明治大学において，10月28日（土）18時から第1回が開催された。その概要は以下の通りである。
(1)　定足数の確認と2005年度理事会議事録の承認
(2)　会員の異動
　新入会員30名の総会への提案を承認。退会者（15名）の報告。また，2005年の理事会申し合わせにより，9月末の時点で3年以上の滞納があれば，警告をした上で，資格喪失手続をとることになっており，若干名についてそのような措置をとることになった。
(3)　入会申込者の取り扱いに関する申し合わせの承認
　後記4の通り，承認された。
(4)　2005年度決算案および2007年度予算案
　2005年度決算案につき会計主任の説明の後，異議なく承認され，総会の承認

を求めるために提出されることとされた。

2007年度予算案の議事に先立ち，編集主任から，学会誌関係支出に関して，従来は，実会員数以上の部数の学会誌を買い取っていたが，在庫の管理が難しくなっていたところ，出版契約書の改正（学会誌の買取部数を会員の実数にあわせ，かつ出版手数料を40万円に増額するなど）が諮られ，承認された。これを受け，会計主任から，2007年度から出版手数料を40万円に増額することのほか，支出に関し，国際交流委員会の項目を削除すること，委員会費は各委員会に一定額をあらかじめ渡し，予算執行手続きは各委員会で行うようにすることの説明があり，原案通り総会に提出することについて異議なく決定された。

(5) 年報の編集

編集主任から，研究大会前に年報15号の刊行について報告があった。

(6) 研究大会

研究主任より，2007年度研究大会は同志社大学で実施することの報告があった。なお2日学会にすることも今後検討するとされ，日程は，10月20日（土）のみ，または，その日と21日（日）の両日とする予定であることの報告があった。

(7) 本学会の将来

理事長から以下のような報告があり，異議なく承認された。

インターネットでの勧誘，全国大学教員名簿による勧誘状送付などを行なったが，成果は乏しく，私法系専門家の入会申し込みは少数にとどまった。しかも，退会者，資格喪失者を差し引くと，私法系会員数は横ばい。本来は今年の役員会・総会で，本学会の名称変更を含む正式提案を行う積りであったが，重要な問題であるので拙速を避け，この議題は継続審議とさせて頂き，次期執行部のもとで再検討頂くこととしたい。

(8) 第6期理事・監事の選出

2005年度に承認された「申し合わせ」に基づき，理事候補者推薦委員会およ

び常務理事会により，理事候補者（40名）と監事（2名）を選出し，これを総会に提案することについて決定された。

(9) 名誉会員制度

理事長から以下のような報告があった。

本来であれば，退任役員の方々を名誉会員としてご推薦申し上げる原案を作成して次期役員会に送付すべきであるが，退任者の数も多く，会費免除の名誉会員をこれ以上増やすことは財政上の困難をきたす。他方，2003年の理事会決定により，9名の方々がすでに名誉会員となられており，それらの方々との釣合いも考えなければならない。名誉会員からも会費の支払いを求めるかなど検討すべき事項が多く，他学会でも同じような問題を抱えている。いずれにせよ，新理事会で決定すべきことであり，この問題については，次期執行部に申し送ることにさせていただきたい。

この制度は廃止すべきとの意見が大勢を占め，中には「遡って廃止すべき」との発言もあったが，次期執行部に申し送ることが了承された。

(b) 2006年度の総会は，明治大学において，2006年10月29日（日）12時30分から第1回が開催された。その概要は以下の通りである。

(1) 定足数の確認

(2) 決議事項

以下の議案について，理事長から提案があり，すべて承認または決定された。

(A) 2005年度決算案の承認

(B) 2007年度予算案の決定

(C) 新入会員の承認（個人名は省略）

(D) 新理事および監事の決定（個人名は省略）

(3) 報告事項

理事長から，理事会で審議されたその他の事項について報告があり，全員一致，これを了承した。

(c) 2006年度の第2回理事会は，明治大学において，10月28日（土）13時から開催された。その概要は以下の通りである。

「理事長互選の方法についての申し合わせ」（1992年1月25日理事会承認，2004年11月7日修正承認）第2項に従い，議事は村瀬旧理事長を議長として運営された。

(1) 定足数の確認

(2) 理事長の選出

2回の投票の結果，柏木昇理事が新理事長に選出された。

(d) 2006年度の第2回総会は，明治大学において，2006年10月29日（日）14時20分から開催された。その概要は以下の通りである。

(1) 報告事項

新理事会において，柏木昇理事が新理事長として互選されたされたことが報告され，新理事長からの挨拶があった。

4．本学会の申し合わせ事項

本学会の運営に関する申し合わせ事項のうち，2006年7月以降に新たに承認された申し合わせ事項は，以下の通りである。

「入会申請者の取り扱いに関する申し合わせ」（2006年10月28日役員会承認）

入会申請があった場合には，そのつど常務理事会が審査し，暫定的に入会を承認して，実際上，会員としての取り扱いを開始する。会費を納入した申請者に対しては，年報および研究大会案内等の送付を行なう。正式の入会承認手続きは，次の理事会・総会で行なう。

参考：本学会の規約は，第6条（入会手続）で「会員になろうとする者は，会員2名以上の推薦を添えて入会を申請し，理事会の議を経て総会の承認を得なければならない」と定めています。しかるに，理事会，総会は，通常，毎年1回秋に開かれるのみであるため，たとえば，11月に入会の申請をした人については，翌年秋まで1年近く入会手続がとられ

ず，会費の納入も行なわれず，年報の送付も受けられないということになります。従来は，入会申し込みをした方からは，研究大会における傍聴料を免除するということしか行なっておりませんでした。そこで，今後，入会申請者については，上記のような取り扱いをすることになりました。

5. 学会誌への投稿について

学会では，年報論説欄を，学会での報告者に限らず，会員一般にも開放することにしている。論説の発表希望者は，理事または編集委員会へご連絡頂きたい。論説原稿の締め切りは4月末日である。編集委員会が決定する2名のレフェリーによる審査の上，掲載の適否を決定する。なお，投稿論文の字数は，20,000字程度とする。

以上

編 集 後 記

　今号から編集委員会は新たな体制となり，その主任を担当することとなった。本号は，2006年10月29日に明治大学で開催された第16回研究大会（午前の部の自由論題「第1分科会：公法系」，「第2分科会：私法系」，午後の部の「国際経済・取引紛争と対抗立法」）の報告原稿を中心に編集している。午後の部については，座長にも執筆をお願いした。研究大会の報告者の原稿を中心とした編集は例年通りであるが，今年はありがたいことに報告者全員から原稿をいただくことができた。過去において報告原稿をいただくことがいかに大変かは様々な方々から伝え聞いていただけに，執筆者，および引継ぎ前に入念な手配をされた須網前主任に大変感謝している。また，少数ながらも投稿原稿が寄せられ，編集委員会と理事会よりそれぞれにお願いした査読委員による厳正な審査を経て，1つではあるが論稿を掲載することができた。本年以降，とりわけ若手研究者からさらに活発に投稿があり，学会誌の内容が充実することを期待したい。文献紹介についても，積極的な推薦をいただき，7つの原稿が掲載できた。タイトな執筆期間にもかかわらず，快諾のうえ執筆された方々に感謝したい。

泉 水 文 雄

執筆者紹介（執筆順）

松下　満雄　　成蹊大学大学院法務研究科客員教授

伊藤　一頼　　静岡県立大学国際関係学部講師

渡辺　哲也　　経済産業省通商政策局アジア大洋州課長・元同省同局通商機構部企画官

横溝　　大　　北海道大学大学院法学研究科准教授

佐久間総一郎　新日本製鐵株式会社総務部法規担当部長

濱田　太郎　　近畿大学経済学部講師

松隈　裕子　　西南学院大学法学部教授

山根　裕行　　政策研究大学院大学研究科教授

宗田　和　　獨協大学法学部准教授

小川　　茂　　立教大学法学部助教

藤澤　尚江　　大阪大学大学院法学研究科博士後期課程・同大学院国際公共政策研究科特任研究員

青柳　由香　　早稲田大学大学院法学研究科博士後期課程

内記　香子　　大阪大学大学院国際公共政策研究科准教授

福永　有夏　　早稲田大学社会科学部准教授

荒木　一郎　　横浜国立大学大学院国際社会科学研究科教授

高谷　知以　　法政大学法科大学院教授・西村あさひ法律事務所弁護士

中杉　啓一　　同志社大学法学部教授

平野　温郎　　広島修道大学法学部准教授
　　　　　　　米国三井物産株式会社法務課長

日本国際経済法学会年報　第16号　2007年
国際経済・取引紛争と対抗立法

2007年10月31日発行

編集兼発行者　日本国際経済法学会
　　　　　　　代表者　柏木　昇

〒192-0397　東京都八王子市南大沢1-1
　　　　　　首都大学東京内

発売所　株式会社　法律文化社

〒603-8053　京都市北区上賀茂岩ヶ垣内町71
　　　　　　電話　075(791)7131　FAX　075(721)8400
　　　　　　URL: http://www.hou-bun.co.jp/

©2007 THE JAPAN ASSOCIATION OF INTERNATIONAL ECONOMIC LAW, Printed in Japan
ISBN978-4-589-03042-9

日本国際経済法学会編
日本国際経済法学会年報

第10号（2001年）　非貿易的関心事項への取り組みとWTOの今後　世界経済の組織化と二国間経済協力　電子商取引の国際的課題　　　　A5判・198頁・定価2940円

第11号（2002年）　GATSと規制改革　マネー・ローンダリング規制の現状と課題　TRIPs協定の現代的展開と再検討　　　　A5判・200頁・定価3150円

第12号（2003年）　セーフガードの意義と課題　WTO新ラウンド　A5判・256頁・定価3465円

第13号（2004年）　　　　　　　　　　　　　　　　　　　　　　A5判・242頁・定価3465円
アジアにおける競争法の展開　発展途上国と競争法・競争政策…松下満雄／アジアにおける主要競争法の展開…村上政博／Some Issues on the Competition Law Enforcement in Korea…Ohseung Kwon／東アジアにおける競争法の発展と公正取引委員会の技術支援…小畑徳彦／WTOにおける競争政策ルールの検討について…清水喬雄
アジアにおける国際取引紛争の処理　アジア地域における国際取引紛争の解決方法について…高桑昭／Development of Disputes Resolution Framework in ASEAN Countries…Philip Chan／International Arbitration in the PRC…David A. Livdahl／新仲裁法のもとでの国際商事仲裁…道垣内正人
アジアにおける地域経済協力　アジアにおける地域貿易協定…横川新／Regional Trade Agreements and the WTO: General Observations and NAFTA Lessons for Asia…William J. Davey／Regional Trade Integration and Viet Nam's Policy…Le Quang Lan／東アジアにおける地域経済統合と法制度化…須網隆夫

第14号（2005年）　　　　　　　　　　　　　　　　　　　　　　A5判・268頁・定価3675円
WTOの10年：実績と今後の課題──新分野を中心として　WTOの10年…松下満雄／サービス貿易協定（GATS）の評価と課題…岸井大太郎／WTO農業協定の問題点とDDA交渉の現状・展望…山下一仁／繊維・繊維製品協定（ATC）の果たした役割と評価…高橋岩和
WTO紛争解決手続きの理論的課題　WTO紛争解決手続における司法化の諸相…川島富士雄／ドーハ・ラウンドにおけるWTO紛争解決了解の「改善と明確化」…川瀬剛志
国際統一法と国際私法　統一私法とその適用…高桑昭／国際私法から見た統一法…櫻田嘉章／国際私法と統一法条約の関係について…多喜寛
自由論題　古典的国際経済法理論の形成…豊田哲也

第15号（2006年）　　　　　　　　　　　　　　　　　　　　　　A5判・298頁・定価3990円
「国際経済法」・「国際取引法」のあり方を問い直す──法科大学院発足・新司法試験開始を契機として　座長コメント…道垣内正人／国際経済法の射程と研究・教育のあり方…中川淳司／国際経済法の射程と研究・教育のあり方…米谷三以／国際取引法の教育のあり方と射程…柏木昇／法科大学院と国際取引法の教育・研究…髙杉直
「法と経済学」の諸相　座長コメント…根岸哲／法と経済学の基本的な考え方とその手法…松村敏弘／独禁法における「法と経済学」…川濵昇／国際法における法と経済学…阿部克則／国際私法の経済学的分析…野村美明
自由論題　多数債権者間の国家債務再構築の法的枠組み…川名剛／ガット第20条における必要性要件…内記香子

上記以外にもバックナンバー（第4号～第9号）ございます。ご注文は最寄りの書店または法律文化社までお願いします。　　TEL 075-702-5830／FAX 075-721-8400　　URL:http://www.hou-bun.co.jp/